KB242817

CREDIT
CARD

韩中信用卡法理

CREDIT CARD

韩中信用卡法理

崔金珍 (Cui, Jinzhen)

현금 없이 신용카드 한장만 있으면,
우리가 원하는 물건을 구입하고, 서비스를 제공받을 수 있다는 것은
확실히 혁명적인 사실이다.

한국학술정보㈜

    현금 없이 신용카드 한 장만 있으면, 우리가 원하는 물건을 구입하고, 서비스를 제공받을 수 있다는 것은 확실히 혁명적인 사실이다. 이와 같이 오늘날 신용카드는 하나의 금융상품을 넘어서 일상생활에 없어서는 안 될 생활필수품의 하나로 확고히 자리매김하고 있으며, 대중교통의 이용에서부터 고가의 가전제품 구매에 이르기까지 우리의 일상생활과 밀접한 관련을 맺고 있다.

    한국과 중국이 신용카드를 사용하기 시작한 시기는 비슷하지만 발전 속도에 있어서는 매우 큰 차이가 난다. 한국에서 3~4개 이상의 신용카드소지자를 어렵지 않게 찾아볼 수 있다는 사실은, 신용카드가 매우 빠른 속도로, 그리고 아주 광범위하게 보급되어 있음을 보여 주는 좋은 증거라 할 수 있다. 반면, 현재 중국의 신용카드시장은 호텔이나 백화점, 대형 상점 등 일부 국제결제시스템을 필요로 하는 분야를 중심으로 형성되어 왔으며, VISA Card나 Master Card 등과 같은 대형 국제 신용카드회사가 중국 은행들과 제휴를 맺고 영업하면서 시장의 대부분을 장악하고 있다.

    신용카드는 현금 없이도 가맹점 등에서 거래를 하고 결제를 하는 지급결제 기능 이외에 카드회사를 매개로 가맹점과 일종의 외상거래·할

부거래를 하거나 카드회사로부터 자금을 융자받는 신용제공의 기능도 가진다. 그러나 중국에서는 아직까지 신용카드의 이런 장점이 발휘될 수 있는 여건이 성숙되지 못하였고, 그로인해 시장 형성이 지연될 수밖에 없었다.

하지만 최근 중국은 2001년 WTO의 가입에 따른 금융시장 개방으로 향후 외국 신용카드회사들이 중국에 진출할 것을 대비하여, 2003년 3월 26일 상하이 푸둥(浦東)에서 따이샹룽(戴相龍) 중국인민은행(중앙은행) 행장이 참석한 가운데 대형 주식형 금융회사인 중국은행연합주식회사(中國銀聯股份有限責任公司)가 출범식을 가진 후 인리엔마크가 새겨진 카드가 발행되었다. 인리엔(銀聯)마크가 새겨진 가맹은행의 직불카드와 은행연합 신용카드는 기존의 지역 간·은행 간 장벽을 없애고 네트워크로 연결된 모든 현금자동지급기나 POS단말기에서 자유로운 거래가 가능하도록 하였다. 이 시스템은 이미 2004년 1월부터 베이징, 상하이, 광저우, 항저우, 심천 등 5개 지역에서 시범 실시되어 성공을 거두었다.

주지하다시피 한국의 경우에도 신용카드의 지급결제 기능이 제자리를 잡은 것은 최근 실시된 신용카드 사용자에 대한 조세혜택 제공과 신용카드 결제를 거부하는 업소에 대한 세무조사 등 강력한 정책적 지원이 바탕이 되었다. 최근 중국정부 역시 이러한 노력의 일환으로 신용카드 판독기를 택시에 시범 실시하거나 카드 결제를 장려하는 정책을 발표하는 등 다양한 시도를 하고 있다. 이러한 노력 속에서 전통적으로 신용카드거래보다 현금거래를 선호하는 중국에서도 최근에는 교육 수준이 높고 수입이 많은 젊은 층일수록 신용카드 구매와 대출에 대한 선호도가 점점 높아지고 있는 상황이다.

무분별한 카드사용으로 인한 개인적인 도산은 이미 카드선진국에서도 사회적·경제적으로 큰 문제가 되고 있으며, 한국 사회에서도 이미 신용카드가 과소비를 조장한다든가, 국내 카드회사들이 부담하고 있는 악성 카드이용대금연체액이 수천억 원에 달하고 있다는 등 심각한 사회·경제적 문제가 제기된 바 있다. 이러한 사회·경제적 문제 이외에도 신용카드는 카드회사, 회원, 가맹점 간의 기본적인 법적 구조에 관한 문제뿐만 아니라 부정사용에 따른 손실부담 등 복잡한 법률문제를 야기하고 있기도 한다.

현재 중국 은행들 역시 점차 본격화될 외국 신용카드회사들의 공세에 대비하기 위하여 낙후된 카드 산업의 경쟁력 향상을 위해 노력하고 있으며, 더불어 위와 같이 복잡한 법률문제를 야기하는 신용카드제도가 국제적인 수준에 부합할 수 있도록 제도적·법률적 정비를 서두르고 있다.

따라서 본 서는 신용카드제도를 비교법적으로 연구하여, 신용카드와 관련된 중국의 법제도를 소개·검토하면서, 한국의 신용카드 발전경험을 바탕으로 중국의 신용카드 관련 법제가 안고 있는 문제점을 살펴보고 그에 대한 개선방안을 모색해 보고자 한다.

첫 번째 부분에서는 신용카드의 기본적 법률문제를 소개한다. 신용카드 개념에서 신용카드의 의의, 법적 성질, 경제적 기능 및 종류를 소개하고, 신용카드의 법률관계에서 한국과 중국의 당사자를 살펴보면서 중국의 특수한 법률관계를 소개하고자 한다.

두 번째 부분에서는 신용카드 부정사용에 따른 손실부담을 민사상의 책임귀속과 형사상의 책임귀속에 관련한 내용이다. 신용카드 부정사용 유형은 신용카드회원 본인에 의한 부정사용과 신용카드회원 이외의 타인에 의한 부정사용으로 구분된다. 선진국에 있어서 신용카드 부정사용으로 인한 손실부담에 대한 규정은 유사한 점이 상당히 많지만, 중국의 경우에는 신용카드 자체의 특수성 및 신용카드 관련 법제도의 미비로 인해 선진국과는 많은 차이가 있다. 특히, 분실신고 전·후 발생한 손실에 대해, 중국은 각 발행은행 내부에서 정한 회원약관으로 규정하고 있는데, 신용카드 분실신고 시점부터 24시간 내에 발생한 손실은 카드소지인이 부담하도록 하고 있다.

세 번째 부분에서는 신용카드보증인의 책임에 대한 내용이다. 한국은 개인카드인 경우 보증인제도를 취소하였지만 법인카드인 경우는 계속 보증인제도를 두고 있다. 그러나 중국은 법인카드뿐만 아니라 개인카드까지 보증인이 있어야 신용카드를 발급할 수 있도록 규정하고 있다.

第1章

信用카드의 槪說 • 15

第4章

信用카드 不正使用과 損失負擔 · 155

第5章

信用카드 保證人의 責任 • 245

第6章

信用카드의 概說

第 1 章

第1節 信用카드의 意義

Ⅰ. 韓國의 信用카드의 意義

신용카드는 현대의 신용경제사회에서 '소비자신용'(Consumer Credit)의 한 형태로 간주된다. 왜냐하면 원래 소비자신용이란 "소비목적을 위하여 재화나 서비스를 구입하거나, 또는 금전을 차입하는 개인에 대하여, 그 지불을 일정 기간 유예하는 제도"를 말하는 것인데, 신용카드는 카드회원에게 대금결제일까지 그 이용대금의 지불을 유예하여 주는 것이기 때문이다.

그런데 '소비자신용'은 다시 '판매신용'과 '소비자금융'으로 크게 나뉜다. 위에서 말한 소비자신용의 정의 중 전반부, 즉 '재화나 서비스의 구입'에 대한 지불 유예가 '판매신용'을 의미하고, 후반부, 즉 '금전차입'에 대한 지불유예가 '소비자금융'에 해당한다. 이렇게 볼 때, 신용카드는 소비자신용 중에서 전형적인 판매신용의 한 형태가 될 수 있다.

그러나 신용카드는 단순한 판매신용의 형태로만 존재하여야 하는 것은 아니다. 신용카드 산업이 발달하면, 카드회사는 수동적으로 카드회원이 이용한 카드대금을 가맹점에 직접적인 소비자금융을 제공하는 영역까지 업무를 확대한다. 이렇게 되면, 소비자(카드회원)는 지금처럼 카드를 이용하여 단순히 판매신용만을 이용하는 것이 아니라, 보다 다양한 소비자금융까지 이용할 수 있게 되는 것이다.[1]

이와 같이 신용카드는 소비자신용의 한 형태로서 '판매신용'을 주된 기능으로 하면서, 발전적으로는 '소비자금융'과의 결합이 불가피한 것이지만, 이에 관한 법률상의 정의는 각국이 신용카드에 대하여 부여하고자 하는 경제적 기능과 그 사용범위에 따라 각각 다르게 된다.

한국의 여신전문금융업법에서는 "신용카드란 이를 제시함으로써 반복하여 물품의 구입 또는 용역의 제공을 받을 수 있는 증표로서 신용카드업자가 발행한 것"이라고 규정하고 있다(동법 제2조 제3호).[2]

한국의 사용실태를 기초로 정의한다면 "회원이 카드가맹점으로부터 필요한 물품의 구입이나 용역을 제공받는 것을 카드발행회사가 가맹점에 대하여 그 대금을 결제하여 주고, 일정 기일 후 회원으로

---

1) 韓相文, 「信用카드法 入門」, 正法社, 1992, p.2.
2) 한편, 미국의 통일소비자신용법(Uniform Consumer Credit Code: U.C.C.C.)에서는 "신용카드란 카드발행인이 회원에게 그가 물품이나 용역을 구입, 임차 또는 대출을 받거나 기타 필요한 경우에 카드발행인이나 제3자로부터 신용을 받을 권한을 부여하기 위해 당사자 간의 계약에 의거하여 발행된 증표라고" 한다(U.C.C.C. §1. 301(17)). Uniform Consumer Credit Code §1. 301(17): Credit card means a card or device issued under an arrangement pursuant to which a card issuer gives to a cardholder the privilege of obtaining credit from the card issuer of other person in purchasing or leasing property or services, obtaining loans, or otherwise.

부터 대금을 회수하는 제도3)에 사용되는 카드"라고 할 수 있다.

신용카드는 이런 점에서 대금결제 수단으로 먼저 지불하는 선불카드나 즉시 지불하는 직불카드와는 상이하며, 후불 방식으로 우선 물품을 구입하거나 용역을 받은 후 대금결제를 하는, 즉 명칭대로 신용이 발생되는 카드이다. 그러므로 수시로 사용할 수 있도록 작고 가볍게 만들어져 이용이 편리하며, 카드소지인이 쉽게 소지하고 보관, 유지할 수 있도록 되어 있다. 또한 카드 내에 주요 내용을 양각 또는 정보로 입력하여 카드회원의 신분과 주요 정보사항을 확인할 수 있도록 하고 있으며, 현금지급기, 은행창구 및 가맹점 등을 통하여 이용할 경우의 보안유지와 이용의 편의를 제공하고 있다.

---

3) 중국의 신용카드 개념은 일정한 예금을 전제 조건으로 한다.

Ⅱ. 中國의 信用카드의 意義

　　신용카드의 개념은 광의와 협의로 나누어 볼 수 있다. 미국, 일본 및 한국 등에서는 은행, 주유소, 제조업체 및 백화점에서 발행하고 지정한 범위 내에서 사용하는 모든 카드를 신용카드라고 부르고 있는데, 이는 광의의 신용카드이다. 그러나 중국은 상업은행[4]에서만 신용카드를 발행할 수 있으므로 중국에서의 신용카드는 협의의 신용카드라고 볼 수 있다.

　　1999년 중국에서 공포된 「은행카드업무관리방법(銀行卡業務管理辦法)」에서는 "신용카드와 직불카드를 포괄하여 은행카드라 하며, 직불카드는 현금대출서비스를 제공할 수 없는 반면, 신용카드는 현금대출서비스를 제공할 수 있다는 점에 차이가 있다."고 규정하고 있다.[5] 신용카드는 카드소지인이 발행은행에 예금계좌가 있는지의 여부에 따라 크레디트카드(Credit Card)[6]와 Deferred 직불카드[7] 두

---

4) 중국인민은행은 중앙은행이고 중앙기관으로서 행정업무만 하기 때문에 상업은행에 속하지 않는다. 중화인민공화국상업은행법 제2조에서는 상업은행에 대한 법률적 정의를 규정하고 있다. 즉 본 법에서 규정하고 있는 상업은행은 본 법 및 중화인민공화국회사법에 의거하여 설립된 예금, 대출, 결제 등 업무를 제공하는 기업법인을 말한다. 중국에서 대표적인 국유 상업은행은 중국은행(中國銀行), 중국공상은행(中國工商銀行), 중국농업은행(中國農業銀行), 중국건설은행(中國建設銀行) 등 4개 은행이 있다. 吳志攀, 「金融法槪論」, 北京大學出版社, 2003年7月, 第17頁.
5) 銀行卡業務管理辦法第5條.
6) 중국에서는 크레디트카드를 貸記卡로 부른다.

가지 종류가 있다.8) 크레디트카드는 발행은행이 카드소지인에게 일정한 신용한도를 허용하고 카드소지인은 신용한도 내에서 먼저 소비하고 익월에 지급하는 신용카드이다9). Deferred 직불카드는 카드소지인이 반드시 발행은행에 일정한 금액을 예치하여야 하며, 카드사용으로 인해 예금잔액이 부족하게 될 경우 발행은행에서 규정한 신용한도 내에서 현금대출서비스를 받을 수 있는 신용카드이다.10) 현재 중국에서 발행하고 있는 대부분 신용카드는 Deferred 직불카드에 속한다.

그러나 많은 학자들은 신용카드에 대해 각각 다른 정의를 내리고 있다. 즉 "소위 신용카드는 은행, 금융기관 혹은 전문회사가 신용도11)가 좋은 법인이나 단체, 개인에게 카드를 발행함으로써 법인이나 단체, 개인이 지정된 백화점 혹은 가맹점에서 직접 소비하고, 발행은행 혹은 공동경영기관의 영업지점에서 입·출금, 계좌이체 등을 할 수 있는 신용증표이고 지불도구이다."12)라고 하거나, "소위 신용

---

7) 중국에서는 Deferred 직불카드를 准貸記卡로 부른다.

8) 銀行卡業務管理辦法第6條第1項: 信用卡按是否向發卡銀行交存備用金分貸記卡和准貸記卡.

9) 銀行卡業務管理辦法第6條第2項: 貸記卡是指發卡銀行給予持卡人一定的信用額度, 持卡人可在信用額度內先消費、后還款的信用卡.

10) 銀行卡業務管理辦法第6條第3項: 准貸記卡是指持卡人須先按發卡銀行要求交存一定金額的備用金, 當備用金帳戶余額不足支付時,可在發卡銀行規定的信用額度內透支的信用卡.

11) 중국에서 말하고 있는 신용도는 자금신용도를 가리키고 資信이라고 부른다. 구체적으로 말하면, 자금이 많으면 많을수록 신용도가 높다. 이런 개념은 한국의 신용도와 다르지만 용어의 통일성을 고려하여 신용도를 사용하겠다.

12) 單惟婷, 「商業銀行信用卡業務与案例」, 西南財經大學出版社, 1997年,

카드는 은행, 기타 금융기관 혹은 상업회사에서 신용도가 있는 카드소지인에게 카드를 발행함으로써 카드소지인이 지정한 은행에서 현금 입·출금, 계좌이체 등을 할 수 있고, 또한 지정된 가맹점에서 외상으로 소비할 수 있는 일종의 신용증표이다."13)라고 주장하기도 한다. 향후 공포 예정인 「신용카드관리조례(信用卡管理條例)」는 전국적으로 다양한 의견을 취합하여 신용카드의 정의를 명확하게 규정할 예정이다. 이에 따르면, 신용카드는 금융기관에서 신청인의 신용도에 따라 발행하고, 카드소지인이 특정한 금융기관에서 대출을 받거나 가맹점에서 상품을 구입하고 용역을 받을 수 있으며, 약정한 방식대로 지불하는 전자지불카드라고 규정할 예정이다.14)

第1頁.

13) 顧慈陽·張永濤, 「信用卡理論与實務」, 气象出版社, 1997年, 第1頁.

14) 周偉, "我國信用卡法律問題研究", 對外經濟貿易大學, 法律碩士學位論文, 2005年4月, 第2頁.

第2節 信用카드의 歷史

Ⅰ. 韓國의 信用카드의 歷史

한국에 있어서 신용카드의 역사는 매우 일천하다. 한국 최초의 신용카드는 1969년 7월 신세계백화점이 자사직원들의 외상거래를 위하여, 카드를 발급한 데서 찾을 수 있다. 그 후 신세계백화점은 그 발급범위를 그룹 계열사의 직원들에게까지 확대하여, 신용카드 운영의 시험기를 거쳤고, 이어 같은 해 엄격한 심사과정을 거쳐 일반인에게까지 신용카드의 발급을 확대하기에 이르렀다.

이듬해인 1970년에는 조선호텔이 회원의 호텔이용 편의를 위하여 신용카드를 발행하였으며, 1974년에는 미도파백화점도 신용카드를 발행하기 시작하였다.[15)]

---

15) 그러나 이들 신용카드들은 모두 카드발행회사가 자신들의 판매장에서, 그리고 자기들이 취급하는 상품에 한하여 외상거래를 허용하는 데 불과하였다는 점에서, 'Customer's Card'의 단계에 머무른 것이었다. 또 아직 가맹점이라는 개념이 도입되지 않았다는 점에서 '양당사자카드'(Two Party Credit Card)에 불과한 것이었다.

한국에서 보다 발전된 형태의 '삼당사자카드'(Three Party Credit Card)가 등장한 것은 은행계 카드가 발행되기 시작하면서부터이다. 1980년 국민은행이 '국민카드'를 발행한 것이 한국 은행계 카드의 효시라고 할 수 있는데, 1982년에는 조흥, 상업, 제일, 한일, 서울신탁은행 등 5개 시중은행이 공동 출자하여 발행한 '은행 신용카드'가 등장하였다.

그에 앞서 외환은행은 세계적인 VISA Card와 제휴하여 1978년부터 여권소지자에 한하여 VISA Card를 발행한 바 있으며, 1984년부터는 이를 여권소지 여부에 관계없이 일반인에게까지 확대 발행하였다.[16]

그 밖에도 카드발행전문회사가 등장하였는바, 국내의 전문카드로는 세종신용카드와 Korean Express Card 등이 발행되었고, 외국계 카드회사로는 Diners Club Card와 American Express Card, Master Card 등이 국내 카드시장에 진출하였다.

그 후, 세종신용카드는 Winners Card로 인수되었고, Korean Express Card는 LG Card에 인수되어 현재에 이르고 있다. 한편 외국계 카드는 독자적인 카드발행형태로(Diners Club Card, American Express Card), 또는 국내은행이나 전문카드회사를 참가기업으로 하여 카드를 발행하고 있다. 이들의 참가 현황을 보면, VISA Card는 비씨, 국민, 환은, 장은 카드와 Master Card는 비씨, 국민, LG카드와 제휴하여 신용카드를 발행하고 있다.

---

16) 1985년 국내 지방은행들이 비자카드를 공동으로 발행하였으며, 1987년에는 급증하는 신용카드의 문제점들을 규제하기 위해 신용카드업법이 법률 제3928호로 제정되었다. 1988년에는 LG, 삼성, 장은 신용카드가 발급되었고, 1992년에는 신용카드 약관이 제정되었다. 金大圭, "신용카드 거래의 법적 성질과 손실부담에 관한 연구", 전북대학교 박사논문, 1997. 2, p.29.

Ⅱ. 中國의 信用카드의 歷史

중국은 개혁개방을 실시하면서 신용카드를 받아들이기 시작하였다. 1978년 중국 은행 廣州지점[17]이 홍콩 東亞銀行과 신용카드업무를 공동으로 하고, 1985년 중국 은행 珠江지점에서 珠江카드를 발행하면서 중국에서 최초의 신용카드가 탄생하였다. 이듬해인 1986년 중국 은행 北京지점에서 長城카드를 발행하고, 1987년 중국 은행은 Master Card 및 VISA Card와 제휴하여 長城 VISA카드를 발행하였지만 발행매수는 매우 적었다. 중국은 경제체제 개혁의 영향을 받아, 1988년 중국인민은행에서 은행결제제도개혁을 추진할 때, 신용카드를 새로운 결제방식으로 은행결제제도시스템에 포함시켰다. 이로써 중국의 신용카드는 한층 더 발전하게 되었다.

이후 중국공상은행은 1987년 廣州지점에서 紅棉카드를 발행하였고, 1989년 10월 北京, 上海, 天津 등 지점에서 牡丹카드를 발행하였으며, Master Card사와 제휴하여 Master Card를 발행하였다. 이듬해인 1990년에는 VISA Card 등 카드를 발행하였고, 1992년까지 100개소의 중국공상은행 지점에서 100여만 장의 카드를 발행하였다.

중국농업은행은 1990년 Master Card를 발행하였고, 1991년 초 廣州, 佛山, 中山 등 지점에서 金穗카드를 발행하였으며, 1992년 말까지 전국 80개 중국농업은행 지점에서 신용카드를 발행하였다.

---

17) 중국에서는 지점을 支行으로 표현하고 본점은 總行으로 표현한다.

중국건설은행은 1989년 먼저 Master Card를[18] 발행하였고, 1990년 다시 VISA Card를 발행하면서 주로 국제 신용카드를 발행하는 업무를 담당하였다.

중국정부는 2002년 3월 전국 규모의 은행카드 결제네트워크 구축을 위해 中國銀聯(China Union Pay)[19]을 설립하였다. 또한 중국의 신용카드시장 선점을 위한 외국계 은행 및 신용카드들의 진출도 활발해지고 있다.[20]

2003년 연말까지 중국 내에서 신용카드와 직불카드의 전체 발행

---

18) 신용카드 사용범위를 확대하기 위하여, 중국건설은행 본점과 광주지점 책임자는 중국 은행 신용카드업무 책임자와 협의하여 1990년 4월 25일 "중국인민건설은행과 중국 은행이 광주에서 Master Card 업무를 공동으로 처리하는 관련규정"을 제정하였다. 楊德勇, 「信用卡操作指南」, 電子工業出版社, 1994年3月, 第157頁.

19) 中國銀聯는 중앙은행인 중국인민은행의 비준을 받아, 전국 80여 개 금융기관이 연합하여 설립한 금융주식유한회사이다. 등기된 총 자본은 16.5억 위안이고 회사 본부는 상해에 두고 있다. 中國銀聯 廣州支社는 중국 최초, 최대 규모의 은행·지역 간 네트워크가 형성되어 있는 금융서비스망이며, 현재 광주를 중심으로 전국 57개 도시에서 신용카드를 사용할 수 있다. 또한 홍콩, 마카오 등 54개 은행 및 VISA사 그리고 MASTER사와도 네트워크가 형성되어 있다. 가맹점은 北京, 上海, 廣州, 深圳, 江門, 厦門 등 대도시에 주로 분포되어 있으며, 중국통신, 여행사, 백화점 및 보험회사 등 다양한 업종에서 사용이 가능하다. http://www.gnete.com/Company/Index1.asp 中國銀聯 홈페이지 참조.

20) 2004년 2월 Citigroup이 상해의 포동발전은행과 함께 신용카드 발행을 개시하였으며, HSBC도 상해은행 및 교통은행 등과 신용카드 발행을 제휴하였다. 대형 카드사 중에서는 2004년 12월 VISA Card가 4대 국유은행 중 하나인 중국 은행과 제휴한 데 이어 American Express도 중국공상은행과 공동브랜드로 신용카드를 발행하기로 하였다. 주간 금융브리프, "중국의 신용카드시장 현황과 진출시 유의점", 2005년 1월 22일, 제14권 제5호.

매수는 약 6억 5천만 장에 이르고 있으나, 이 가운데 신용카드는 3천만 장으로 그 비중이 약 4%에 불과하다.[21]

Ⅲ. 기 타

1. 美 國

신용카드제도가 미국에서 최초로 시작된 것이라는 점에 관해서는 이론이 없다. 미국의 신용카드 발전단계는 일반적으로 'Customer's Card'에서 출발하여 'T&E Card'의 단계를 거쳐 'Bank Card'로 발전되어 온 것으로 설명되고 있다. 따라서 본 서에서는 편의상 신용카드의 역사를 위와 같은 3단계로 나누어 설명해 보기로 한다.

---

21) 중국에서 발행된 신용카드의 대부분은 일정 수준 이상의 예금을 담보로 발행되는 secured card의 형태이며, 무담보 신용구매가 가능한 순수한 의미의 신용카드(unsecured card)는 거의 발행되지 않고 있다. 중국에서 신용카드의 보급이 확산되지 못하고 있는 것은 주로 가맹점의 부족, 결제네트워크 및 개인 신용정보센터 등과 같은 관련 인프라가 미비하였기 때문이다. 또한 중국인들의 소비활동을 위한 채무관계의 거부감도 신용카드시장의 확대를 저해하는 요인으로 작용하고 있다.

(1) Customer's Card 단계

미국에서 신용카드의 효시는 1894년 1월 Hotel Credit Card Company
가 카드를 개발한 때라고 보는 것이 일반적이다.[22] 1914년에 이르러
오늘날의 Mobil Oil의 전신인 General Petroleum Corporation of
California는 단골고객들이 자기회사의 기름을 취급하는 주유소에서
기름을 손쉽게 외상으로 구입할 수 있도록 하기 위한 서비스의 일환
으로 우대카드(Courtesy Card)를 발행하였다.

이러한 석유회사들의 카드발행에 이어, 백화점들이 카드를 발행하
기 시작하였다. 이 단계의 카드는 '카드의 발행자'와 '상품·서비스
의 판매자'가 동일인이고, 자기들의 고객만이 회원이 된다는 점에서
'Customer's Card'[23]라고 부르며, 또한 단순한 외상구입에 그 기능이
한정되어 있다는 점에서 'Charge Card'의 단계에 머물러 있었다고
할 수 있다.[24]

---

22) Heinz−Helmer Pütthoff, Die Kredikarte in rechtvergleichender Sicht,
     Deutschland−U.S.A. 1974. s.3.
23) Customer's Card의 단계에서는 현재의 신용카드와는 달리 그 카드의 형
     태가 Coin 또는 Plate 형태의 것이었고, 그 재질은 황동제의 것이 많았으
     며, 뒷면에는 카드회원의 번호가 각인되어 있었다. 韓相文, 전게서, p.36.
24) 이 단계에서는 신용카드회사와 카드소지인(회원)만이 존재하고, 가맹점
     이라는 개념은 아직 나타나지 않았다는 점에서, 후술하는 '양당사자카
     드'(Two Party Credit Card)에 해당하는 것이라 할 수 있으며, 현재의
     '삼당사자카드'(Three Party Credit Card)와는 본질적으로 차이가 있다.
     양당사자카드는 카드선진국인 미국과 일본의 경우 아직까지도 많은 회
     원을 확보하고 있는 신용카드 유형이다.

(2) T&E Card 단계

신용카드는 1951년 카드전문회사인 Diners Club이 설립되어, 독자적인 카드를 발행하기 시작하면서 본격적인 발전단계로 접어들기 시작하였다. 즉 Diners Club은 기존의 석유회사나 철도회사, 백화점 카드 등과는 달리, 스스로 상품을 판매하거나 서비스를 제공하지 않고 판매업자들과 가맹점(Establishment Member) 계약을 체결하여, 자기들이 발급한 Diners Card를 제시하는 회원(Cardholder Member)에 대해서는 외상판매를 하도록 하는 시스템을 구축하기에 이르렀다. Diners Club Card는 처음에는 식당만을 가맹점으로 하였는데,[25] 식당에서 사용하기 위하여 발행된 Diners Club Card가 성공적인 출발을 할 수 있었던 것은 위와 같은 시스템의 구축이 가맹점과 카드회원 모두를 만족시킬 수 있었기 때문이다.

이로 인해 그때까지 여행자 수표(Traveler's Check)를 통하여 여행업 부문에 진출해 있던 American Express Company도 Diners Club의 성공적인 출발에 자극을 받아 카드발행을 본격적으로 검토하기 시작하였다. 그 배경에는 Diners Club의 급격한 성장으로 인해 자사 여

---

[25] Diners Club이 창립된 일화를 소개해 보면, 신용카드전문가인 어느 신사가 뉴욕의 어느 식당에서 식사를 하고, 대금을 지급하려고 보니, 지갑을 집에 두고 온 사실을 알게 되었다. 이에 당황한 신사는 집에 전화를 걸어 부인이 식당에 오도록 하여 음식 값을 지불하였다. 그 후, 그 신사는 변호사와 상의하여 많은 음식점에서 외상으로 식사할 수 있는 신용카드를 발행하기 위한 Diners Club을 만들게 되었으며, Diners라는 명칭도 이와 같은 일화에서 기인하는 것이라고 한다. Comment, The Tripartite Credit Card Transaction: A Legal Infant, 48 Calif. L. Rev. 461459.

행자 수표의 아성이 붕괴될 위험이 있었기 때문이다. 그리하여 同社는 1958년 American Express Card를 발행하기에 이르렀으며, 이어서 Hilton Credit Corporation에 의하여 Carte Blanche Card가 발행됨으로써, T&E의 3대 카드가 등장하게 되었다. 그런데 이들 카드는 처음부터 여행, 오락, 음식점 등을 주된 가맹점으로 삼았다는 공통점이 있어서, 이러한 점에서 통상 'T&E'(Travel and Entertainment Card)라고 일컬어지게 되었다.[26][27]

---

26) 비록 T&E Card라 하더라도, 지금은 그 용도의 제한 없이 어디서나 사용 가능하게 되었음은 주지하는 바와 같다. 따라서 전술한 Customer's Card가 구매물품의 범위가 한정되는 '단일목적'의 '하우스카드'였던 것에 반하여, T&E Card는 뒤에 설명하는 은행계 카드와 함께, 어디에서나 사용될 수 있다는 점에서 '다목적카드'(Multi-Purpose Card) 내지 '범용카드'라고 일컬어진다. 또한 이들 T&E Card는 종래의 Customer's Card의 경우와는 달리, 신용카드의 발행회사와 카드소지인 이외에 '가맹점'이라는 개념이 새로 도입된 소위 '삼당사자카드'(Three Party Card)의 등장을 의미하는 것이었으며, 신용카드의 본격적인 발전을 예고하는 전기를 이루게 된 것이었다. 金大圭, 전게논문, p.22.

27) 신용카드의 사용증가와 함께 카드에 대한 연구의 필요성도 증대되었다. 1960년에 Donald H. Maffly 교수와 Alexander C. McDonald 교수가 3당사자 간 신용카드거래라는 주제로 논문을 발표한 이후, 1966년 Stewart Macauley 교수가 계약법과 신용카드라는 논문을 발표하였고, 이후, 1968년 1월에 Jerry G. South 교수가 신용카드라는 논문을 발표하면서 본격적인 연구가 시작되었다. 이렇게 미국 내 카드 산업은 한편으로는 양적 확대와 성장을 계속하면서, 또 한편으로는 이에 수반되는 문제점들을 극복하며 발전하여 카드거래에 관한 법리연구가 독자적으로 진행되게 되었다. 또한 점차 신용카드 유형도 다양화되었으며 서민들의 신용카드 소지도 증가하게 되었다. Donald H. Maffly & Alexander C. McDonald, 「The Tripartite Credit Card Transaction」, 48 California Law Review, 1960, pp.459-500; Stewart Macauley, 「The Law of Contracts and Credit Card」, 19 Vandebilt Law Review, 1966, p.1051; Jerry G.

(3) Bank Card 단계

미국에 있어서 Bank Card의 효시는 1951년 Frankline National Bank가 신용카드를 발행한 데에서 비롯한다. Frankline National Bank는 매출전표(Sales Slip)를 개발하여, 정부로부터 이를 법적증권(Legal Instrument)으로 승인받음으로써, 외상매출금의 할인방식(Discounting Receivable)을 본격화하는 전기를 이루었다.[28]

미국에서 신용카드가 비약적인 발전을 하게 된 배경은, 현재 범세계적인 2대 신용카드회사로 성장한 VISA Card와 Master Card의 성립과정을 살펴보면 알 수 있다.

1959년도에는 드디어 Chase Manhattan Bank(CMB)와 Bank of America(BOA)가 신용카드업에 진출하였다. CMB는 Uni-serv Corporation을 설립함으로써, BOA는 Bank Americard로서 각기 신용카

South, 「Credit Card」, 23 Business Lawyer, 1968, p.327.

28) 그 후 2~3년 사이에 약 100여 개의 상업은행들이 신용카드업에 진출하였다. 이와 같이 은행계 신용카드가 러시를 이루게 된 것은, 자금과 관리 면에서 독자적인 카드발행이 어려웠던 중소 소매상을 대상으로 가맹점을 넓혀 갈 수가 있었고, 지금까지 이들이 외상매출에서부터 채권회수에 이르기까지 겪게 되는 자금부담의 어려움을 지원해 줄 수 있었기 때문이었다. 그러나 초기의 은행계 카드들은 그 영업이 순탄하지는 못하였다. 왜냐하면 연방국가인 미국에서는 다른 주에서의 영업이 제한되므로 사업규모를 전국적으로 확대하는 데 한계가 있었고, 높은 창업비용의 부담, 카드이용대금의 회수부진에 따른 대손의 급격한 증가 등으로 인하여 경영이 어려웠기 때문이다. 그리하여 초기에 카드사업에 진출하였던 많은 은행들이 카드업무에서 손을 떼기 시작하였다. 韓相文, 전게서, p.40.

드업에 진출한 것이다. 그러나 CMB는 1962년 Uni－serv Corporation을 Americard Express Company에 매각하여 일단 신용카드업에서 손을 떼게 되었다. 그 후 CMB는 다시 신용카드업 진출을 시도하여 1966년 Diners Club의 매입을 시도하였지만, 이것이 반Trust법에 저촉된다는 반대가 제기됨으로써 그 계획이 무산되기에 이르렀다.[29] 반면, VISA Card International의 전신인 Bank Americard는 성공적인 발전을 거듭하여, 창업 후 3년 만인 1963년에 이르러서는 창업비 전액을 회수하였음은 물론, 흑자경영을 이룩하기에 이르렀다. 다만 Bank Americard도 초기에는 다른 상업계 은행과 마찬가지로 California주의 일부 지역에서만 발행되었을 뿐이었다.

BOA의 Bank Americard가 급격한 성장을 해 나가자, California의 같은 영업구역 내에서 경쟁관계에 있던 4개의 California은행들이 공동의 대응책으로, 후에 Master Card International이 되는 California Bank Card Association을 설립하여 Master Charge라는 이름의 신용카드를 발행하기에 이르렀다. 이들 2대 신용카드는 그 후 각각 상호를 변경하였는바, Bank Americard는 1977년에 VISA Card로, Master Charge Card는 1979년에 Master Card로 개명하였다. 그리고 이들 카드는 유럽 지역을 시발로 국제화에도 성공하여, 은행조직을 총괄하는 본부로서 VISA International과 Master Card International을 두고 세계적인 카드로 발돋움하여 현재에 이르고 있다.[30]

---

29) Wall Street Journal, 1966.5.24. p.32.
30) 이상에서 설명한 Bank Cards는 회원, 카드회사, 가맹점의 존재를 전제로 하는 '삼당사자카드'(Three Party Credit Card)라는 점에서는 T&E

2. 英 國

미국과 달리 영국에서는 20세기 초까지 신용카드가 발달하지는 않았으나, 미국계 카드회사들의 진출과 더불어 본격적인 소비자들의 인식이 변화함에 따라 그 이용이 점차 확대되었다. 영국에서는 1950년대 초기에 Finder's Dining Club Ltd.와 Credit Card Facilities Club Ltd. 등 회사에 의해 카드업무가 개시되었다.

영국에서 Bank Credit Card는 카드회원이 백화점, 상점, 호텔, 철도, 항공사 등에서 신용으로 상품을 구입하거나 서비스를 제공받는다. 그 후 카드회원은 카드 결제를 통지받고 일시지급이나 매월 할부로 결제할 수 있다.

여행 및 오락용 카드인 Travel and Entertainment Card는 물품 구입 후 대금결제까지 단기간 동안 결제를 보류하여 주고 카드회원은 거래금액 모두를 일정기한까지 지급해야 한다. 이때 카드 수수료는

Card와 같은 것이지만, 구매할 수 있는 상품이나 제공받을 수 있는 서비스의 범위가 훨씬 넓고 다양할 뿐만 아니라, 회전식 결제방식 (Revolving Credit)을 취할 수 있다는 점에서 큰 차이가 있다. 다시 말하면, T&E Card의 경우에는 카드회원이 다음 달 결제일에 일괄결제를 하여야 하는 까닭에, 단순한 외상카드(Charge Card)의 성격이 강하다. 그 반면에 Bank Card는 회원 개인별 신용한도(Credit Line)의 범위 내에서, 회원이 이자를 부담하는 것을 전제로, 카드이용 계약 기간까지는 대금결제를 연기하여, 주기적·회전적으로 분할하여 결제할 수 있다는 점에서 큰 차이가 있는 것이다. 이러한 차이는 Bank Card의 경우에, 카드회사가 금융전문기관인 관계로, 신용카드에 단순한 지불기능 이외에 신용기능까지 부여할 수 있었기 때문인데, 소비자신용의 발전된 한 형태라 할 수 있다. 韓相文, 전게서, p.42.

회원이 부담하며 카드사용한도를 초과하여 사용한 경우는 위반요금을 지급한다. 왜냐하면 이 유형의 카드회원은 사용한도를 초과하여 이용할 수 없기 때문이었는데, 아메리칸 익스프레스카드와 다이너스 클럽카드가 이에 해당되었다.

In-Store카드는 가맹점이나 회사, 대리업체에 의하여 고객에게 발급되며 카드사용은 지정 가맹점에 한정되거나 카드발급회사의 물품 구입에만 사용된다. 이 카드는 지급조건, 지급금액, 수수료 등에 있어 다양한 유형이 있는데, Access Card와 Barclays Bank도 이러한 유형을 일부 취급하고 있다. 현재, 영국에서 주류를 이루고 있는 카드가 바로 Barclay카드와 Access카드이다.

3. 獨 逸

수표카드제도가 발달한 독일에서는 그동안 카드이용이 미미하였으나 신용카드 이용과 카드회원 수가 증가하면서 그 문제점도 점차 커지고 있다. 1991년에만 해도 약 620만 매의 신용카드가 발급되어 16,000건의 신용카드사고가 있었다. 카드사고로 인한 손실액은 9천만 마르크에 달했고 1990년에 비해 손해액도 60% 정도 증가하였다.[31]

독일에서 신용카드의 기원은 1968년 5월에 프랑크푸르트 시에서 유럽 15개국의 은행대표자회의를 기초로 동년 제2차 회의에서 Eurocheck

---

31) Vgl. zu diesen Zahlen Steinke, Kriminalistik 1992, S.551.

제도를 시행하기로 결정한 때이다. 그 후, 赤靑色의 European Communities Symbol을 채택하여 1969년 5월 1일부터 실행하였다. 수표카드도 발급되어 이용되고 있으나 Eurocheck는 독일과 유럽의 주요 지급수단이 되고 있다.[32]

1984년에만 해도 유럽에서는 1,800만 매의 수표카드가 발급되었고 성인의 약 90%가 수표계정을 소유하고 신용카드회원은 92만 명에 달했다. 프랑스에는 성인 중 약 80%가 수표계정을 가지고 있으나 수표카드발행률은 저조하였고 300만 매 이상의 신용카드가 유통되고 있다. 또한 네덜란드는 체크카드가, 스웨덴은 신용카드가 많이 이용되고 있다.[33]

독일과 유럽 등 지역에서는 신용카드의 보급 확대와 함께 부정사용도 급증하고 있다. 특히, 최근에는 지급의사 없이 카드를 발급받거나 사용하는 경우가 있어 논란이 되고 있다.[34] 독일에서는 급증하는 신용카드문제점과 입법상의 결함을 해결하기 위해 1986년 제2차 경제범죄대책법을 신설하였다.[35]

---

32) Tony Drury & Charles W Ferrier, Credit Card, Butterworths Co., London, 1984, p.35.

33) 신용카드는 American Express, Diners Club 등과 스웨덴 회사가 시작하여 유럽의 13개국이 가입한 유로카드(Eurocard, Master Card와 자매관계)가 주로 이용되긴 하였으나 Eurocheck보다는 상대적으로 실적이 적었다(*Ibid.*, p.39).

34) BGHSt 33, 244: OLG Hamm, wistra 1984, S.192＝NJW 1984, S.1663; Bürgisser, Kriminalistik 1993, S.345ff; Küpper, NStZ 1988, S.60ff; Offermann, wistra 1986, S.50ff; Otto, JZ 1985, S.1088ff.

35) Zu §266b vgl. u. a. Flöge, Zur Kriminalisierung von Mißbräuchen im Scheck−und Kreditkartenverfahren nach §266b StGB, 1989; Geppert,

4. 日 本

일본의 은행들은 개인 신용수단으로 수표보급에 주력하였다. 그러나 미국의 영향을 받아 소비자금융의 핵심이 신용카드임을 자각하고 카드사업에 본격적으로 참여하게 되었다.

1960년 12월 미국의 Diners Club社와 日本交通公社, 후지은행 등이 공동 출자하여 일본 Diners Club Card를 창설한 것이 신용카드의 시초였다. 그 후 1961년 1월에 三和銀行을 중심으로 6개 은행이 일본크레디트뷰로(Japan Credit Bureau, JCB) 설립을 기초로 하여 시중은행들이 카드업무에 본격적으로 진출하였다. 1967년에 미쓰비시 은행계의 다이아몬드카드, 스키토모 은행계의 시미토모카드가 발급되었고, 1969년에는 토카이 은행계의 밀리언카드, 5개 도시은행이 연합한 유니언카드가 보급되었다.[36] 1970년대를 거쳐 1980년 이후에 일본의 신용카드사업은 급속한 성장을 거듭하였다.[37]

Jura 1987, S.162ff; Granderath, DB 1986, S.1; Küpper, NStz 1988, S.60; Meurer, Kitagawa−FS, S.971ff; Müller / Wabnitz, Wirtschaftskri− minalität, 3.Aufl., 1993, S.64ff; Offermann, wistra 1986, S.50ff; Otto, wistra 1986, S.150ff; Ranft, JuS 1988, S.673ff; Schmitt, Jura 1987, S.640ff; Tiedemann, JZ 1986, S.865, 871f; Weber, NStZ 1986, S.481, 483f; Schlüchter, Das Zweite Gesetz Zur Bekämpfung der Wirts− chaftskriminalität, 1987, S.120f. 金大圭, 전게논문, 각주 82에서 재인용.

36) 吉原省三・池田道夫外, 「判例信用供与取引法」, 經濟法令研究會, 1984, p.251.

37) 1978년 말까지 2,690만 매의 신용카드가 발행되었는데 그중 780만 매가 은행카드, 650만 매가 신판회사와 전문판매연합카드, 610만 매는 백화점과 슈퍼마켓 카드이고 650만 매가 석유회사 카드였다. 그 후 5년

일본신용카드협회의 조사에 따르면, 수도권에 거주하는 18세 이상 30세 미만의 젊은 층이 신용카드를 보유하고 있는 비율은 56.8%에 이르고, 신용카드회원의 평균 보유 매수는 2매에 이른다고 한다. 이와 같이 청소년층의 카드이용자가 급증하자 다중채무자·개인파산도 증가하고 있다.

또한 신용카드를 너무 남용하여 변제불능에 이르는 카드회원도 늘고 있는 것이 현실이다. 그들은 주로 과다한 물품구매나 레저 등으로 변제능력을 넘어 신용카드를 이용하고 자신의 수입만으로는 카드이용대금을 결제할 수 없게 되자 현금서비스나 카드할인을 통해 대금결제를 반복하는 사이 채무액도 엄청나게 증가하게 된다고 한다. 특히 변호사나 법률사무소를 찾는 다중채무자들은 수십 매의 신용카드를 소유하고 무절제한 카드사용으로 채무액이 1000만 엔을 초과하는 자도 있다고 한다.[38]

이 지난 1983년에는 카드종류도 다양화되고 회원 수는 약 5,700만에 달해 성인 2인당 1매의 카드를 소지하게 되었다. 신용카드업은 계속 성장하여 1987년까지 1억 1,036만 매가 발행되었다. 이는 매년 10% 이상씩 성장하고 있음을 보여 주고 있다(신용경제, "호황 속에 진통 겪는 일본 카드시장", 1988.7, p.99). 또한 1993년 말에는 발행카드 수 2억 2천만 매, 카드이용금액은 13조 엔을 초과하였다(1995년 발간된 社團法人クレジット産業協會의 日本の消費者信用統計 參照).

38) 일본에서 발행되고 있는 신용카드의 이율은 실질적으로 연 25−35% 정도이고 은행계 신용카드에 의한 현금인출금리는 연 27.8%에 달하기 때문에 이자제한법의 제한이자를 초과하는 고금리이며 신용카드할인업자를 통한다면 이는 연 30% 이상에 달한다고 한다.

第3節 信用카드의 法的 性質

Ⅰ. 證券性

신용카드는 회원에 대한 철저한 신용조사와 신용도 평가에 따라 발급되며, 그 카드를 소지한 자를 믿고 상품을 판매하거나 용역을 제공한 가맹점에 대해서는, 카드회사가 그 대금을 지급할 것을 약속한다는 점에서, 그리고 회원에 대해서는 카드대금결제일까지 그 대금의 변제가 유예된다는 점에서 하나의 신용증권으로 볼 수 있다.

그러나 신용카드는 다음과 같은 이유에서 유가증권으로 볼 수는 없다.[39] 그 이유는 다음과 같다. 첫째, 신용카드가 표창하는 것은 재

---

39) 유가증권이란 재산적 가치를 가진 사권을 표창하는 증권으로서, 권리의 발생·행사 또는 이전의 전부 또는 일부에 그 증권의 소지를 요하는 것을 말한다. 유가증권은 완전유가증권과 불완전유가증권이 있으며, 전자는 권리의 발생·행사·이전·처분의 모든 경우에 증권의 소지를 요하는 것을 말하고, 이에 대하여 후자는 그 가운데 어느 경우에만 증권의 소지를 요하는 것을 말한다. 孫珠瓚, 「商法」, 博英社, 2001, p.19.
유가증권은 권리를 행사할 자를 정하는 방법에 의하여 유가증권을 분류하는 경우 기명증권, 지시증권, 무기명증권, 선택무기명증권 등으로 나눌 수 있다. 지시증권(指示證券)이란 지시할 수 있는 증권, 즉 특정

산적 가치가 있는 사권이 아니라, 그 카드회원이 신용도가 있고 신용거래를 할 자격이 있음을 나타내는 하나의 자격증권 내지 ID카드에 불과한 것이다. 둘째, 신용카드의 발행에 의하여 어떠한 권리가 발생하거나 권리의 이전이 있는 것이 아니다. 셋째, 신용카드는 회원에 대한 철저한 신용조사가 뒷받침되어 일신전속적으로 발행되는 것이므로, 성질상 그 양도나 이전이 허용되지 아니한다. 뿐만 아니라 여신전문금융업법에서도 "신용카드는 이를 양도·양수하거나 질권설정을 할 수 없다"고 규정하여 그 양도성을 명문으로 부정하고 있다.

이처럼 신용카드의 유가증권성은 부정되지만 會員이 상품을 구입할 때 가맹점에 카드를 제시하여야 하는 제시증권성은 있다.[40]

한 자가 권리자가 되지만 그 자가 타인을 권리자로 지시할 수 있는 증권을 말한다. 그 예로 어음, 수표 및 화물상환증을 들 수 있다. 권리자는 증권상의 특정한 자 또는 그 피배서인이 되며, 권리이전방법은 배서이다. 기명증권(記名證券)이란 증권에 특정인만이 권리자로 기재되어 있는 증권을 말한다. 지시금지어음, 지시가 금지된 화물상환증 등을 들 수 있다. 권리자는 증권상의 특정인이 되며, 권리이전방법은 지명채권의 양도방법이다. 무기명증권(無記名證券)이란 특정인을 권리자로 기재하지 않고 증권의 소지인이 권리자가 되는 증권이다. 무기명식으로 발행된 수표를 들 수 있다. 권리자는 증권의 소지인이며, 권리이전방법은 증권의 교부이다. 선택무기명증권(選擇無記名證券)이란 특정인 또는 증권의 소지인이 권리자로 기재되어 있는 증권이다. 권리자는 증권의 소지인이며, 권리이전방법은 증권의 교부이다. 李焄種, 「新有價證券法」, 第一法規, 2004, p.37.

40) 실제로 미국에서는 신용카드를 제시함이 없이 전화로 카드의 번호만 알려주고 거래를 하는 것을 허용하고 있다. 최근 들어 전자상거래 형식으로 물품을 구입하는 사람이 많아지므로 한국에서도 전화로 카드의 번호만 알려주면 거래를 할 수 있다.

Ⅱ. 財物性

신용카드의 재물성을 인정할 수 있는지의 여부를 파악하기 위해서
는 먼저 재물의 개념을 명확히 정립할 필요가 있다. 재물의 개념에
대해서 유체성설과 관리가능성설이 대립되어 있는데, 유체성설에 의
하면 재물은 유체물에 한하게 된다. 즉 일정한 공간을 차지하고 있
는 유체물만 재물로 인정된다.[41] 유체물이란 외부세계에 일정한 공
간을 차지하고 있는 대상물이다.[42] 반면 관리가능성설에 의하면 관
리만 할 수 있으면 유체물과 무체물 모두 재물성이 긍정된다는 견해
이다. 그러므로 유체성설[43]과 관리가능성설[44] 중 어느 학설을 따르

---

41) 李在祥, 「刑法各論」, 博英社, 1996, p.226.

42) 金日秀, 「韓國刑法Ⅳ(各論中)」, 博英社, 1997, pp.33-34; 金日秀, 「刑法各
論」, 博英社, 1996, p.202; 姜求眞, 「刑法講義各論」, 博英社, 1984, p.245.

43) 이 견해는 ① 형법 제346조는 예외적인 규정이 아니라 확인적 규정으
로 해석할 수 있고, 예외적인 경우에만 관리할 수 있는 동력도 재물로
인정할 수 있다는 의미이고, ② 일상용어상으로도 물건은 유체물만을
의미하고, ③ 관리 가능한 동력도 재물이라고 할 경우 재물의 개념이
지나치게 확대될 수 있다는 것을 근거로 든다. 姜求眞, 전게서, p.245;
金日秀·徐輔鶴, 「(새로 쓴)刑法各論」, 博英社, 2004, p.270; 朴相基, 「刑
法各論」, 博英社, 2004, p.243; 李廷元, 「刑法各論」, 法志社, 1999, p.297.

44) 이 견해는 ① 형법 제346조는 예외적인 규정이 아니라 확인적 규정으
로 해석할 수 있고 ② 관리할 수 있는 무체물도 형법적으로 보호할 필
요가 있고, ③ 관리가능성설에 의해도 관리가능성이라는 개념을 어떻게
해석하느냐에 따라 그 개념이 부당하게 확대되지 않을 수 있다는 것을 근
거로 든다. 吳英根, 「刑法各論」, 博英社, 2005, p.286; 金聖天, 「刑法各論」,
東玄出版社, 2000, p.360; 白亨球, 「刑法各論」, 창림출판, 1999, p.118; 李

더라도 신용카드의 재물성을 인정하는 데 무리가 없다. 따라서 신용카드는 갈취, 편취, 횡령, 강취 등에 의한 부정사용의 객체가 되며, 이에 따른 형사상 처벌과 민사상 손해배상청구가 가능하게 된다.

Ⅲ. 文書性

1. 신용카드 플라스틱판의 문서성

문서란 문자 또는 이를 대신할 부호에 의해 사상이나 관념을 표시하는 데 그 본질이 있는 물체이다. 또한 문서는 법적으로 중요한 사실을 증명하고 명의인을 표시하는 문자나 부호에 의해 화체된 사람의 의사이다.

문서성을 인정하기 위해서는 계속적 기능(Perpetuierungsfunktion)·증명적 기능(Beweisfunktion)·보장적 기능(Garantiefunktion)이 기본요소로서 필요하다. 이하에서 신용카드의 문서성과 관련하여 각 기능을 살펴보겠다.

炯國, 「刑法各論研究Ⅰ」, 法文社, 1997, p.384; 任雄, 「刑法各論」, 法文社, 2003, p.263; 鄭盛根·朴光玟, 「刑法各論」, 三英社, 2002, p.243.

(1) 계속적 기능[45]

문서는 유체물에 결합되어 있는 사람의 의사표시이므로 결합의 방법 여부와 관련 없이 계속성이 존재하여야 한다. 의사표시는 사법상의 의사표시가 아니라 관념의 표시(Gedankenerklärung)를 말한다.

의사표시의 방법으로는 문자나 부호에 의한 것도 가능하다. 이때 문자는 반드시 해당 국가의 언어일 필요는 없으며, 부호는 문자를 대신할 수 있는 가독적 부호로서 족하고 발음적 부호일 필요는 없다.

생략문서(verürzte Urkunde)는 약식문서라고도 하며 문서에 나타난 의사내용의 표시가 생략되어 있지만 하나의 문서를 이루는 것이다. 기차나 전동차의 승차권, 은행의 지급전표, 입장권 등이 이에 포함된다. 생략문서도 관습상 또는 조리상 일정한 연결된 의미내용을 인정할 수 있는 한 문서위조죄의 객체가 될 수 있다.[46] 문서는 표시된 의사의 내용을 시각적으로 이해할 수 있어야 하며 물체에 고정되어 계속성을 가지고 법적 거래의 중요기능을 할 수 있다.[47]

---

45) 문서가 되기 위해서는 사람의 사상 또는 관념이 어느 정도 계속적으로 표시되어야 한다. 계속성이 있어야 권리·의무나 사실증명의 기능을 할 수 있기 때문이다. 구두에 의한 표현, 백사장, 땅, 눈, 칠판 등에 써놓은 글씨는 계속성이 없으므로 문서라고 할 수 없다. 그러나 계속성이 있는 경우에는 반드시 잉크나 묵(墨)과 같이 지우기 어려운 필기수단에 의한 것뿐만 아니라 연필에 의해 작성된 것도 문서라고 할 수 있다. 타자기나 컴퓨터 등으로 작성된 것뿐만 아니라 수기에 의한 것도 문서가 될 수 있다. 吳英根, 전게서, p.711.

46) 金日秀, 「刑法各論」, 博英社, 1996, pp.503 − 504.

47) Rudolphi / Horn / Samson, Systematischer Kommentar zum Strafgesetzbuch, 5.Aufl, 1994, Rdn.21. 金大圭, 전게논문, p.14, 각주 31에서 재인용.

신용카드에는 카드명, 카드번호, 회원명, 유효기간, 회사마크, 레이저사진 등이 표시되어 있다. 이는 생략된 문언의 형태이지만, 문장형식을 갖추지 않은 생략문서도 의미나 내용을 표시할 수 있는 범위에서는 문서이므로 신용카드도 자체적으로 고정된 계속성을 지니고 있고 의사내용을 객관적으로 파악할 수 있기 때문에 계속적 기능을 인정할 수 있다고 본다.

(2) 증명적 기능[48]

증명적 기능이란 문서내용은 일정한 법률관계와 사회생활의 중요사항을 증명할 수 있어야 한다는 것을 말한다. 증명적 기능은 사문서, 공문서 양자에 대해 모두 그 개념요소가 된다.[49]

법률상 중요한 의미를 가지는 문서는 보호 가능하며 증명적 기능은 증명능력과 증명의사가 존재하여야 한다.

---

48) 문서는 권리·의무나 법적으로 중요한 사실을 증명하는 것이어야 하므로 문서가 되기 위해서는 ① 사상 또는 관념이 표시된 물체가 권리·의무나 사실을 객관적으로 증명할 수 있는 것이어야 하고, ② 그 물체를 작성·사용하는 사람에게 권리·의무나 사실을 증명할 의사가 필요하다. 사문서에 대해서는 권리·의무 또는 사실증명에 관한 타인의 문서 또는 도화라고 규정되어 있으나, 공문서에 대해서는 공무원 또는 공무소의 문서라고만 되어 있으므로, 문서의 증명적 요소는 사문서에서만 문제된다는 견해도 있다. 그러나 이는 공문서는 권리·의무 또는 사실증명에 관한 문서가 대부분이기 때문이라고 할 수 있으므로 증명적 요소는 사문서뿐만 아니라 공문서에도 적용되는 것이라고 해야 한다. 吳英根, 전게서, p.711.

49) 裵鐘大, 「刑法各論」, 弘文社, 2004, p.486.

증명능력이란 문서내용이 법률관계와 사회생활의 중요사항을 증명할 수 있는 것이어야 하며 현재 존재하는 법률관계의 증명에 적합한 것이어야 한다. 이는 진정한 문서를 전제로 하며 법률관계는 공법관계이건 사법관계이건 불문한다. 사회생활의 중요사항은 권리의무 이외의 사항으로 사실증명에 사용될 수 있는 것이다. 법적 중요성은 권리나 의무의 발생, 변경, 소멸에 관한 사실로 판명된다.[50]

증명의사란 문서가 법률관계와 사회생활의 중요한 사실관계를 증명하기 위한 의사가 있어야 함을 의미한다. 증명의사는 확정적 의사여야 하며 작성자의 서명유무와 관계없이 증명의사가 존재한다. 가계약서, 가영수증도 문서이다. 왜냐하면 본계약서, 본영수증이 작성될 때까지는 확정적 의사가 있기 때문이다.

신용카드는 카드회사와 회원 간의 회원계약 체결 후에 발급된다. 또한 신용카드는 일신전속적인 신분 증명이므로 카드소지자는 사용권한이 있는 자로서 증명될 수 있고, 가맹점은 카드회사와 가맹점 간의 가맹점계약에 따라 회원에게 물품을 공급하고 카드회사로부터 거래대금을 지급받는다. 따라서 신용카드는 가맹점에 거래대금을 지급하는 증명을 하므로 증명능력과 증명의사가 있는 문서의 증명적 기능이 있게 된다.

(3) 보장적 기능[51]

---

50) Schönke—Schröder—Lenchner / Grammer / Eser / Stree, StGB, 24.Aufl., 1991, Rdn.12: Albin Eser, Strafrecht IV. 3.Aufl., 1979, S.213. 金大圭, 전게논문, p.15, 각주 33에서 재인용.

보장적 기능이란 문서에는 의사표시의 내용을 보증할 수 있는 의사표시의 주체인 명의인이 존재하여야 함을 말한다. 익명의 사상표현은 문서가 아니며 명의인은 법적 거래에서 문서표현내용의 귀속자이다. 명의인은 자연인, 법인, 법인격 없는 단체를 불문하며 특정되어 있다면 성명이 표시될 필요는 없다. 명의인이 작성한 것으로 볼 수 있는 형식과 외관을 갖춘 이상 서명날인은 필요하지 않다.[52] 즉 명의인이 명시되지 아니하였더라도 문서의 형식과 내용에 의해 작성자가 누구인지 판별 가능하면 족하다.[53]

신용카드거래는 먼저 카드회사의 권유와 유자격자인 회원의 승낙으로 인해 카드계약이 성립된다. 특히 의사표시 주체는 회원과 카드회사가 된다. 카드회사는 금융감독위원회의 허가를 받아야 하는 자를 말한다.[54] 이와 같이 신용카드업을 하는 데에는 엄격한 요건을 요구하므로 신용카드명의인을 판별하기는 어렵지 않다. 따라서 신용카드에도 수월하게 보장적 기능을 인정할 수 있다고 할 것이다.

2. 신용카드 자기선의 문서성 인정 여부

---

51) 문서에는 사상 또는 관념의 주체인 작성명의자가 표시되어야 하는데 이를 문서의 보장적 요소 혹은 보증적 요소라고 한다. 작성명의자가 없는 문서는 문서에 속하지 않는다. 문서에 대한 공공의 신용은 작성명의자의 신용에 의존하기 때문이다. 吳英根, 전게서, p.713.

52) 大判 1958. 9. 26, 4291형상359; 大判 1973. 9. 29, 73도1765; 大判 1975. 6. 24, 73도3432; 大判 1989. 8. 8, 88도2209.

53) 大判 1973. 9. 29, 73도1765.

54) 여신전문금융업법 제2조 제2항, 제3조 제3항 제2호.

신용카드의 자기선에는 카드번호, 결제구좌번호, 비밀번호 등이 입력되어 있다. 그러나 전자기록물인 신용카드 자기선에 문서의 가시적·가독적 성질을 인정할 것인지 여부에 대해서는 국가별로 다른 입장을 보이고 있다.

(1) 獨 逸

독일은 Lampe 교수와 Sieber 교수의 연구에 영향을 받아 1978년 10월 법무부가 컴퓨터범죄에 관한 정부의 초안을 작성하였다.[55] 그 후, 1986년 8월 1일 제2차 경제범죄방지법(Zweites Gesetz zur Bekämpfung der Wirtschaftskriminalität)이 제정되어 컴퓨터사기와 데이터위조를 처벌할 수 있는 근거를 마련하게 되었다.

이는 독일의 전통적 견해가 전기기록을 시각적으로 볼 수 없다는 이유로 문서성을 부정하여 처벌상의 흠결이 발생하였기 때문에 이를 보충하기 위한 방안이었다. 또한 컴퓨터데이터위조죄도 문서위조죄로 처벌할 수 없음을 이유로 전기기록물의 위조범을 처벌하기 위해 제정된 것이다.[56] 전기기록물은 구체적으로 검토하여 문서성을 판별

---

55) Lampe, Computerkriminalität – nur fauler Zauber? DSWR 1974. S.242f; ders., Die Strafrechtliche Behandlung der Computerkriminalität, GA 1975, S.1ff; Sieber, Computerkriminalität, Probleme hinter einem Schlagwort, Bericht anlässlich eines Hearings der Interparlamentarischen Arbeit – gemeinschaft in Bonn, DSWR, 1974, S.245ff. 金大圭, 전게논문, p.16, 각주 37에서 재인용.

하도록 하고 있다. 즉 입력을 위한 기초자료나 출력자료는 명의인이 누구인지 판별할 수 있고 외관상 식별과 이해가 가능하므로 문서가 될 수 있다. 그러나 자기밴드, 자기테이프, 자기디스크 등은 가시성이 없고 데이터를 보존하는 데 불과하여 서면에 의한 기재의 영속성을 결하므로 문서에 포함시키지 않고 있다. 또한 컴퓨터화면에 나타난 문자나 부호도 영속성을 결하기 때문에 문서가 될 수 없다고 본다.

독일의 통설적 견해는 전자기록물의 문서성을 부정하고 있으며, 결국 신용카드 자기선은 가시성과 서면에 의한 기재의 영속성이 불존재하므로 문서성을 인정할 수 없게 된다.57)

(2) 日　本

일본의 통설적 견해는 전기기록의 가시성과 가독성을 인정하여 문서에 포함시키고 있다. 그 이유는 전기기록은 육안으로는 판별이 안되지만, 기계를 통해 인식할 수 있고 문서로 재현이 가능하다면 문서로 인정된다고 볼 수 있기 때문이다. 또한 다양한 현대사회에서 문서는 더 이상 종이에 국한할 수 없기 때문에, 하드디스크, 자기디스크나 마이크로필름 등으로까지 문서범위를 확장하고 있다.

---

56) Möhrenschlager, Das Zweite Gesetz zur Bekämpfung der Wirts-chaftskriminalität, NStZ 1987, S.9. 독일 형법 제269조는 기망을 목적으로 증거에 의미 있는 자료를 컴퓨터에 입력하거나 변경하는 자 또는 불진정하거나 변조된 자료를 이용하는 자는 5년 이하의 자유형이나 벌금형에 처하도록 규정하고 있다.

57) 金大圭, 전게논문, p.17.

　　하급심판례에서도 현금카드의 자기선을 변조하여 현금을 인출한 행위를 문서위조죄로 처벌한 예가 있다.58) 동 판결에서는 문서성을 인정하는 근거로 현금카드 자기선 부분은 현금지급기에 사용될 때 카드에 포함된 정보가 출력되어 가시적·가독적인 문서로 재생되고 재생된 문서와 현금카드의 자기선은 일체불가분의 관련이 있는 것으로 인정된다고 하여 문서성을 인정하였다.59)

(3) 韓　國

　　한국 형법개정 전까지는 형법이 규정하는 문서의 개념에 전자기록 등 특수매체기록이 포함되는가의 여부 및 전자복사기나 모사전송기(팩스) 등에 의한 복사 문서도 문서에 해당되는가에 대하여 논란이 있어 왔다.60) 개정 형법은 이를 입법적으로 명확히 하여 주고 있다. 즉 문서에 관한 죄의 장(형법 제20장)에서 행위객체에 전자기록 등 특수매체기록을 포함시키고 있으며, 복사문서의 문서성을 인정하고 있다. 또한 문서위조죄가 사람의 의사가 이미 표시된 단계에서만 적용이 가능하기 때문에 컴퓨터 등에 수록되어 있는 상태의 비가시적인 데이터는 적용대상에서 제외되었는데, 본죄는 이러한 흠결을 보완하여 컴퓨터 등에 수록된 데이터를 위작·변작한 행위를 처벌하는

---

58) 大判地裁, 1982.9.9, 判例時報 第1067號, p.159.
59) 金大圭, 전게논문, p.15.
60) 복사문서의 문서성 여부는 그동안 대법원의 판결, 예컨대 大判 1989. 9. 12, 87도506에 의하여 해결되었다.

것이다.[61]

<hr>

61) 朴相基, 「刑法各論」, 博英社, 2005.1, p.529.

第4節 信用카드의 經濟的 機能

Ⅰ. 韓國의 경우

1. 順機能

　순기능은 회원의 편익, 가맹점의 편익, 발행회사의 편익으로 나누어 볼 수 있다. 우선 회원의 편익을 보면 4가지 기능이 있다. 첫째, 현금대용 기능. 신용카드는 현금을 소지하지 않고서도 물품의 구매나 용역의 제공을 받을 수 있으므로 현금을 소지하는 데 따르는 위험과 번잡함을 피할 수 있는 현금대용의 기능을 가지고 있다.62) 그래서 신용카드를 '현금 없는 사회'(cashless society)로 가는 서곡이라고도 한다. 둘째, 신용공여적 기능. 신용카드는 신용공여적 기능을 가지고 있다. 즉 신용카드를 소지한 자는 물품을 구입하거나 서비스

---

62) 1990. 6. 일본경제신문에서 일반개인을 대상으로 신용카드를 소지하는 이유를 조사한 결과 68.5%가 그 첫 번째 이유로 "현금을 소지하지 않아도 되는 편리성"이라고 응답하였다고 한다.

를 제공받고서도, 그 카드대금의 결제일까지는 변제의 의무 없이 지급을 유예받게 된다. 다시 말하면, 현재 물품 구입 자금이 없더라도 일정 기간이 경과한 후에 대금지급을 일시에 또는 분할하여 지급하는 것이 인정되는 신용공여의 기능이 있다.63) 셋째, 현금조달 기능·외환기능. 신용카드는 소액자금조달을 위한 현금대출서비스와 카드론(card loan)에 의한 현금조달의 기능이 있다. 또한 해외여행 시 현금 없이도 가맹점계약이 체결된 나라에서 신용카드 사용이 가능하므로 외환기능이 있다. 넷째, 절세기능. 2000년부터는 전년도 12월부터 당해 연도 11월까지 1년간이 공제대상 기간이 되기 때문에, 회원이 신용카드를 잘 활용하면 세금을 줄일 수 있는 절세의 혜택을 받을 수 있다.

가맹점의 편익은 두 가지 측면에서 볼 수 있다. 첫째, 판매촉진 기능. 신용카드는 물품판매를 하는 카드가맹점의 측면에서 보면, 구매 당시 현금이 없거나 구매의욕이 강하지 아니한 고객에게도 물품이나 용역을 제공하여 구매를 촉진시키는 판매촉진의 기능을 하고

---

63) 신용카드의 신용공여 방식에는 일시불식, 할부지급식, 회전지불식(revolving credit)의 3가지 방식이 있다. 일시불식은 카드 대금결제일에 카드이용대금 전액을 일시에 상환하는 방식으로서, 전형적인 외상카드의 기능에 불과하다. 할부지급식은 카드이용대금을 일시에 상환하는 것이 아니라, 균등 분할하여 상환하여 가는 방식을 말한다. 따라서 회원은 할부 기간만큼 신용을 공여받게 되는 것이다. 회전지불식은 회원에게 부여된 신용한도(credit line)의 범위에서는, 대금결제일에 카드이용대금을 변제할 필요가 없으며, 다만 그 미결제액에 대하여 회원이 금리를 부담하면 되는 방식을 말한다. Eric E. Bergsten, Credit Cards—A Prelude to the Cashless Society, 8 B. C. Ind. & Com. L. Rev., 1967, p.485.

있다. 둘째, 고객정보 수집기능. 카드사용 결과에 따라 신용판매에 필요한 자료를 수집할 수 있으며, 카드를 이용할 때마다 정보가 축적되므로 이를 바탕으로 효율적인 마케팅이 가능하게 되는 고객정보의 수집기능이 있다.[64]

마지막으로 카드발행회사의 편익도 두 가지 측면에서 볼 수 있다. 첫째, 수수료수입 기능. 신용카드는 발행회사가 가맹점으로부터 수수료를 받으며, 회원에게는 입회비와 연회비 등을 징수하여 수익을 올리게 되는 수수료 등 수입의 기능이 있다. 둘째, 도난보험발달 기능. 신용카드제도의 발달은 부수적으로 도난보험의 발달을 가져온다. 즉 카드의 분실·도난에 따른 손실부담을 해결하기 위하여, 카드회사들은 보험회사와 도난보험계약을 체결하여 그 위험을 분산시키게 된다. 따라서 신용카드업의 발달은 도난보험의 발달을 수반한다.

2. 逆機能

신용카드의 신용공여적 기능, 즉 현금 없이도 물품을 구입하거나 용역을 제공받을 수 있다는 메리트는 소비자로 하여금 무분별한 '충동구매'(shopping spree)를 자극하기 쉽고, 과소비나 나쁜 소비생활 패턴을 유발시킬 우려가 있다. 실제로 미국에 있어서 개인파산(Individual Bankruptcy)의 대부분은 신용카드의 과다사용에 의한 것이라

---

64) 澤野直紀, "신용카드", 「消費者法講座」, 한국소비자보호원, 1989, 91면.

고 한다.[65] 일본의 경우에도, 신용카드의 과다사용에 의한 경제적 파산이 사회적으로 큰 문제가 되고 있으며, 이러한 과다사용은 젊은 세대에서 급격히 나타나고 있다고 지적되고 있다. 또한 회원의 신용정보 및 카드발행정보가 유출되어 일어나는 최근의 신용카드범죄, 카드가맹점의 가장매출전표로 인한 피해사례 등과 같은 법적 문제도 발생하고 있다.[66]

Ⅱ. 中國의 경우

신용카드의 경제적 기능은 각각 카드회원의 편익, 가맹점의 편익, 발행은행의 편익으로 나누어 볼 수 있다. 먼저 카드회원의 편익을 살펴보면 다음과 같다. 첫째, 현금대용 기능을 들 수 있다. 신용카드는 현금 없이 물품을 구매하거나 용역의 제공을 받을 수 있으므로 현금을 소지함에 따른 위험과 번잡함을 피할 수 있다. 둘째, 중국 대부분의 신용카드는 Deferred 직불카드에 속하기 때문에 발행은행에 일정한 금액을 예치해두어야 한다. 그래서 예금계좌에 일정한 금

---

65) Thomas J Harron, Business Law, Allyn & Bacon Inc., 1981, pp.533－534.

66) 長尾治助, "與信情報管理", 「法學セミナー」, 日本評論社, 1992.10, 46－49면.

액이 남아 있으면 이자가 생기고 계좌에 있는 금액이 더 올라간다. 가맹점과 발행은행의 편익을 보면, 신용카드의 사용으로 카드회원, 가맹점, 발행은행 3당사자 간에 연속적인 채권채무관계가 형성된다. 그리고 대금결제는 은행신용을 기반으로 하기 때문에 가맹점은 안정적으로 대금결제를 받을 수 있고, 발행은행은 또한 신용카드업무를 확대할 수 있다. 카드회원은 신용카드를 사용하면서 일정한 현금대출서비스를 받을 수 있다. 이런 측면에서 볼 때, 카드회원은 자금조달을 위한 현금대출서비스를 받을 수 있고, 발행은행은 카드회원의 대출을 통한 이자를 받으므로 수입이 늘어나며, 가맹점은 카드회원에게 물품이나 용역을 제공하여 판매를 촉진할 수 있다.[67]

---

67) 戴維. H. 布澤爾, 「銀行信用卡」, 中國金融出版社, 2000年, 第20頁.

第5節 信用카드의 種類

Ⅰ. 韓國의 信用카드의 種類

1. 거래당사자의 수에 의한 분류

신용카드는 개념상 신용카드 발행인(Card Issuer),[68] 회원(Card Holder),[69] 가맹점(Establishment Member) 3당사자를 요한다. 그러나 신용카드에 따라서는 위 3당사자 중 가맹점이 없을 수도 있고, 3당사자 이외에 다른 당사자가 추가되는 경우도 있다.

(1) 양당사자카드

양당사자카드(Dual-Party Card 또는 Two Party Card)란 신용카드

---

68) 본 서에서는 '신용카드 발행인' 대신, '카드발행회사', '카드회사', '발행기관'의 용어도 같은 뜻으로 사용한다.
69) 본 서에서는 '회원' 대신, '카드소지인'의 용어도 같은 뜻으로 사용한다.

거래의 당사자로서, 신용카드 발행인과 회원만이 존재하고, 가맹점이 없는 신용카드의 유형을 말한다.[70)]

이런 양당사자카드[71)]는 카드발행인이 자기의 판매장에서, 또는 자기의 생산품목만을 대상으로 외상거래를 허용함으로써, 매출의 확대를 꾀하자는 데 그 목적이 있다. 따라서 이 경우에는 카드를 이용한다는 차이가 있을 뿐이고 보통의 외상거래와 그 법률관계가 다를 바가 없다. 다시 말하면, 이 경우에는 카드이용대금의 결제관계에 관한 복잡한 법 이론 구성이 불필요하고, 항변권의 단절문제도 생기지 않으며, 그 법률관계는 회원약관에 특별한 규정이 없는 한, 사법의 일반이론에 의하여 규율되면 족할 뿐이다. 또한 이 경우에는 원칙적으로 가맹점규약이 존재하지 않는다.

(2) 삼당사자카드

삼당사자카드(Three Party Card)란 신용카드거래의 당사자로서, 신용카드 발행회사와 회원 이외에 가맹점(Establishment Member)이 존

---

70) 한국의 경우에 백화점계 신용카드가 이에 해당하고, 외국의 경우에는 석유회사가 발행하는 주유용 신용카드가 대표적인 양당사자카드에 해당한다. 일본에서는 이를 House Card라고도 부른다.

71) 유통산업발전법 제2조 제3항의 규정에 의한 대규모점포를 운영하는 자, 계약에 의하여 같은 업종의 다수의 도·소매점포에 대하여 계속적으로 경영을 지도하고 상품을 공급하는 것을 업으로 하는 자는 금융감독위원회에 등록함으로써 신용카드업을 영위할 수 있는데, 이러한 신용카드업 등록업자(겸영여신업자)가 발급하는 카드의 대부분이 양당사자카드에 해당된다고 볼 수 있다(여신전문금융업법 제3조).

재하는 카드를 말한다. 현재 국내의 은행계 신용카드와 카드전문회사의 신용카드가 이 삼당사자카드에 해당하며, 전형적인 신용카드의 형태이다. 이는 상품을 판매하거나 용역을 제공하지 않는 카드발행회사가 독립적으로 존재하고, 실제의 상품판매와 용역의 제공은 가맹점에서 이루어진다. 이러한 삼당사자신용카드에서는 신용카드 특유의 여러 가지 법률문제가 야기된다. 즉 대금결제관계의 법적 구조의 문제,[72] 신용카드 당사자 간의 항변권의 문제,[73] 신용카드의 부정사용 시 손실분담에 관한 문제,[74] 연대보증인[75]의 보증책임의 범위에 관한 문제,[76] 신용카드범죄의 문제[77] 등이 해결해야 할 과제로 등장한다.

---

72) 예컨대, 카드회사가 회원에 갈음하여 가맹점에 카드이용대금을 변제하여 주는 법적 근거가 무엇인가, 또한 카드회사가 대금결제기일에 회원에게 이용대금의 상환을 청구하는 법적 근거는 무엇인가 등 문제.

73) 예컨대, 회원이 물품을 구입하거나 용역을 제공받았으나, 그 매매계약 또는 용역계약에 무효·취소의 원인이 있거나, 이행상의 하자가 있을 경우에, 이를 이유로 카드회사에 대한 대금채무의 이행을 거절할 수 있는 것인가 등 문제.

74) 예컨대, 분실·도난당한 신용카드를 습득 또는 훔친 자가 그 카드를 부정하게 사용한 경우에, 발생한 손실을 카드회사의 부담으로 하여야 할 것인가 또는 회원 부담으로 할 것인가 등 문제.

75) 1992년 10월부터 개인 신용카드의 연대보증인제도가 폐지되었다. 그러나 법인신용카드의 경우에는 여전히 연대보증인제도가 남아 있으며, 개인 신용카드의 경우에도 은행이 선별적으로 연대보증인을 세우도록 할 수 있는 것으로 해석된다.

76) 예컨대, 회원의 대금채무에 대하여 연대보증한 자의 보증책임의 범위는 어디까지 미치는 것인가 등 문제.

77) 예컨대, 카드대금을 지급할 의사와 능력도 없이 신용카드를 남용한다든지, 또는 신용카드업법 등 관련법령이 금지하고 있는 카드를 이용한 범죄행위를 한 경우에 범죄성립 여부 및 처벌의 문제. 신용카드업법은 1997.8.28. 법률 제5374호로 폐지되었고, 1997년 법률 제5374호로 제정

(3) 다당사자카드

　다당사자카드[78](multy-party card)란 다수의 은행이 참가하여 카드회사를 설립하고, 이 발행회사의 명의로 신용카드가 공동으로 발행되며, 공동의 가맹점에서 그 카드의 사용이 이루어지지만, 개개의 참가은행(participating bank)은 독자적으로 회원을 모집하고, 그 회원의 신용카드 이용대금의 결제도 각각 참여은행의 자금부담하에 이루어지는 형태의 카드를 말한다. 다당사자카드는 카드회사, 회원, 가맹점의 삼당사자적 기초 위에 서 있는 점은 삼당사자신용카드와 같지만, 다만 신용카드 발행회사가 단일의 기업이 아니고, 수개의 은행이 공동으로 참여한 형태라는 점에 특징이 있다.[79]

　다당사자카드제도는 미국의 특수한 은행제도에서 비롯되었다. 미국에서는 은행들이 다른 주에서의 영업이 금지되는 것이 원칙이므로, 전국적인 카드망을 형성하기 위해서는 다른 주에 있는 은행을 카드발행에 공동으로 참가시킬 필요가 있었다. 이러한 형태의 카드로는 국제적인 카드인 Diners club card, Master card 등이 이에 해당하고, 국내의 카드 중에 비씨카드가 이에 해당한다.[80]

　된 여신전문금융업법으로 대체되었다.

78) 시중은행들이 공동으로 발행하고 있는 은행신용카드(BC카드)가 이에 해당한다.

79) 鄭東潤, "신용카드에 관련된 법률문제", 高麗大學校 法學論集, 第23輯, 1985.12, pp.218-219.

80) 韓相文, 전게서, pp.20-22.

2. 대금지급방법에 의한 분류

(1) 일시적 신용카드

이는 신용카드 이용대금채무를 지정된 결제일에 일괄하여 전액 지급하여야 하는 신용카드이다.

그 지급기일은 카드발행회사와 카드회원 간의 약정에 의하여 정하여지나, 지정된 기일까지 대금을 전액 지급하지 못하면 그날로부터 대금 완납일까지 회원은 연체이자를 부담하게 된다.

(2) 분할급 신용카드

이는 신용카드의 이용대금을 일시에 전액 상환하여야 하는 것이 아니라, 수회로 나누어 상환할 수 있는 신용카드를 말한다. 할부구매의 한도와 분할 납입의 횟수는 할부거래에 관한 법률이나, 카드회원과 카드회사 간의 약관에 의하여 일정한 제한을 받는다.

(3) 회전식 신용카드

회전식 신용카드(Revolving Credit Card)란 카드회사가 카드회원별로 일정한 신용한도를 설정하여 두고, 그 한도 내에서는 카드대금결제일에 반드시 상환할 필요가 없이, 계속하여 회전 사용할 수 있는 신용카드를 말한다. 예컨대, Credit Line이 2,000달러인 회원이 3,000 달러의 물품을 카드 구입한 경우에, 그 한도초과액 1,000달러는 결제일에 반드시 상환하여야 하나, 한도액 2,000달러는 결제일에 상환할 필요가 없이, 카드이용 계약기간이 만료될 때까지 회전 사용할 수 있는 카드를 말한다. 이때 계속적·회전적인 사용한도에 대해서는 회원이 별도의 이자를 부담하게 되는 것은 물론이다. 그리고 이러한 신용의 한도는 카드거래의 실적과 개인의 신용도에 따라 수시로 감액 또는 증액된다.

회전식 신용카드는 은행계 신용카드가 신용카드를 하나의 금융수단으로 활용하기 위하여 개발한 카드의 한 유형인데, 신용카드의 모국인 미국에서는 오히려 회전식 신용카드가 일반화된 카드의 형태이다.[81]

3. 사용 영역에 의한 분류

(1) 국내 신용카드

이것은 국내에서만 사용할 수 있는 신용카드를 말한다. 백화점계 카드, 국내 각 은행계 카드가 이에 해당한다.

---

81) 韓相文, 전게서, pp.23－25.

(2) 국제 신용카드

이것은 국내외 어디에서나 사용할 수 있는 신용카드를 말한다. 국내의 신용카드는 백화점계 카드를 제외하고서는 모두 외국의 카드회사와 제휴하여 국제 신용카드를 발행하고 있다. 예컨대, 비씨 Master Card, 국민 VISA Card, 환은 VISA Card 등이 이에 해당한다.

4. 사용목적에 의한 분류

신용카드는 그 사용목적이 제한되는지 여부에 따라 '제한목적카드'(Limited Purpose Card − Proprietary Card)와 '다목적카드'(All Purpose Card − General Purpose Card)로 나뉜다.

'제한목적카드'는 '하우스카드'라고 부르기도 하며, 자사의 상품판매 촉진을 위하여, 자사의 점포에서만 사용 가능하도록 발행된 것으로서, 고객의 고정화를 목적으로 한다. 역사적으로 보아도 신용카드는 '하우스카드'로부터 시작하였으며, 중소소매업자뿐만 아니라 전화회사나 석유회사 등에서도 발행되었다.

'다목적카드'는 '범용카드'라고 부르기도 하며, 여러 가지 종류의 가맹점에서 광범하게 사용할 수 있는 카드를 말한다. 현재 한국 은행계 카드와 카드전문회사 카드는 물론, VISA Card, Master Card 등 외국계 신용카드도 모두 이에 해당한다.

5. 회원의 신용도에 의한 분류

신용카드는 그 회원의 신용도에 따라 누리는 혜택이 각기 다르다.[82] 이는 고객의 신용도에 따른 차별화 정책의 표현이다. 한국의 경우 회원의 자격요건에 따라 대체로 일반회원, 우량회원, 골드회원, 플래티늄(Platinum)[83] 회원으로 구분하여 카드가 발급되고 있다.

Ⅱ. 中國의 信用카드의 種類

1. 신용주체에 의한 분류

신용카드는 신용주체에 따라 은행카드와 비은행카드로 나눌 수 있다. 은행카드는 발행은행에서 신용도 심사에[84] 통과된 單位 및 개인

---

82) 예컨대, American Express 카드의 경우, 회원의 신용도에 따라 Green Card, Silver Card, Gold Card, Platinum Card 등 4 가지의 카드로 구분되어 발급되고 있다.

83) 플래티늄카드란 '백금'이란 뜻으로 기존의 골드카드보다 한 단계 더 높은 등급의 카드로서 차별화된 서비스와 가치로 고객만족을 드리기 위해 개발된 고품격 카드이다. http://vip.bccard.com 참조.

84) 여기에서 신용도 심사는 자금 심사를 말하며, 구체적으로 자금 총액을 의미한다. 중국에서는 資信審査라고 부르고 있으며, 자금이 많을수록 신용도가 높다고 판단된다.

에게 발행한 신용카드이고, 현재 중국에서 발행하고 있는 신용카드
는 은행카드의 한 종류이다. 비은행카드는 백화점, 여행사, 항공사
등 비금융기관에서 고객이 편하게 소비할 수 있도록 발행한 신용카
드이며, 이런 신용카드는 단지 해당 발행기관에서만 사용 가능하다.

2. 대금지급방법에 의한 분류

신용카드는 대금지급방법에 따라 Credit Card, Deferred 직불카드
및 직불카드로 나눌 수 있다. Credit Card는 발행은행이 카드소지인
에게 일정한 신용한도를 허용하고 카드소지인은 신용한도 내에서 먼
저 소비하고 익월에 지급하는 신용카드이다. Deferred 직불카드는 카
드소지인이 반드시 발행은행에 일정한 예금이 있어야 하고, 카드소
지인이 소비행위로 인하여 카드 예금잔액이 부족하게 될 경우 발행
은행에서 규정한 신용한도 내에서 현금대출서비스를 받을 수 있는
신용카드이다. 직불카드는 통장에 예금이 있어야 하나, 현금대출서비
스 기능은 없다. 전세계적으로 말하고 있는 신용카드는 일반적으로
Credit Card를 가리킨다. 하지만 중국 은행카드업무관리방법(中國銀
行卡業務管理方法)에서는 신용카드를 Credit Card와 Deferred 직불카
드로 분류하고 직불카드는 포함되지 않으며, 신용카드와 직불카드를
통합하여 은행카드로 부르고 있다. 이렇게 볼 때 중국의 신용카드
개념은 국제적으로 통일된 신용카드와 의미상 많이 다르다.

3. 발행대상에 의한 분류

신용카드는 발행대상에 따라 기업카드와 개인카드로 나눌 수 있다. 기업카드는 企業·事業單位[85] 및 기타 법인단체를 대상으로 발행한 카드이다. 개인카드는 미성년자[86]가 아닌 고정적인 수입이 있는 중화인민공화국 국민을 대상으로 발행한 카드이다.[87]

4. 신용도에 의한 분류

신용카드는 신용도에 따라 일반회원과 골드회원으로 나눌 수 있다. 일반회원은 특수한 권리가 없고 골드회원은 비교적으로 높은 자금 신용도가 있기 때문에 현금대출서비스 한도, 대금결제기한, 서비스 범위 등 면에서 특수한 권리를 갖고 있다.[88]

---

85) 사업단위는 사회 공공이익을 목적으로 국가기관이나 기타 기관에서 국유자산을 이용하여 설립한 사회단체인데, 이는 주로 교육, 과학기술, 문화, 위생 등 활동에 종사한다. http://www.sxbb.gov.cn/registe/gldx.htm.
86) 중국에서는 만 18세를 기준으로 성년자와 미성년자를 구별하고 있다. 따라서 각 신용카드회원약관에서도 만 18세 이상인 개인에게 개인회원카드를 발행하도록 규정하고 있다. 中國長城카드회원약관 제2조 및 제4조에 관련 규정이 있다.
87) 李邦友,「金融犯罪研究」, 人民法院出版社, 2003版, 第311頁.
88) 白力,「信用卡管理知識」, 吉林人民出版社, 1996年12月, 第1頁.

信用카드去來의 法律關係

第 2 章

第1節 信用카드의 當事者

Ⅰ. 韓國의 信用카드의 當事者

신용카드거래의 당사자는 개념상 카드발행인과 회원 그리고 가맹점이 된다. 다만 다당사자카드(Multi-Party Card)의 경우에는 위 3당사자 이외에 관리회사가 존재하고, 백화점계 카드와 같은 양당사자카드(Two Party Card)의 경우에는 가맹점이 존재하지 않는다는 특징이 있지만, 현재 발행되고 있는 대부분의 신용카드가 삼당사자카드 유형에 해당되기 때문에 신용카드의 당사자는 기본적으로 회원, 카드회사, 가맹점의 3자라고 보는 것이 타당하다.

1. 신용카드회원

회원의 개념에 대하여 여신전문금융업법 제2조에서는 "신용카드업자와의 계약에 따라 그로부터 신용카드를 발급받은 자를 말한다."라고 정의하고 있다. 이처럼 회원은 카드발행회사와의 계약에 의하여 발급, 대여받은 신용카드를 소지하고, 이를 가맹점에 제시함으로써 가맹점으로부터 물품을 구입하거나 용역을 제공받고, 또한 현금지급기를 통해 현금서비스를 받을 수 있는 자격을 갖춘 자라고 말할 수 있다. 일반적으로 실무계에서는 주로 회원이란 용어를 사용하고 있지만, 본 서에서는 카드 보유자, 카드소지인 등 용어도 회원과 같은 뜻으로 사용하고자 한다.

　회원은 개인회원과 법인회원으로 대별할 수 있는데, 개인회원은 다시 본인회원과 가족회원으로 구별할 수 있으며, 본인회원은 본인 및 가족회원의 카드에 관한 모든 행위 및 그로 인하여 발생된 채무 전액에 대하여 책임을 진다. 가족회원은 자신이 사용한 금액 및 카드관리에 따른 채무에 대해서만 책임을 진다.[89] 법인회원은 카드이용대금에 대한 모든 채무를 법인과 그 사용자가 연대하여 부담할 것을 약정한 회원을 말하는데, 법인공용카드와 법인개별카드 두 종류가 있다.

2. 신용카드가맹점

　'신용카드가맹점'이라 함은 신용카드업자와의 계약에 따라 회원에게 물품의 판매 또는 용역의 제공 등을 하는 자를 말한다. 이러한 가맹점은 개념상 양당사자카드를 제외한 삼당사자카드 이상의 형태

---

89) 국민카드개인회원약관 제2조, 현대카드개인회원약관 제2조.

에만 존재한다. 여신전문금융업법에서는 신용카드업자는 신용카드가
맹점을 모집하는 경우에 신용카드가맹점이 되고자 하는 자의 사업장
을 방문하여 영업 여부 등을 확인하여야 한다고 규정하고 있다.[90]
이렇게 가맹점의 자격기준을 정하는 이유는 자격기준에 의하여 가맹
점을 선별하지 않을 경우 가맹점과 회원 간에 분쟁이 빈번히 발생하
여 카드회사와 회원 간의 항변권의 문제 등 법적 문제가 발생할 우
려가 있고, 카드회사가 가맹점이 취급하는 상품과 용역의 질을 사전
에 조사하여 가맹점을 지정함으로써 회원은 이를 믿고 양질의 상품
또는 서비스를 제공받을 수 있기 때문이다.[91]

3. 신용카드회사

'신용카드회사'라 함은 신용카드업을 경영하고 금융감독위원회의
허가를 받은 자를 말한다.[92] 카드회사는 법인으로서 회원과 계약을
체결하여, 회원에게 신용카드를 발행하며, 또 가맹점과 가맹점계약을
체결하여 신용카드 이용과 관련된 대금을 결제하고, 신용카드의 관
리 및 회원과 가맹점을 모집하는 업무를 계속적으로 하는 자로서,
일반적으로 신용카드 발행인이라고도 부른다.

---

90) 여신전문금융업법 제16조 제2항.
91) 韓相文, 전게서, p.81.
92) 여신전문금융업법 제2조 제2항 제2호.

Ⅱ. 中國의 信用카드의 當事者

신용카드거래의 당사자는 개념상 카드발행인과 회원 그리고 가맹점이라고 말할 수 있다. 하지만 현재 중국에서의 신용카드의 개념과 체계가 조금 특수[93]하기 때문에 본 서에서는 이런 점을 고려하여 보증인을 당사자의 개념에 같이 포함시켜 설명하기로 한다.

1. 신용카드회원

신용카드회원은 은행에서 예금계좌를 개설한 單位이거나 완전한 행위능력과 고정적인 경제수입이 있는 공민을 말한다. 신용카드회원은 공상업을 경영하는 기업, 기관 사업단위, 영도자나 노동자, 성(省)·향(鄕) 주민 등을 모두 포함하는데, 법인회원과 개인회원 두 종류로 나눌 수 있다.

신용카드회원은 은행에 예금계좌를 개설한 單位이거나 만 18세 이상 완전한 행위능력과 고정적인 경제수입이 있는 자연인을 말한다.[94] 신용카드회원은 공상업을 경영하는 기업, 기관 事業單位, 간부

---

93) 예컨대, 중국에서 사용하고 있는 신용카드는 한국에서 말하고 있는 신용카드가 아니고 Deferred 직불카드의 개념에 해당하다. 그리고 보증인이 없으면 신용카드 발행이 불가능하다.

나 노동자(직원), 성(省)·향(響) 주민 등을 모두 포함하는데, 법인회원과 개인회원 두 종류로 나눌 수 있다.

법인회원[95]은 아래와 같은 조건을 갖추어야 한다. ① 신용카드를 신청한 단위의 사무실 주소가 반드시 발행은행과 동일한 시(市)·현(縣)에 있어야 한다. ② 신용카드 사용자는 반드시 신청 내용이 완전하고, 필적이 깨끗하며, 사용자 소속 단위의 공인 혹은 단위의 대표이사[96]의 서명이 있는 신청서를 작성하여야 한다. ③ 중국인민은행[97]에서 심사하여 발급한 예금계좌개설 허가증[98]을 제출하여야 한다. ④ 발행은행에 신용카드 사용자 소속 단위의 사업자등록증[99] 혹은 신용카드 사용자 소속 단위의 법인자격을 증명할 수 있는 증명서의 사본을 제출하여야 한다. ⑤ 신용카드 主 사용자(主卡)와 附사용자(附屬卡)의 주민등록증[100] 사본을 제출하여야 한다. ⑥ 신용카드 사용자는 규정에 따라 반드시 발행은행에 일정한 금액을 예금하여야 한다.

---

94) 중국長城카드회원약관 제2조.
95) 중국에서는 單位會員이라 부르는데 한국에서의 기업회원과 유사한 의미이다.
96) 단위의 대표이사는 한국의 회사 대표이사에 해당하며, 중국에서는 단위 법인대표로 표현한다.
97) 중국인민은행은 중국 중앙은행으로서 전국 은행의 행정업무를 담당하고 있다.
98) 현재 중국에 사용되고 있는 신용카드는 Deferred 직불카드에 해당되므로 신용카드를 신청하는 단위법인은 반드시 예금계좌를 먼저 개설하여야 한다.
99) 중국에서는 영업허가증이라 한다.
100) 중국에서는 신분증이라 한다.

개인회원은 아래와 같은 조건을 갖추어야 한다. ① 만 18세 이상, 고정적인 직업과 수입이 있고, 소속 단위와 호적이 현지에 있는 성(省)·향(響) 주민이어야 한다. ② 회원은 반드시 신청 내용이 완전하고 진실하며, 필적이 깨끗한 신청서를 작성하여야 하고, 서명란에 서명을 하여야 한다. ③ 발행은행에 회원 본인, 가족과 보증인의 유효한 주민등록증 원본 및 사본을 제출하여야 한다. ④ 회원은 규정에 따라 반드시 발행은행에 일정한 금액을 예금하여야 한다.

2. 신용카드가맹점

신용카드가맹점은 신용카드업무를 수행할 수 있고, 카드소지인에게 물품을 판매하거나 용역을 제공할 수 있는 경영업체를 말한다. 신용카드가맹점의 자격에 관해서는 특별한 규정이 없으나, 경영업체의 경영상태가 우수하고, 일정한 사회 지명도가 있고 판매액이 높으며, 통신시설이 좋고 직원의 소질이 높은 호텔, 레스토랑, 오락실, 여행사 등 업체는 모두 가맹점이 될 수 있다.[101]

---

101) 鄭順炎, "信用卡業務中的当事人及其法律關系", 北京大學金融法研究中心, 2002年7月4日, 第2頁.

3. 신용카드 발행회사[102]

　발행회사는 중국인민은행의 심사·비준을 거쳐 신용카드업무를 취급할 수 있는 상업은행을 말한다. 구체적으로 말하면, 신용카드업무를 취급하려는 상업은행은 반드시 아래와 같은 조건을 갖추어야 한다. 첫째, 은행이 개업한 후 3년을 초과하여야 하고, 은행의 일반적인 업무처리에 문제가 없어야 한다. 둘째, 중국인민은행에서 규정하고 있는 자산부채비율관리감독지표(資産負債比例管理監控指標)에 부합하여야 하고 경영상태도 우수하여야 한다. 셋째, 신용카드업무에 대해 과학적이고 완벽한 내부감독제도를 실시하여야 하고, 은행 내부에 명확한 심사절차가 있어야 한다. 넷째, 규정에 부합하는 관리자, 기술자, 상응한 관리기관이 있어야 한다. 다섯째, 안전하고 고능률의 컴퓨터처리시스템을 갖추어야 한다. 여섯째, 국제 신용카드를 발행할 경우 외화업무를 취급할 자격이 있어야 하며, 그에 상응하는 외화업무취급능력도 갖추고 있어야 한다. 일곱째, 중국인민은행에서 규정한 기타 규정을 준수하여야 한다. 위의 각 조건에 부합하는 상업은행은 중국인민은행에서 규정한 서류를 제출한 후 신용카드업무의 취급을 신청할 수 있다.

---

102) 중국에서 신용카드를 발행할 수 있는 기관은 상업은행밖에 없다.

4. 보증인

「은행카드업무관리방법」 제41조에 의하면, 발행은행은 반드시 회원에 대해 철저한 신용조사를 거친 후, 회원의 자금 신용도에 따라 담보 형식을 결정하여야 한다. 담보의 형식은 보증[103], 저당[104] 등이 있다. 저당은 물적 담보를 말하고, 이는 주로 저당물 자체의 질과 권리의 귀속을 강조하며, 보증은 인적 담보로 보증인의 신용도를 강조한다. 여기에서는 보증인의 자격에 대해서만 언급하고자 한다.

보증인은 단위가 될 수도 있고 개인이 될 수도 있다. 보증인이 단위[105]인 경우, 그 단위는 반드시 현지 법인 자격을 가진 경제 실체

---

103) 보증담보는 보증인과 발행은행 간의 약속이다. 즉 카드소지인이 신용카드거래에 있어서 의무를 이행하지 않으면 보증인이 약속에 따라 채무를 이행하거나 책임을 부담하는 것이다. 白力, 전게서, 第129頁.
104) 저당권설정은 채무자 또는 제3자가 채권담보를 제공한 부동산 기타의 목적물을 채권자가 인도를 받지 아니하고, 그 목적물을 관념적으로만 지배하며 채무의 변제가 없는 경우에 그 목적물로부터 우선 변제를 받는 권리를 말한다. 질권설정은 채무자 또는 제3자가 그의 동산 혹은 권리를 채권자에게 이전하고, 채무자가 채무를 이행하지 않을 때 채권자는 법에 의거하여 당해 동산 혹은 권리를 돈으로 환산하거나 매도한 후 우선 변제권을 갖는다. 郭明瑞, 「担保法」, 法律出版社, 2004年1月, 第92頁.
105) 「중화인민공화국담보법」에서는 행정사업단위가 보증인이 될 수 없다고 규정하고 있다. 또한 국가기관은 보증인이 될 수 없다. 그러나 국무원에서 비준한 외국정부 혹은 국제경제단체에 대출을 위한 경우는 제외한다고 규정하고 있다. 학교, 유치원, 병원 등 공공이익을 목적으로 한 사업단위, 사회단체는 보증인이 될 수 없고 기업법인의 파생기관, 직능 부문도 보증인이 될 수 없으며, 기업법인의 파생기관은 서면으로 기업법인의 권리를 부여받은 경우에는 권리 부여 범위 내에서 보증인

여야 하고, 신청서에 있는 단위 보증란에 공인을 찍고 단위 대표이
사의 서명이 있어야 하며, 대표이사는 반드시 발행은행에 담보사항
을 보증하고 단위 사업자등록증 원본 및 사본을 제출하여야 한다.
필요에 따라 최근 은행과의 결제 명세서, 재무 보고서 등을 제출하
기도 한다. 보증인이 개인인 경우 개인은 반드시 현지 단위에서 근
무하고 있는 정식 직원이어야 하고 회원의 배우자나 직계친족은 보
증인이 될 수 없다. 보증인은 반드시 발행은행에 담보사항을 보증하
여야 하고 신청서에 서명을 하는 동시에, 보증인의 주민등록증 원본
및 사본을 제출하여야 한다. 또한 발행은행의 내부 직원은 보증인이
될 수 없다.

이 될 수 있다.

第2節 信用카드去來의 當事者間 法律關係

Ⅰ. 韓國의 경우

1. 序 說

신용카드거래의 법률관계는 발행회사와 회원 간의 법률관계(회원계약), 발행회사와 가맹점 간의 법률관계(가맹점계약) 및 회원과 카드가맹점 간의 법률관계(매매계약)인 삼면의 법률관계로 구성된다. 그런데 신용카드 중에서 양당사자카드의 경우에는 이러한 법률관계가 문제 될 여지가 없다. 왜냐하면 이 경우에는 가맹점 없이 카드회사 영업장에서만 그 카드가 사용되든가, 카드회사가 생산한 제품에 한하여 카드거래가 발생하는 것이므로, 일반 외상판매의 경우와 다른 특수한 법률문제가 발생할 여지가 없기 때문이다. 또한 삼당사자카드의 경우라 할지라도 현금대출서비스거래는 특별히 문제 될 것이 없다. 왜냐하면 현금대출서비스는 그 법적 성격이 금전소비대차계약이라는 점에 관하여 異論이 있을 수 없고, 또한 이는 가맹점의 개입이 없는 카드발행회사와 회원의 이당사자 간 법률관계에 불과한 까닭에 일반소비대차계약의 경우와 다른 특수한 법률문제가 발생할 여지가 없기 때문이다.[106]

2. 發行會社와 會員間의 法律關係

회원과 발행회사의 법률관계는 신용카드의 유효기간 동안 회원계약이 존속하는 일종의 계속적 채권계약이라고 할 수 있다. 회원계약은 발행회사가 제시하는 회원계약에 회원이 카드신청을 할 때 이를 승낙함으로써 성립되는 보통거래약관에 의한 계약(Form Contract, Standard Contract)이다.[107]

회원규약의 내용에는 카드의 발행, 이용대금의 결제방법, 카드의 유효기간, 도난·분실 시의 책임, 이용한도액, 항변권, 계약의 해지 등이 규정되어 있다.[108]

이러한 점을 고려해 보면 양자 간의 법률적 성질은 카드발행회사(受給人)가 카드회원(都給人)을 위해 가맹점에 카드이용대금을 지급하고 그에 따른 보수(연회비, 수수료, 이용대금)를 받는 일종의 도급계약이라고 볼 수 있다.[109]

---

106) 韓相文, 전게서, p.112.
107) 李銀榮, 「約款規制論」, 博英社, 1984, pp.202−210.
108) 국민카드, 비씨카드, 삼성카드, 백화점카드 등 회원약관 참조.
109) Hans Christoph Zahrnt, Die Kreditkarte unter Privatrechtlichen Gesi−

(1) 회원의 발행회사에 대한 법적 지위

가. 회원의 권리

① 신용판매청구권

가맹점은 신용카드에 관한 거래라는 이유로 물품의 판매 또는 용역의 제공을 거절하거나 신용카드 이용회원을 불리하게 대우하지 못한다.[110] 이에 따라 가맹점약관에서도 가맹점에 대해 신용카드에 의한 판매의무조항을 두고 있다.[111] 이 조항은 제3자인 신용카드회원을 위한 계약이며, 회원이 신용카드를 제시하고 상품의 구매 또는 서비스의 제공을 요청하는 행위는 수익자의 수익의 의사표시라 할 수 있다. 따라서 회원의 신용판매 요구에 대해 가맹점이 정당한 이유 없이 불응할 경우 회원은 가맹점에 대해 채무불이행책임을 물을 수 있게 된다.

② 신용정보청구권

회원은 신용카드거래로 인하여 가맹점과의 사이에 분쟁이 발생하였을 경우에 가맹점의 정보를 카드회사에 대하여 요구할 수 있다.[112] 여기서 분쟁이라 함은 신용카드거래의 원인 행위에 무효·취

---

chtspunkt, Neue Juristische Wochenschrift, 1972, S.1079.
110) 여신전문금융업법 제19조 제1항.
111) 비씨카드가맹점약관 제2조 제1항, 국민카드가맹점약관 제2조 제1항.
112) 삼성카드개인회원약관 제20조 제2항, 국민카드개인회원약관 제20조 제2항.

소 사유가 있거나 또는 목적물의 하자 등 이행상의 하자가 있어 신용카드회원에게 대금지급거절의 항변권이 발생한 경우를 말한다. 그 밖에 신용카드의 부정사용에 따른 가맹점과의 분쟁이 발생한 경우도 포함된다고 해석된다.

나. 회원의 의무

① 대금결제의무

회원은 신용카드 이용대금과 이에 수반되는 수수료를 대금결제일에 자동대체방식에 의하여 결제하여야 한다.[113] 회원의 이용대금결제의무는 통설인 병존적채무인수설에 의하면 위임사무처리에 따른 비용상환의무이며, 채권양도설에 의하면 신용카드사가 양수받은 채권의 추심행위에 따른 대금결제가 된다. 또한 직접채무설에 의하면 신용카드에 대한 금전채무의 상환이 된다.

② 신용카드 보관 및 본인이용의무

신용카드의 소유권은 은행에 있으므로 회원은 이 신용카드를 타인에게 양도하거나 담보의 목적으로 이용할 수 없으며, 선량한 관리자로서의 주의의무를 다하여 신용카드를 이용, 관리하여야 한다.[114] 또한 회원은 신용카드를 타인에게 양도하거나 담보의 목적으로 이용할

---

113) 국민카드개인회원약관 제12조 제1항, 삼성카드개인회원약관 제12조 제1항.
114) 삼성카드개인회원약관 제3조 제1항, 국민카드개인회원약관 제3조 제2항.

수 없다.[115] 회원이 주의의무를 위반하여 제3자에 의한 부정사용이 이루어진 경우는 그에 대한 손실은 신용카드사가 부담하지 않고 회원이 책임을 지게 된다.

또한 회원은 신용카드를 발급받는 즉시 신용카드 서명란에 본인이 직접 서명하여야 하며, 신용카드 표면에 기재된 명의인 이외의 자가 신용카드를 이용하게 하여서는 안 된다.[116] 따라서 회원이 아닌 제3자가 신용카드를 이용하는 것은 '약관에서 정하는 사항을 위반한 경우'에 해당하여, 카드회사는 별도의 통보절차 없이 회원의 자격을 정지하거나 신용카드 이용을 일시 중지시킬 수 있다.[117] 회원은 이로 인한 모든 책임을 부담하며, 이로 인하여 회사 측에 손해를 입힌 때에는 이를 배상하여야 한다.

③ 사고신고의무

회원은 신용카드를 분실하거나 도난당한 경우에는 즉시 카드회사에 신고하도록 하고 있는데,[118] 이는 현금과 마찬가지로 사용할 수 있는 신용카드의 점유가 상실된 경우 이를 가장 먼저 인지할 수 있는 회원으로 하여금 신속하게 신고할 의무를 부과함으로써 부정사용을 최대한으로 줄일 수 있기 때문이다. 신용카드의 손실부담이 원칙적으로 카드회사책임주의로 바뀌면서 회원에게 과실이 없으면 분실

---

115) 삼성카드개인회원약관 제3조 제2항.
116) 국민카드개인회원약관 제3조 제1항.
117) 국민카드개인회원약관 제19조 제4항.
118) 삼성카드개인회원약관 제16조 제1항, 국민카드개인회원약관 제16조 제1항.

신고 전의 사고라도 보상하여 줌으로 회원의 신고의무는 더욱 강조되고 있다.

④ 부정사용금지의무

신용카드는 본인이 사용하는 경우라도 신용카드의 고유한 용법에 따르지 않은 사용, 즉 상품구매 등을 위장한 가장매매, 불법대출 행위, 신용카드 자체의 처분에 의한 사용 등 부정사용을 하여서는 아니 된다. 회원이 이를 위반하여 신용카드거래를 행한 경우에는 그러한 거래는 성립되지 아니한 것으로 간주되고 상호원상회복의무를 부담한다.[119)

(2) 발행회사의 회원에 대한 법적 지위

가. 발행회사의 권리

발행회사는 회원으로부터 신용카드대금을 회수할 권리가 있다. 통설은 카드회사의 회원으로부터의 신용카드대금회수는 위임사무처리에 따르는 비용상환청구권의 행사에 의해 이루어진다고 설명하며, 일부견해는 신용카드 이용대금의 구상권의 행사로 설명하기도 한다.[120) 회원약관에서는 회원의 신용카드 이용대금을 정해진 대금결

---

119) 삼성카드개인회원약관 제5조 제3항, 국민카드개인회원약관 제7조 제5항.
120) 李富勳, "信用카드 法理에 관한 研究", 全州大學校 法學科 博士論文, 1994.10, p.122.

제일에 자동대체결제계좌에서 자동으로 인출하여 결제한다고 하면서,[121] 회원은 신용카드 이용대금과 이에 수반되는 모든 수수료를 대금결제일 영업시간 내에 자동대체방식에 의하여 결제하도록 의무 지우고 있다.

나. 발행회사의 의무

① 거래조건의 주지의무

신용카드업자는 재정경제부령이 정하는 방법에 의하여 회원과 가맹점에 대하여, 이자율·할인율·연체료율 등 각종 요율, 신용카드 이용금액의 결제방법, 신용카드가맹점에 대한 책임과 준수사항 등을 주지하도록 하고 있다.[122] 약관의규제에관한법률(이하 '약관규제법'이라고 한다)에서도 약관에 의한 계약이 성립되기 위해서는 기업이 고객에게 약관을 명시하고 그 주요 내용을 설명해 주지 않으면 안 된다고 규정하고 있다.[123] 이처럼 여신전문금융업법 등에서 신용카드에 의한 거래 시에 신용카드의 거래조건을 회원에게 주지시킬 것을 규정하는 것은 회원 보호에 좀더 만전을 기하자는 데 그 취지가 있다.

② 보험 등의 가입의무

---

121) 삼성카드개인회원약관 제12조 제1항, 국민카드개인회원약관 제13조 제1항.
122) 여신전문금융업법 제18조.
123) 약관의규제에관한법률 제3조.

　여신전문금융업법은 신용카드의 분실·도난 등 통지를 받은 때에는 그때부터 사용된 신용카드의 이용대금에 대하여 카드회사가 손실을 부담한다고 규정하고,[124] 나아가 각 카드회사약관에서 회원에게 과실이 없는 경우를 전제로 일정한 기간까지 소급하여 보상한다는 내용을 두고 있는데, 이러한 카드회사책임주의를 뒷받침하기 위해 여신전문금융업법은 카드회사로 하여금 보험 또는 공제에 가입하거나 준비금을 적립하는 등 조치를 취하여야 한다고 규정하고 있다.[125] 이러한 규정은 위험분산과 함께 카드회사의 건전성 확보에 그 취지가 있는 것으로 보인다.

3. 發行會社와 加盟店間의 法律關係

　발행회사와 가맹점 간의 법률관계도 회원계약과 마찬가지로 보통거래약관인 가맹점규약에 의해 규율되는 계속적 채권계약이다.[126]

　가맹점규약의 내용에는 신용판매의 실시, 한도 및 방법, 대금결제의 방법, 수수료, 계약의 해지 등이 규정되어 있다. 이 외에도 회원을 위한 내용도 포함되어 있으므로 회원을 수익자로 하는 일종의 제3자를 위한 계약이라고 볼 수 있다.[127]

---

124) 여신전문금융업법 제16조 제1항.
125) 여신전문금융업법 제16조 제8항.
126) 鄭東潤, 전게논문, p.228.
127) Zahrnt, a.a.O., S.1080.

(1) 가맹점의 발행회사에 대한 법적 지위

가. 가맹점의 권리

① 신용카드 이용대금지급청구권

카드가맹점은 회원으로부터 신용판매 대가로 받은 매출전표를 소정의 기일 내에 발행회사에 제출하여 신용판매대금을 청구할 수 있다. 이러한 신용판매대금 청구와 관련하여 발행회사의 대금지급의무가 어떠한 법적 성격을 가지는가에 대해서는 학설에 따라 차이를 보이고 있다. 그러나 발행회사가 가맹점에 대하여 카드이용대금의 지급의무를 부담하는 것은 원칙적으로 발행회사가 회원의 카드이용대금채무를 중첩적으로 인수함으로써 가맹점에 이를 지급할 의무를 부담하게 된다고 보는 것이 통설이다. 다만 채무인수설에 따를 경우에는 예컨대 신용카드가 도난·분실되어 부정으로 사용된 경우와 같이 주채무자인 회원에게 카드이용대금채무가 성립하지 않는 경우라도 발행회사가 독립적으로 그 손실을 부담하게 되는 것을 설명할 수가 없게 된다. 따라서 이러한 경우에는 회원의 카드이용대금채무와는 관계없이 가맹점규약에 의하여 발행회사가 손해담보계약을 체결하였기 때문에 이를 이행할 책임이 있다고 보는 손해담보계약설에 의하여 이를 설명하지 않을 수 없다. 결국 가맹점의 카드회사에 대한 대금지급청구권의 근거는 채무인수계약과 손해담보계약에 의하여 설명되어야 한다고 본다.[128)]

② 신용정보청구권

가맹점과 회원이 신용카드거래로 인하여 분쟁이 발생하였을 때, 가맹점은 카드회사에 대하여 회원에 대한 정보를 요구할 권리를 갖는다.[129] 카드회사는 회원계약 시 회원의 신용정보를 제공하는 데 동의하고 있으므로 신용카드사의 회원에 대한 정보제공이 업무 목적 범위 내에서 이루어진다면 이것이 위법행위가 되지는 않는다.

나. 가맹점의 의무

① 매출전표의 양도 등 금지의무

가맹점은 물품의 판매 또는 용역의 제공 없이 신용카드에 의한 거래를 한 것으로 매출전표를 작성하거나, 실제매출금액을 초과하여 매출전표를 작성하거나, 다른 신용카드가맹점 명의로 매출전표를 작성하여서는 아니 된다.[130] 이렇게 불법으로 작성된 매출전표에 의거 대금을 청구하는 경우에 카드회사가 신용카드 이용대금을 지급할 의무가 없는 것은 물론, 만일 카드회사가 이러한 사실을 알지 못하고 그 대금을 지급하였다면 회원이나 가맹점에 대하여 원상회복할 것을 청구할 수 있고, 약관 등에 위반한 당사자는 상대방에 대하여 손해배상의무를 지게 된다.

또한 매출전표를 작성하여 거래승인을 받지 않은 상태에서 매출전

---

128) 李富勳, 전게논문, p.114.
129) 현대카드가맹점약관 제17조 제2항.
130) 여신전문금융업법 제19조 제4항 제1호, 제2호.

표를 타인에게 양도하는 형태의 불법행위, 즉 전표유통행위도 금지된다. 가맹점은 신용카드거래에 따라 발생되는 매출채권을 신용카드업자 외의 자에게 양도하여서는 아니 된다.[131] 매출전표의 양도가 허용되는 경우 세금포탈의 우려가 있으며 신용카드 이용대금 결제질서에 혼란을 야기할 염려가 있기 때문이다.

② 수수료지급의무

가맹점은 신용판매대금에 대하여 해당 매출조건에 대한 소정의 수수료를 카드회사에 지급하여야 한다. 그러나 이 수수료는 카드회사가 신용판매대금을 지급할 때 이를 공제하는 것이 일반적이다. 이 수수료의 법적 성격에 관해서는 소위 채권양도설에 따르면 카드회사가 신용판매채권을 할인 매입하는 할인료로서의 성격을 갖는다고 보지만, 통설인 체당지급설에 따르면 카드회사가 채무인수계약 또는 손해담보계약을 맺고 대금을 체당 지급하는 것에 대한 대가, 즉 수수료로서의 성격을 갖는다고 이해한다.[132]

③ 변경통지의무

가맹점은 가맹점 선정의 기준이 되었던 자격요건에 변동이 생기거나 그 밖에 카드회사에 신고한 사항, 즉 상호, 대표자, 소재지, 연락처, 예금계좌 등에 변경이 생긴 경우에는 이를 카드회사에 신고하여야 한다. 이는 신용카드 대금결제 등에 따르는 가맹점관리를 위해

---

131) 여신전문금융업법 제20조.
132) 현대카드가맹점약관 제12조 제4항.

카드회사가 알고 있어야 할 사항이기 때문이다.[133]

(2) 발행회사의 가맹점에 대한 법적 지위

가. 발행회사의 의무

발행회사는 가맹점에 대하여 신용카드 이용대금을 지급할 채무를 부담한다. 설혹 신용카드가 부정으로 사용된 경우라도 신용카드가맹점이 법률 및 가맹점약관이 요구하는 주의의무를 다하여 신용판매를 한 이상 카드회사는 그 대금을 지급할 채무를 부담한다.

4. 會員과 加盟店間의 法律關係

회원과 가맹점 간의 법률관계는 일반적인 매매계약 또는 용역제공계약이다. 다만 가맹점은 회원에 대하여 매출전표의 서명과 물품 및 용역의 제공관계에 있어서 동시이행의 항변권이 인정되나 이용대금의 청구에 있어서 발행회사와는 이러한 권리가 인정되지 아니하는 특수한 매매계약의 성질을 갖는다고 볼 수 있다.[134]

회원이 현금 없이 물품 및 용역을 제공받을 수 있는 것은 발행회사

---

133) 삼성카드가맹점약관 제12조 제1항, 국민카드가맹점약관 제14조 제1항.
134) 金文煥, "크레디트카드의 法律問題에 관한 研究", 서울大學校 大學院
　　　博士學位論文, 1989, p.110.

에 대하여 가맹점이 가맹점계약에 따른 의무를 이행하기 때문이다.[135]

회원은 가맹점에 카드를 제시하고 매출전표에 서명함으로써 물품 또는 용역을 제공받을 수 있다. 가맹점은 매출전표를 발행회사에 송부하고 전표금액에서 수수료를 공제한 금액을 지급받게 된다. 가맹점은 발행회사에 대하여 이용대금을 청구해야 하며 회원에게 직접 이용대금을 청구할 수 없도록 되어 있다.[136]

(1) 가맹점의 회원에 대한 법적 지위

가. 가맹점의 의무

① 신용판매의무

회원이 신용카드를 제시하고 신용으로 상품의 판매 또는 서비스 제공을 요청한 경우, 가맹점은 신용카드에 의한 거래를 이유로 거절하거나 회원을 불리하게 대우하지 못한다.[137] 가맹점약관에서도 회원에 대한 신용판매의무를 규정하고, 아울러 수수료의 회원에 대한 전가를 금지하고 있다.[138] 이러한 신용판매거절금지 및 차별금지규정은 신용카드거래질서 유지를 위한 강행규정이므로 이에 위반한 책임을 물을 수 있다고 본다. 또한 카드회사는 그러한 가맹점에 대하

---

135) 李基秀, 『어음法·手票法』博英社, 1998, p.490.
136) 鄭東潤, 전게논문, p.227.
137) 여신전문금융업법 제19조 제1항.
138) 삼성카드가맹점약관 제4조 제2항, 국민카드가맹점약관 제3조 제1항 제3호.

여 가맹점계약의 일방적 해지가 가능하다.[139]

② 신용판매 시 서명 등 확인의무

가맹점은 신용카드에 의한 거래를 할 때마다, 신용카드상의 서명과 매출전표상의 서명이 일치하는지를 확인하는 등, 당해 신용카드가 본인에 의하여 정당하게 사용되고 있는지를 확인하여야 할 의무가 있다.[140] 서명 및 본인확인의무를 이행하지 않은 가맹점의 신용카드거래에 대해서는 카드회사가 대금을 부담하지 아니한다. 왜냐하면 카드회사의 손해담보계약상의 의무는 신용카드에 의한 거래가 정상적으로 이루어진 경우에만 발생하는 것이기 때문이다.

Ⅱ. 中國의 경우

1. 發行銀行과 會員間의 法律關係

발행은행과 회원은 신용카드거래에 있어서 기본적이고 중요한 당사자이다. 발행은행과 회원 간의 법률관계는 신용카드거래 형식에

---

139) 삼성카드가맹점약관 제14조, 국민카드가맹점약관 제16조.
140) 여신전문금융업법 제19조 제2항.

따라 다르며 일반적으로 아래와 같은 법률관계를 가지고 있다.

가. 예금관계 또는 대차관계

중국 신용카드는 예금 기능이 있으므로 신용카드회원은 발행은행
이 지정한 지점에서 현금을 예금·인출할 수 있다. 신용카드 예금계
좌에 있는 현금은 당좌예금으로 간주되고 당좌예금 이자율로 이자를
결제한다. 이런 의미에서 볼 때, 신용카드회원과 발행은행 간의 법률
관계는 일종의 예금관계이다. 그러나 신용카드회원이 물품을 구입하
여 결제할 때 예금계좌에 있는 잔액이 부족하면 회원은 규정한 한도
내에 선의의 현금대출서비스를 받을 수 있다. 이때 신용카드회원과
발행은행 간의 법률관계는 대차관계이다. 그러므로 발행은행과 신용
카드회원 간의 법률관계는 불특정성(不特定性)을 가지고 있다고 볼
수 있다. 즉 신용카드회원의 예금계좌에 잔액이 있으면, 회원은 채권
자이고 발행은행은 채무자가 되며, 신용카드회원이 현금인출, 물품구
매, 소비 등 행위로 인해 선의의 현금대출서비스를 받으면, 반대로
회원이 채무자가 되고 발행은행은 채권자가 된다.[141]

나. 대리관계

신용카드회원이 물품을 구매하거나 소비할 때 발행은행과 회원 간

---

141) 鄭順炎, 전게논문, 第2頁.

의 관계는 일종의 대리관계이다. 즉 신용카드회원은 가맹점과 결제를 하지 않고, 결제 업무는 발행은행에 위임한다. 다시 말하면, 신용카드회원이 가맹점에서 물품을 구입하거나 소비할 때, 가맹점은 회원이 서명한 명세서를 이용하여 발행은행과 결제 업무를 처리하고, 발행은행은 또한 회원이 서명한 명세서를 근거로 하여 회원의 예금계좌에서 상응한 금액을 인출한다. 그러므로 이런 예금이체 형식의 결제에 있어서 신용카드회원은 위탁자이고 발행은행은 수탁자이며, 회원은 발행은행이 위임받은 범위 내에서 관련 업무를 처리할 때 발생한 권리·의무를 지고, 발행은행은 회원으로부터 상응한 사례금을 받는다. 발행은행은 회원이 위임한 범위를 벗어나서 회원에게 손해를 가하는 결과를 초래하는 경우에는 이에 대해 스스로 책임을 져야 하지만, 신용카드회원이 추인하여 인정하는 경우에는 제외된다. 그 외에 회원이 신용카드를 이용하여 예금이체를 하는 경우 발행은행과 회원 간의 관계 역시 대리관계이다. 즉 위탁자인 신용카드회원이 수탁자인 발행은행에 지정한 계좌에 예금이체를 위탁할 때, 두 당사자의 권리·의무관계는 대리관계의 법리에 의하여 제약을 받는다.[142]

다. 저당·담보관계

신용카드 담보제도는 발행은행이 신용카드업무를 정상적으로 운영할 수 있도록 보증하는 필수적인 제도이다. 만약 회원이 저당·담보

---

142) 周偉, 전게논문, 第8頁.

방식을 취하면, 두 당사자는 저당·담보의 법률관계를 갖는다. 즉 회원은 저당권 설정자(抵押人)이고, 발행은행은 저당권자(抵押權人)이다. 저당권 기간 내에 회원은 저당물을 임의로 처리하지 못하고 발행은행은 관련된 저당물에 대해 감독·검사할 수 있으며, 회원이 채무를 변제하지 못할 때, 발행은행은 우선변제권을 가진다. 실제적으로 발행은행과 회원 간의 법률관계는 법률상의 권리·의무와 계약상의 권리·의무 두 가지 유형으로 나누어 볼 수 있다.[143]

1999년 3월 중국인민은행에서 공포하고 실시한 「은행카드업무관리방법」은 신용카드거래를 규제하고 있는 법적 문건[144]인데, 동 문건에서는 신용카드거래당사자의 권리·의무를 규정하고 있다. 구체적으로 살펴보면, 발행은행은 아래와 같은 권리를 가진다. 즉 신청인에게 신용카드의 발행 여부, 신용카드의 현금대출서비스 한도를 결정할 권리, 현금대출서비스 금액을 추심할 권리 및 신용카드를 회수할 권리가 그것이다. 반면 발행은행은 신용카드거래 자료를 정확하고 성실하게 제공할 의무가 있고 회원과 관련된 비밀을 누설하지 않을 의무가 있다. 회원은 알 권리, 분실 신고권리, 감독권리 및 소제기 권리 등을 가지고 있다.

---

143) 신용카드 신청서와 사용계약(중국에서는 領用契約이라고 부른다)은 발행은행과 회원 간의 권리·의무를 명확하게 규정하는 계약성 문서이다. 두 당사자가 계약에서 관련 담보, 비용, 리스크 책임, 분쟁 해결 등 조항을 약정할 수 있다. 주의할 점은 앞에서 언급한 계약성 문서는 발행은행이 일방적으로 제정하였기 때문에 만약 신의성실 원칙과 권리·의무 공평 원칙에 위반되는 조항이 있으면 무효가 될 수 있다. 鄭順炎, 전게논문, 第22頁.

144) 중국에서의 법적 문건은 법적 효력을 갖는다.

2. 發行銀行과 加盟店間의 法律關係

가맹점에서 신용카드를 결제수단으로 사용하는 것은 회원에 대한 신뢰에 근거하는 것이 아니라, 가맹점이 발행은행과 신용카드에 의한 결제방식을 약속하고 협의하였기 때문이다. 이런 의미에서 볼 때 발행은행과 가맹점 간의 법률관계는 위탁대리 법률관계라고 볼 수 있다. 즉 발행은행은 위탁자이고 가맹점은 발행은행의 지시에 따라 신용카드 지불 업무를 처리하는 수탁자이다. 「은행카드업무관리방법」 제55조 규정에 의하면, 발행은행은 가맹점과 대리계약을 체결하여야 한다. 발행은행은 대리계약에 배타적인 조항을 삽입하여서는 안 되며, 수수료 요율 표준을 법정 표준보다 낮게 책정하여서도 안 된다. 가맹점은 카드의 유효성 여부와 카드소지인이 카드회원 본인인지 여부를 확인함에 있어 주의의무를 다하여야 하며, 신용카드 한도액이 초과될 때 반드시 발행은행에 이런 사실을 통보하여야 한다. 또 가맹점은 계약에 따라 규정한 기한 내에 매출전표를 발행은행에 제출하여야 한다.

3. 會員과 加盟店間의 法律關係

회원이 신용카드를 이용하여 가맹점에서 물품을 구입하거나 용역을 제공받을 때, 회원과 가맹점 간에는 단지 일반적인 물품매매관계 또는 용역제공계약이 존재할 뿐이다. 비록 이런 매매관계는 신용카드거래의 기초이지만, 이는 또한 신용카드거래와는 독립적인 관계를 가진다. 그러므로 회원과 가맹점 간에 발생한 물품 및 용역의 하자 등 문제로 인해 회원은 발행은행에 지불거부의 항변을 할 수 없다.[145]

가맹점은 발행은행과의 대리계약에 따라 발행은행의 대리인이 될 뿐이므로, 회원과 가맹점 간에는 직접적인 대리관계가 존재하지 않는다. 따라서 만약 가맹점이 아무런 이유 없이 신용카드거래를 거부한다면, 이는 회원과의 계약을 위반한 것이 아니라 발행은행과의 대리계약을 위반한 것이 된다. 이런 경우 회원은 발행은행에 일정한 책임을 부담하게 할 수 있으며, 발행은행은 또한 가맹점에 계약위반 책임을 지도록 할 수 있다.

4. 特殊한 法律關係

(1) 發行銀行과 保證人間의 法律關係

회원이 개인인 경우, 발행은행과 보증인 간의 법률관계는 보증인과 채권자 간의 법률관계라고 볼 수 있다. 이런 법률관계는 보증계약을 통해 형성되는데, 일반적으로 서면에 의하여 체결되고 있다. 또한 보증계약은 보증 성질을 갖춘 편지, 팩스 등에 의하여서도 가능하며, 계약서에서의 보증 조항을 삽입하는 방식으로도 가능하다.[146]

---

145) 周偉, 전게논문, 第17頁.

보증인은 회원이 신용카드를 사용하는 동안 이행하여야 할 의무를 발행은행에 보증함으로써, 만약 회원이 의무를 이행하지 않을 경우 발행은행에 대해 회원의 의무를 이행할 책임이 있으며, 회원을 대신하여 발행은행에 의무를 이행한 후에는 법에 의거하여 회원에게 구상할 수 있다.

「은행카드업무관리방법」에서는 보증방식에 대해 명확한 규정이 없다. 다만 담보법이 실시되기 전에는 대부분의 발행은행들이 신용카드 약관에서 일반보증을 규정하였지만, 이후 담보법[147]이 실시되고 또 실제 상황에서 분쟁사례가 점점 많아지면서 현재 각 발행은행의 신용카드 약관에서는 보증인의 연대보증책임을 규정하고 있다.

(2) 會員과 保證人間의 法律關係

회원과 보증인의 관계는 일종의 위탁대리관계이다. 즉 회원은 신용카드를 발급받거나 신용카드를 이용하여 현금대출서비스를 받기 위하여 보증인에게 신용보증을 위탁하고, 보증인은 수탁자로서 발행

---

146) 중국 은행 長城카드회원약관 제4조에서는 "단위 또는 개인이 신용카드를 신청할 때 중국 은행의 내부 규정에 따라 신청서를 작성하고, 長城카드사용계약을 확인하며, 중국 은행에서 규정하고 있는 관련 서류를 제출할 때 담보(담보형식에는 인적 담보 또는 물적 담보가 있다)를 제공하여야 한다."고 규정하고 있다.

147) 중화인민공화국담보법에 신용카드보증인 책임에 대해 구체적으로 규정한 것은 없고, 포괄적으로 보증인 책임, 보증 형식 등에 대해 규정하고 있다. 본 담보법은 1995년 10월 1일부터 실시되었고, 현재까지 추가적인 개정 없이 시행되고 있다.

은행에서 신용보증을 하면서, 회원과 보증인 간에 권리·의무가 발생한다. 이런 위탁관계는 일반적으로 위탁계약을 함으로써 성립되는데, 위탁계약의 형식은 서면 또는 구두로 모두 가능하며, 법률상의 명확한 규정은 없다.

第3節 小 結

Ⅰ. 當事者側面에서의 比較硏究

신용카드 당사자에는 주로 신용카드회원, 가맹점, 발행회사 등이 있다. 신용카드회원은 주로 신용카드업자와의 계약에 따라 그로부터 신용카드를 발급받은 자를 말하고, 가맹점은 신용카드업자와의 계약에 따라 신용카드회원에게 물품의 판매 또는 용역의 제공 등을 하는 자를 말한다. 신용카드회원과 가맹점에 관한 개념에 대하여서는 한국과 중국이 차이가 없다.

그러나 신용카드회사의 개념에 있어서 한국과 중국은 큰 차이가 있다. 한국에서 신용카드회사라 함은 신용카드업을 경영하고 금융감독위원회의 허가를 받은 자를 말한다. 즉 신용카드회사는 발행회사도 발행은행도 모두 가능하다. 한편, 중국에서 신용카드회사는 중국 중앙은행인 중국인민은행의 심사·비준을 거쳐 신용카드업을 하는 상업은행을 말한다. 즉 중국에서 말하고 있는 신용카드회사는 발행은행(상업은행)에만 국한되어 있어, 신용카드 발행회사가 단일하고 다양하지 못하기 때문에 이는 중국의 신용카드업이 한국처럼 많이 발전하지 못하는 원인 중의 하나라고 볼 수 있다.

법인카드에 있어서는 한국과 중국은 모두 보증인을 두고 있다. 그러나 개인카드에 있어서, 한국은 보증인을 폐지한 반면, 중국은 보증인이 없으면 신용카드 발급 자체가 불가능하도록 규정하고 있다. 즉 중국 은행카드업무관리방법 제41조에 의하면, 발행은행은 반드시 카드회원에 대해 철저한 신용조사를 거친 후, 카드회원의 신용도에 따라 보증 또는 저당 등 담보 형식을 결정하여야 한다. 따라서 본 서에서는 비교법적 연구의 취지에 따라 중국에서의 당사자 범위에 보증인을 포함하여 논하기로 한다.

Ⅱ. 當事者間 法律關係側面에서의 比較研究

신용카드거래의 당사자 간 법률관계를 보면, 발행회사와 카드회원의 법률관계, 발행회사와 가맹점의 법률관계, 카드회원과 가맹점의 법률관계 등 법률관계가 존재한다. 그러나 중국은 엄격한 보증인제도를 두고 있기 때문에, 발행회사와 보증인의 법률관계, 카드회원과 보증인의 법률관계 등 특수한 법률관계를 가지고 있다.

한국에 있어서, 카드회원과 발행회사의 법률관계는 신용카드의 유효기간 동안 회원계약이 존속하는 일종의 계속적 채권계약이라고 할 수 있다. 회원계약은 카드발행회사가 제시하는 회원계약에 회원이 카드신청을 할 때 이를 승낙함으로써 성립되는 보통거래약관에 의한 계약이다. 발행회사와 가맹점의 법률관계도 회원계약과 마찬가지로 보통거래약관인 가맹점규약에 의해 규율되는 계속적 채권계약이다. 그러나 중국에 있어서 카드회원과 발행회사의 법률관계, 그리고 발행회사와 가맹점의 법률관계는 모두 대리관계로 보고 있다. 카드회원과 가맹점의 법률관계는 한국과 중국은 모두 일반적인 매매계약 또는 용역제공계약으로 보고 있다.

중국의 발행회사와 보증인의 법률관계는 보증인과 채권자 간의 보증계약으로 보고 있고, 각 신용카드회원약관에서 보증인의 연대보증책임을 규정하고 있다. 그리고 카드회원과 보증인 간의 법률관계는 일종의 위탁대리관계이고, 이런 위탁관계는 위탁계약을 함으로써 성립되는데, 위탁계약의 형식은 서면 또는 구두로 모두 가능하며 법률에 명확한 규정은 존재하지 않는다.

信用카드 去來代金決濟의 法的 構造

第 3 章

第1節 序 說

　신용카드의 법적 구조의 문제는 신용카드의 법률문제에 있어서 시작과 끝을 이루는 기본적인 문제이다. 그런데 신용카드 중에서 '양당사자카드'의 경우에는 그 법적 구조가 문제 될 여지가 없다. 왜냐하면 이는 가맹점 없이 카드회사 영업장에서만 카드가 사용되기 때문이다. 즉 카드회사가 생산한 제품에 한하여 카드거래가 발생하는 것이므로, 일반 외상판매의 경우와 다른 특수한 법률문제가 발생할 여지가 없다. 또한 '삼당사자카드'의 경우라 할지라도, '현금서비스' 거래는 특별히 문제 될 것이 없다. 왜냐하면 현금대출서비스는 그 법적 성격이 금전소비대차계약이라는 점에 관하여 이론이 있을 수 없고, 또한 이는 가맹점의 개입이 없는 카드회사와 회원 두 당사자 간 법률관계에 불과한 까닭에 일반 소비대차계약의 경우와 다른 특수한 법률문제가 발생할 여지가 없기 때문이다.

　따라서 신용카드의 법적 구조는 '삼당사자카드'에 있어서 신용판매(Vender Credit)의 경우에 문제 되는 것이며, 신용카드거래의 3당사자인 회원·가맹점·카드회사의 상호관계를 어떻게 법률적으로 이론구성을 하느냐의 문제이다. 이는 종국적으로 카드이용대금의 결제

108

관계를 어떠한 법률관계로 볼 것인가의 문제로 귀결된다.[148] 다시

148) 한국은 정부의 적극적인 신용카드 이용 활성화 조치 등으로 신용카드
    사용이 급증하기 시작한 1990년대 후반부터 소비자지급결제수단이 본
    격적인 다양화 경향을 보이기 시작했다고 볼 수 있다. 전체 민간소비
    지출 중 신용카드를 이용한 소비자지급결제 비중은 1997년에는 15.0%
    에 불과하였으나, 2001년에는 무려 54.2%까지 상승하여 해외에 비해
    상당히 높은 편이라 할 수 있으며, 해외의 경우 직불카드, 개인수표
    등 다른 소비자결제수단이 발달해 있으므로 신용카드 결제의 비중이
    크지 않았다고 해석할 수 있다.

민간소비지출 대비 신용카드 결제 비중 추이

	1997	1998	1999	2000	2001
한 국	15.0	12.9	16.0	26.6	54.2
미 국	16.4	16.8	18.0	19.1	19.6
일 본	11.0	11.2	12.0	12.6	—

자료: 금융감독원 보도자료

이 시기 신용카드의 결제가 급증한 것은 크게 소비자의 소비패턴 변
화 및 구매력 향상이라는 수요자 측면, 공급자인 신용카드사의 적극적
인 영업, 그리고 정부의 인프라 구축 노력과 신용카드 활성화 정책의
결과라고 할 수 있다. 정부의 정책은 근로소득자와 자영업자 간의 차
별적인 세금부담 개선, 신용카드의 결제기능 제고 등을 목적으로 한
것으로 신용카드 결제가 확대되는 결정적 계기가 되었다. 정부의 이용
활성화 정책으로는 신용카드 이용에 대한 소득공제, 복권제, 가맹점
의무가입제 및 공동가맹점제도 도입 등을 들 수 있다.
우선 정부는 1999년 연간 총 급여액의 10% 초과금액 및 연간 500만
원 한도의 신용카드 사용액을 소득공제 대상으로 하는 지원책과 함께
사용자 및 가맹점 모두를 대상으로 신용카드 영수증 복권제를 도입하
였다. 또한 정부는 1997년 이후 매년 0.1% 정도 가맹점 수수료율을
인하하여 가맹점의 자발적인 신용카드 결제를 유도하는 정책을 시행
하였고, 그 결과 2000년 이후에는 인하 폭이 확대되었다.
가맹점 의무가입제는 자영업자에 대한 과세 공평성 제고를 위해 도입

말하면, 카드회사가 대금결제일에 회원에게 대금을 청구할 권리를 갖게 되는 것은 무엇에 근거하는 것이며, 가맹점이 회원에게 신용판매를 한 후에 카드회사에 카드이용대금을 청구할 수 있는 법적 근거는 무엇인가의 문제인 것이다.

신용카드의 법적 구조를 어떻게 파악하느냐에 따라 실무상으로 다음과 같은 차이가 나타나게 된다. 우선, 카드회사가 회원에게 카드이용대금을 청구하고자 하는 경우에 이를 상품판매대금청구소송으로 할 것인가, 아니면 위임사무처리에 따른 비용상황청구소송으로 할 것인가의 차이가 있게 된다. 이에 따라 청구원인의 요건사실에도 큰 차이가 발생한다. 즉 전자의 경우에는, 카드회사가 가맹점과 회원 사이에 이루어진 상품판매계약의 존재뿐만 아니라, 카드회사와 가맹점 간에 체결된 채권양도계약의 존재와 그 대항요건을 입증하지 않으면 안 된다. 그러나 후자의 견해에 따를 경우에는, 카드회사와 회원 간에 이루어진 사무처리위임계약의 존재만을 입증하면 족하게 된다. 뿐만 아니라, 회원이 가맹점에 대하여 가지고 있는 항변사유(예컨대, 물품에 하자가 있다는 항변)를 가지고 카드회사에 대하여 대항할 수

되었으며, 의무가맹점의 기준을 강화하여 연간 매출액 2,400만 원 이상의 자영업자에게 의무적으로 가맹점에 가입하도록 하였다. 공동가맹점제도는 가맹점에는 다수 신용카드 전표관리 및 결제구좌 관리부담의 경감, 신용카드사에는 가맹점 중복 관리의 부담 경감을 목적으로 도입하였다. 이 밖에 정부는 위장가맹점에 대한 고발포상금 지급제도 등을 마련하여 신용카드 이용이 성실한 세금납부를 위한 기반이라는 인식을 사회적으로 확대시키기도 하였다. 박규상·권혁종·박정환, 소비자지급결제수단의 다양화 진전 및 시사점, 삼성금융연구소, 2005.4, pp.23-25.

있는지 여부, 또는 카드이용대금청구권의 소멸시효기간이 단기소멸시효에 해당하는지, 일반채권의 소멸시효에 해당하게 되는지가 역시 달라진다.

이와 같이 신용카드의 법률관계에 있어서는 카드대금의 결제관계가 법률적 쟁점의 핵을 이루게 된다. 다만, 그 법률적 이론구성에 관해서는 수많은 학설이 대립하고 있는바, 한국, 중국, 미국, 독일에 있어서의 신용카드의 법적 이론구성에 관한 학설의 대립을 살펴보기로 한다.149)

---

149) 韓相文, 전게서, pp.112−114.

Ⅰ. 韓國의 경우

1. 債權讓渡說

카드가맹점은 상품을 판매하거나 용역을 제공함으로써 회원에 대하여 대금채권을 취득하게 된다. 이는 현금이 아닌 카드를 이용한 거래라는 특징이 있을 뿐, 그 원인행위는 민법상의 매매계약 또는 용역계약에 다름 아닌 것이다. 다만 카드가맹점은 이들 채권을 회원으로부터 직접 청구하여 회수하는 것이 아니라, 카드회사에 청구함으로써 대금을 회수하게 된다는 점에 특색이 있을 뿐이다. 이때 카드회사가 카드가맹점에 대하여 회원을 대신하여 대금을 지급하는 것은, 카드가맹점이 상품판매 또는 용역제공의 대가로 취득한 채권을 카드회사에 양도하였기 때문이라고 한다. 즉 채권양수의 대가로 카드회사는 가맹점에 대하여 대금을 지급하게 되는 것이다.

그리하여 대금결제일에 회원이 카드회사에 카드이용대금을 상환해

112

야 할 의무를 부담하게 되는 것도 카드회사는 채권을 양도받은 새로운 채권자이고 회원은 가맹점과 회원 간에 이루어진 원인계약상의 채무자인 까닭에 당연한 것일 뿐, 별도의 다른 법적 논리구성을 필요로 하지 않는다고 보게 된다.150) 따라서 카드회사가 후일에 회원에 대하여 행사하는 대금상환청구권의 법적 성질도 가맹점과 회원 간에 체결된 원인계약상의 채권 그 자체가 된다.

---

150) 채권양도설에는 다음과 같은 문제점이 있다. 첫째, 카드회사에 채권양수의무가 있느냐 하는 문제이다. 카드회사에 채권양수의무가 없다면 카드회사는 임의로 채권을 양수하게 되는 것이며, 가맹점은 매출채권 양수의 확실성에 대한 불안으로 안심하고 신용판매를 할 수 없게 된다. 또한 미발생·미확정의 채권에 대한 양도가 유효한지 의문이 있고 가맹점만 의무적으로 채권을 양도하게 되는 점도 공평하지 않다고 생각된다. 둘째, 카드회원에 대한 채권양도의 통지와 승낙의 문제이다. 민법상 지명채권양도의 대항요건은 채무자에 대한 통지 또는 채무자의 승낙으로 이것은 현존하고 있는 특정한 채권을 전제로 한 것이다. 그러나 카드규약은 카드회원이 장래 모든 가맹점으로부터 구입하게 되는 상품이나 서비스의 대금채권을 대상으로 하여 사전에 무제한, 포괄적으로 승낙을 하는 것이기 때문에 대항요건으로서의 유효성에 의문이 간다. 물론 이러한 승낙을 유효로 보는 유력한 주장도 있으나 그 타당성은 의문이다. 셋째, 통지나 승낙은 확정일자 있는 증서에 의하여야 제3자에 대항할 수 있다. 만약 가맹점이 대금채권을 이중으로 양도하여 제3자가 확정일자 있는 증서에 의해 권리주장을 한다면 카드회사는 채권이 있음에도 불구하고 제3자에게 대항할 수 없게 되는 문제가 있다. 하지만 현재 일본의 모든 카드거래에서는 확정일자 있는 증서에 의하여 통지·승낙을 하는 경우는 없고 카드회원에 대한 채권을 카드가맹점 이외의 제3자가 양수할 염려는 거의 없다고 한다. 鴻常夫外座談會, "C.C.G.C.取引法をめぐる法律上の諸問題", 手形研究 第153號, 1969, pp.74－76, 金大圭, 전게논문, p.90.

2. 替當支給說[151]

신용카드의 대금결제과정을 보면 카드회사가 회원이 부담하고 있
는 대금채무를 회원에 갈음하여 가맹점에 지급하여 주고 그 후 그
체당금을 회원으로부터 구상하는 관계에 있는 것이므로, 이는 채권
양도의 입장에서가 아니라 체당지급의 입장에서 설명하여야 한다고

---

151) 채권양도설과 체당지급설은 아래와 같은 차이가 있다. 첫째, 신용카드
회사가 회원에 대하여 가지고 있는 대금청구권의 소멸시효에 차이가
생긴다. 채권양도설에 따르면, 신용카드회사는 채무의 동일성을 유지
한 채로 가맹점으로부터 채권을 양도받은 것이므로, 신용카드회사가
회원에 대하여 갖게 되는 채권의 소멸시효기간은 그 원인채권의 소멸
시효기간이 그대로 적용된다. 그러나 체당지급설을 취하면, 카드회사
가 회원에 대하여 행사하는 대금상환청구권은 회원의 위임에 따라 카
드이용대금결제사무를 이행하는 과정에서 발생한 비용(위임사무처리비
용)을 상환 청구하는 것이므로, 이는 원인채권과는 관계없는 하나의
일반채권으로 소멸시효기간이 산정되지 않으면 안 된다. 둘째, 채권양
도설에 따르면 회원에 대한 대금채권이 가맹점으로부터 카드회사에
이전되므로 가맹점은 회원에 대하여 대금채권을 상실하게 된다. 이러
한 사정은 체당지급설 중 면책적 채무인수설의 경우도 마찬가지이다.
그러나 체당지급설 중 보증설과 중첩적 채무인수설에 따르면, 가맹점
은 카드회사뿐만 아니라 회원에 대해서도 여전히 대금채권을 가지게
된다. 셋째, 채권양도설에 따르면 카드대금결제일에 카드회사가 회원
에게 그 이용대금을 청구하는 것은 원래 가맹점이 취득한 채권 그 자
체를 양수받아 청구하는 것이므로, 카드회원은 가맹점에 대하여 행사
할 수 있었던 항변사유로 카드회사에 대항할 수 있다. 그러나 체당지
급설에 따르면 카드회사가 회원에게 행사하는 구상채권은 가맹점과
회원 사이에 이루어진 원인계약과는 관계없이 회원과 카드회사 간에
체결된 위임계약에 근거한 비용상환청구이므로, 원인계약상의 항변사
유를 이유삼아 카드회원은 대금의 지급을 거절할 수가 없게 된다. 韓
相文, 전게서, pp.134－135.

보는 것이 체당지급설이다.[152]

(1) 카드회사의 체당지급의무

카드회사가 회원에 갈음하여 카드이용대금을 가맹점에 우선 체당 지급할 의무를 부담하고, 카드대금결제일에 가서 회원에게 구상권을 행사하게 되는 근거는 무엇인가? 이는 위임계약으로 설명되지 않으면 안 된다. 즉 회원은 회원규약을 이용하여 카드회사에 대하여 자기의 카드이용대금 지급사무를 위탁하고, 카드회사는 이를 승낙하여 회원의 카드이용대금채무를 체당 지급하게 되는 것이라고 본다.

따라서 카드회사가 가맹점에 대금을 체당 지급하는 것은 회원과의 위임계약에 따른 수임인으로서의 사무처리인 것이며, 카드대금결제일에 회원에 대하여 그 체당금을 구상하는 것은 위임사무처리에 따른 비용상황구상권이 되는 것이다.[153]

---

152) 체당지급이라 함은 본래 채무자가 아닌 자가 채무자를 대신하여 변제하는 것이다. 체당지급설에 의하면 카드회원이 가맹점에 대하여 부담하는 대금채무를 카드회원의 위탁으로 카드회사가 대신 지급하고 그 체당금은 나중에 카드회원으로부터 지급받게 된다. 일본에서는 카드회사가 가맹점에 카드이용대금을 지급하는 법률관계에 대해서 채권양도설과 체당지급설이 주로 논의된다. 淸水巖, 전게논문, p.302, 吉原省三, "クレジットカード取引の現狀と法律問題", ジュリスト, No.428, 1969, pp.115-116, 田中誠二, 「新版銀行取引法(三全訂版)」, 1984, p.292.

153) 이것은 마치 은행의 당좌거래계약과 같은 것이다. 즉 당좌거래의 경우에, 은행은 당좌거래처와의 지급사무위임계약에 따라 약정한 당좌대월 한도의 범위 내에서 제시된 어음·수표의 대금을 체당 지급하고, 당좌대월기일 도래 시에 그 체당금을 위임사무처리에 따른 비용으로 상환

(2) 가맹점의 체당금지급청구권

위에서 설명한 바와 같이 카드회사가 회원의 위임을 받아 카드이용대금을 체당 지급할 의무가 있다고 하여도, 이는 어디까지나 회원에 대한 의무인 것이지 가맹점이 이 위임계약에 근거하여 카드회사에 카드이용대금을 변제하여 줄 것을 청구할 권리가 직접 발생하는 것은 아니다. 다시 말하면, 가맹점이 회원이 아닌 자에 대하여 대금을 청구할 수 있으려면, 위와 같은 회원과 카드회사 간의 위임계약 이외에 카드회사와 가맹점 간에 별도의 계약이 존재하여야 한다. 이러한 별도의 계약이 무엇인가에 관해서는 또다시 학설의 대립이 있다.

가. 보증설

카드회사는 회원의 위임을 받아 회원이 가맹점에 대하여 부담하는 카드이용대금채무를 계속적으로 보증하고, 그 보증채무의 이행으로서 가맹점에 카드대금을 지급해 주는 것이라고 설명하는 설이다.154) 이때 회원은 회원규약으로 카드회사에 보증을 위임하게 되고, 카드

청구하게 되는 것인바, 이는 카드회사와 회원 간의 대금결제관계와 하등 다를 바가 없는 것이다. 韓相文, 전게서, p.128.
154) 神戸地社支部, 昭和51.9.8. 판결은 카드회사, 가맹점, 카드회원의 삼당사자관계에서 카드회사는 카드회원의 의뢰로 가맹점과 가맹점계약체결에 따라 카드회원의 장래 카드채무에 대해 가맹점에 대하여 보증을 한다고 해석함이 타당하다고 판시하였는데, 이는 보증설을 취한 것으로 이해된다. 判例時報 第849號, p.113, 判例タイムズ, No.358, p.60.

116

회사는 가맹점계약으로 가맹점과 카드이용대금채무에 대한 보증계약
을 체결하게 된다고 본다.

원래 보증채무란 주채무자가 그 채무를 이행하지 않을 때 이를
변제하여야 되는 성질을 가지는 것이다. 그런데 신용카드의 대금결
제에 있어서는 카드회사가 제1차적인 변제의무자가 된다는 점에서
이를 보증의 개념으로 설명하는 데 난점이 있다.[155] 물론 카드회사
는 당연상인으로서 그 보증행위는 기본적 상행위에 해당하는 까닭에
이는 일반보증이 아니라 연대보증이 되어 보충성이 없고, 따라서 카
드회사가 가맹점에 대하여 최고·검색의 항변권을 행사할 수 없는
것이므로, 신용카드대금의 결제관계에서 카드회사가 제1차적 지급채
무를 부담하는 것이 반드시 보증의 법리에 반하는 것은 아니라는 반
론도 가능하다.[156]

그러나 연대보증의 경우에 채권자는 주채무자 또는 보증인 중 어
느 누구에 대해서도 그 채무의 변제를 청구할 자유를 갖게 되는 것
인 데 반하여, 신용카드거래에 있어서 가맹점은 그 카드이용대금채
권을 카드회사에 대해서만 행사할 수 있을 뿐 회원에 대해서는 행사

---

155) 보증채무는 주채무에 부종한다. 주채무가 성립하지 않거나 소멸한 경
우에는 보증채무도 존재하지 않게 된다(민법제430조). 그러나 카드거
래에 있어서는 회원이 아닌 제3자가 카드를 습득 또는 도취하여 물품
을 구입한 경우에 카드회원이 그 카드이용에 관하여 채무를 부담하지
않게 되는 것은 당연한 것이지만, 이 경우에도 카드회사는 가맹점에 대
금지급의 의무를 부담하게 된다는 점에서 부종성이 없으며, 따라서 보
증관계가 성립한다고 보는 것은 타당하지 않다. 韓相文, 전게서, p.130.

156) 吉原省三外, 座談會, "クレジットカードシステムの法律問題", 自由と
正義 第24卷 第4號, p.34.

할 수 없다는 점에서, 즉 가맹점에 대금지급청구의 자유가 인정되지 않는다는 점에서 이를 연대보증으로 보는 것도 무리가 있다고 보인다.

나. 이행인수설

이행인수란 채무자에 대하여 그 채무를 이행할 것을 약정하는 채무자·인수인 사이의 계약을 말한다. 다시 말하면, 인수인이 채무자의 채무에 관하여 제3자에게 변제할 의무를 채무자에게 부담키로 하는 채무자·인수인 사이의 계약인 것이다.

이러한 이행인수에 있어서, 인수인은 채무자에 대하여 그 채무를 변제할 의무를 부담하는 데 그치며, 직접 채권자에 대하여 변제할 의무를 지는 것이 아니라는 점에서 채무인수와 크게 다르다. 즉 채무인수의 경우에는 채무의 이전이 있는 데 반하여, 이행인수의 경우에는 채무의 이전이라는 것이 없으며, 따라서 인수인이 채권자에게 이행하지 않는 때에도 인수인은 채무자에 대해서만 채무불이행책임을 지는 데 불과하게 될 뿐이다.

그런데 신용카드거래에 있어서 카드회사는 회원규약으로 카드이용대금의 변제의무를 부담하게 되므로, 회원에 대한 의무의 이행으로서 가맹점에 회원의 대금채무를 지급하게 될 뿐이며, 채권자인 가맹점에 대하여 직접적으로 채무를 부담하게 되는 것은 아니라고 보는 것이 이행인수설의 내용이다. 즉 이 설에 따르면 가맹점은 카드회사에 대해서는 청구권이 없으며, 회원은 여전히 카드이용대금에 대한 채무자로 남게 된다.

118

그러나 카드회사는 가맹점규약으로 카드회사가 가맹점에 대하여 직접 신용카드 이용대금 지급채무를 부담하도록 규정하고 있으며, 현실적으로 카드회사가 가맹점에 대하여 대금지급을 거절하는 경우에 그 청구소송의 상대방은 카드회사가 되는 것이지 회원이 그 상대방이 되는 것은 아니다. 이러한 점에서 이행인수설은 타당하지 아니하다.[157]

다. 채무인수설

채무인수설은 면책적 채무인수설과 중첩적 채무인수설로 나누어 볼 수 있다.

① 면책적 채무인수설

면책적 채무인수라 함은 채무의 동일성을 유지하면서 그대로 인수인에게 이전하는 것을 목적으로 하는 계약을 말한다. 채무인수계약의 당사자는 채권자·채무자·인수인 간의 3면 계약에 의할 수도 있고, 채권자·인수인 간 또는 채무자·인수인 간의 계약에 의하여 정해질 수 있다. 면책적 채무인수에 의하여 채무자는 채무를 면하게 되고 인수인이 새로운 채무자가 된다.

신용카드의 대금결제관계를 면책적 채무인수로 보면, 카드회사는 회원규약에 따라 회원의 대금채무를 인수하여 새로운 채무자가 되

---

157) 대금채권자인 가맹점이 이용인수인인 카드회사에 대하여 직접 채권을 갖지 않아 카드회사가 거래대금지급을 하지 않을 때 채무이행을 강제할 수 없으므로 적합하지 않다고 생각된다. 金大圭, 전게논문, p.84.

고, 회원은 가맹점에 대하여 아무런 채무를 부담하지 않게 된다. 그리하여 가맹점도 그 카드이용대금채권을 카드회사에 대해서만 행사할 수 있을 뿐, 회원에 대해서는 청구할 수가 없게 된다.[158] 또한 카드회사가 대금채무를 가맹점에 이행하였으나 회원으로부터 회수하는 것이 불가능한 경우라도 그 위험부담은 카드회사에 귀속하게 된다.

그런데 면책적 채무인수설에 따를 경우, 회원은 가맹점에 대하여 아무런 채무를 부담하지 않게 되므로, 가맹점은 어떠한 경우라도 회원에 대하여 이용대금을 청구할 수 없게 되고, 오직 카드회사에 대해서만 청구할 수 있게 된다. 따라서 예컨대 카드회사가 파산 등 이유로 지급불능의 상태에 빠진 경우에는 채권을 회수할 방법이 없게 된다. 뿐만 아니라 회원도 가맹점에 대하여 하자담보책임 등 매매계약에 따른 책임을 물을 수 없게 된다. 이와 같이 면책적 채무인수설은 회원이나 가맹점 모두에게 불리한 결과를 초래한다는 비판을 면치 못한다.

② 중첩적 채무인수설

중첩적 채무인수란 제3자(인수인)가 채무관계에 가입해서 채무자가 되고, 종래의 채무자와 더불어 새로 동일 내용의 채무를 부담하는 계약을 말한다. 종래의 채무자가 채무를 면하는 것이 아니라 인수인이 새로운 채무자로 가입하는 것이며, 채무의 이전이 일어나지 않는 점에서 면책적 채무인수와 크게 다르다. 따라서 이 설에 따르

---

158) 카드회원은 채무부담이 없어 유리할 것 같지만, 가맹점에 대하여 카드거래물품의 하자담보책임이나 매매계약상 하자보완을 주장할 수 없기 때문에 이 점은 카드회원에게 불리하게 작용한다. 金大圭, 전게논문, p.85.

면, 카드회사는 회원의 위임에 따라 회원의 카드이용대금채무를 중첩적으로 인수하게 되어 회원과 함께 대금지급채무를 부담하게 된다. 그리하여 가맹점으로서는 회원과 카드회사 양자에 대하여 카드이용대금의 지급을 청구할 권리를 가지게 되며, 그중 어느 일방으로부터 변제를 받게 되면 다른 상대방에 대해서는 청구를 할 수 없게 된다.

또한 채무인수는 보증채무와는 달리 부종성이나 보충성이 없으므로, 채권자는 채무인수인에 대하여 반드시 먼저 대금청구를 하여야 하는 것이 아니라 채무자나 채무인수인 중 어느 일방에게든 임의로 지급을 청구할 자유를 갖게 된다. 그러나 신용카드거래에 있어서는 그 가맹점규약에 의하여 카드이용대금 청구를 채무인수인인 카드회사에 대하여 먼저 청구하도록 약정하고 있기 때문에, 제1차적인 채무자는 카드회사가 되게 되어,[159] 가맹점은 카드회사에 대하여 대금청구를 하지 아니하고 회원에 대하여 먼저 대금을 청구할 수는 없도

---

159) 카드회원이 갖는 기한의 이익이 있음에도 불구하고 가맹점은 거래대금을 카드회사로부터 수령하지 못한 이유로 카드회원에게 즉시 청구하는 경우, 즉 카드회사의 채무불이행으로 인한 결과를 카드회원에게 부담시키면 카드회원은 카드계약상 인정된 기한의 이익을 잃게 된다. 따라서 이러한 위험을 누가 부담하는 것이 합리적인가 하는 문제가 발생한다. 특히 할부로 거래대금을 납부하는 경우에 카드회사가 사전에 체당대금의 일부를 카드회원으로부터 수령하고 카드회사가 가맹점에 대금지급을 거절한다면, 카드회원은 거래대금의 일부를 가맹점에 이중 지급하게 되며, 만약 카드회사가 카드회원에게 먼저 대금청구를 한다면 카드회원의 지위는 매우 위태롭게 된다. 따라서 이 이론에서는 가맹점은 특별한 이유가 없다면 카드회원에게 먼저 직접적으로 거래대금을 청구하지 않겠다는 불청구특약을 한 것으로 설명한다. 淸水巖, 전게논문, pp.298－300. 동 논문에서는 카드회사가 가맹점에 거래대금을 지급한 시점에서 회원과 가맹점에 소비대차계약이 존재한다고 한다.

록 하고 있다. 현재 한국의 다수설은 중첩적 채무인수설을 취하고 있다.[160]

3. 債權讓渡說과 替當支給說의 差異

첫째, 신용카드회사가 회원에 대하여 가지고 있는 대금청구권의 소멸시효에 차이가 생긴다. 채권양도설에 따르면 신용카드회사는 채무의 동일성을 유지한 채로 가맹점으로부터 채권을 양도받은 것이므로, 신용카드회사가 회원에 대하여 갖게 되는 채권의 소멸시효기간은 그 원인채권의 소멸시효기간이 그대로 적용된다.

그러나 체당지급설을 취하면 카드회사가 회원에 대하여 행사하는 대금상환청구권은 회원의 위임에 따라 카드이용대금결제사무를 이행하는 과정에서 발생한 비용(위임사무처리비용)을 상환 청구하는 것이므로, 이는 원인채권과는 관계없는 하나의 일반채권으로 소멸시효기간이 산정되지 않으면 안 된다. 그리하여 10년의 소멸시효에 해당된다고 보아야 할 것이지만, 신용카드회사가 당연상인으로서 그 위

---

160) 金星泰, "크레디트카드거래", 考試界, 1984.11, p.179; 김문환, "크레디트카드의 實態와 問題點", 商法學의 現代的 課題(徐廷甲博士古稀記念論文集), 三英社, 1986, p.68; 趙龍鎬, "크레디트카드의 法律 問題", 司法論集 第17輯, 法院行政處, 1986, p.166; 李銀永, "크레디크카드에 관한 法的 考察", 서울대 法學 第23卷 第1號, 1982, p.221; 鄭東潤, 「어음·手票法」, 法文社, 1996, p.610; 崔基元, 「어음·手票法」, 博英社, 2001, pp.875−876.

임사무의 처리가 기본적 상행위에 해당하므로, 5년의 소멸시효기간이 적용된다고 보아야 한다.

둘째, 채권양도설에 따르면 회원에 대한 대금채권이 가맹점으로부터 카드회사에 이전되므로 가맹점은 회원에 대하여 대금채권을 상실하게 된다. 이러한 사정은 체당지급설 중 면책적 채무인수설의 경우도 마찬가지다. 왜냐하면 면책적 채무인수에 의하여 대금채무가 카드회원으로부터 카드회사에 이전되어 회원은 대금채무를 면하게 되기 때문이다.

그러나 체당지급설 중 보증설과 중첩적 채무인수설에 따른다면 가맹점은 카드회사뿐만 아니라 회원에 대해서도 여전히 대금채권을 가지게 된다. 왜냐하면 보증설에 따르면 카드회원은 여전히 주채무자로서 남게 되고, 중첩적 채무인수설에 따르면 대금채무자가 회원 이외에 카드회사가 추가되는 데 불과하기 때문이다.

셋째, 채권양도설에 따르면 카드대금결제일에 카드회사가 회원에게 그 이용대금을 청구하는 것은 원래 가맹점이 취득한 채권 그 자체를 양수받아 청구하는 것이므로, 카드회원은 가맹점에 대하여 행사할 수 있었던 항변사유로 카드회사에 대항할 수가 있다.

그러나 체당지급설에 따르면 카드회사가 회원에게 행사하는 구상채권은 가맹점과 회원 사이에 이루어진 원인계약과는 관계없이 회원과 카드회사 간에 체결된 위임계약에 근거한 비용상환청구이므로, 원인계약상의 항변사유를 이유 삼아 카드회원은 대금의 지급을 거절할 수가 없게 된다.[161]

4. 小 結

위에서 살펴본 바와 같이, 채권양도설은 이론상 문제가 많고 또한 카드회원과 가맹점에 모두 불리하다.[162] 따라서 통설인 체당지급설

---

161) 韓相文, 전게서, pp.134-135.

162) 신용카드의 대금결제관계를 채권양도설에 따라 이론 구성하고 있는 대표적인 예는 1990.4.1. 이전 한국외환은행이 발행하고 있던 VISA카드의 경우이다. 즉 동 카드의 가맹점규약 제8조는 매출채권의 양도라는 항목하에 다음과 같이 규정하고 있다. "① 본인은 신용판매에 의하여 회원으로부터 취득한 매출표의 액면금액의 매출채권을 신용판매를 한 날로부터 5은행영업일 이내에 귀행에 제출하여 양도하겠습니다. ② 신용판매일로부터 6은행영업일 이후에 채권이 양도된 경우에 매출채권의 회수가 되지 않은 경우에는 본인의 책임으로 하여도 하등 이의를 제기하지 않겠습니다."
이는 위 VISA카드가 그 대금의 결제관계에 관하여 채권양도설을 취하고 있음을 명백히 하고 있는 규정이 아닐 수 없다. 더 나아가 이 약관은 '양도의 통지 또는 승낙'이라는 민법상의 채권양도의 대항요건을 갖추기 위하여, 동 회원규약 제6조 제2항에서 "회원은 카드를 제시한 후 가맹점에서 서명한 매출표의 액면금액을 은행이 가맹점으로부터 양도받는 것을 이의 없이 승낙합니다."라고 규정하고 있다. 이와 같이 매출채권 등을 양도받은 VISA카드회사는, 채무자인 회원이 은행에 개설한 자동이체결제계좌에서 카드이용대금결제일에 양수받은 채권 해당액을 자동 인출하여 채권을 회수하게 된다.
다만 이 당시 VISA카드의 약관상으로 의문이었던 점은 동 가맹점규약이 가맹점에 대해서는 매출채권 등을 카드회사 앞으로 양도해야 한다는 의무규정을 두고 있었던 반면에, 카드회사는 가맹점이 요청하는 매출채권을 양수할 의무를 명문으로 규정하고 있지 않아 가맹점의 법적 지위가 불안정하였다는 점이다. 그리하여 해석론으로서는 카드회사와 가맹점 간에 가맹점규약을 체결할 때에 이미 장래에 발생할 채권에 관하여 양도의 예약이 성립되어 가맹점이 그 예약완결권을 가진다고 보아야 하고, 그 후 가맹점이 VISA카드회사에 매출전표를 제출함으로

이 가장 타당하다고 할 것인바, 그 이론적 근거에 관해서는 중첩적 채무인수설을 취하는 것이 타당하다고 본다. 왜냐하면 면책적 채무인수설에 따르면 가맹점은 카드회원에 대하여 아무런 청구권을 갖지 못하게 되고, 회원도 가맹점에 대하여 매매계약상의 하자담보책임 등 항변권을 행사할 수 없게 되어 카드회원과 가맹점에 모두 불리하기 때문이다.

카드회사와 가맹점 사이에는 채무인수계약뿐만 아니라 손해담보계약이 별도로 존재한다고 보지 않으면 안 된다. 왜냐하면 채무인수란 인수의 대상인 채무가 존재하는 것을 전제로 하는 것인데, 신용카드거래의 대금결제관계에 있어서 카드회원이 가맹점에 대하여 아무런 채무를 부담하지 않는 경우에도 카드회사가 가맹점에 대하여 채무를 부담하여야 하는 경우가 있기 때문이다.

써 예약완결권을 행사하게 되는 것으로 보아야 한다는 주장이 강력하였다.

이와 같이 채권양도설을 취하고 있던 한국외환은행 VISA카드는 1990. 4.1. 가맹점규약의 개정에서 상술한 채권양도에 관한 조항을 삭제함으로써 채권양도설에 의한 이론구성을 포기하려는 방향으로 나가고 있다. 이와 같이 채권양도설의 입장을 포기하려는 것은 위에서 살핀 바와 같은 채권양도설 자체의 이론적 약점 때문인 것으로 사료된다. 즉 채권양도설을 취할 경우 대금채권의 소멸시효가 단기소멸시효에 해당할 가능성이 높다는 점, 채권양도의 대항요건을 갖추기 위하여 회원규약 제6조 제2항이 규정하고 있던 포괄적 승낙이 과연 유효한 것인지에 관한 의문의 제기, 회원이 가맹점에 대하여 항변할 수 있는 사유로 카드회사에 대해서까지 항변할 수 있다는 약점, 그 밖에 대금채권을 가맹점이 제3자에게 2중으로 양도하거나 가맹점의 다른 채권자가 이를 압류한 경우에 복잡한 법률문제가 발생할 수 있기 때문이다. 韓相文, 전게서, pp.137-139.

즉 분실·도난당한 카드가 제3자에 의하여 부정 사용된 경우에, 카드회원은 가맹점에 대하여 아무런 채무를 부담하지 않게 되는 것은 너무나 당연하다. 그럼에도 불구하고, 카드회사는 그 분실·도난당한 카드의 이용에 대해서도 가맹점에 대하여 대금을 지급할 의무를 부담하게 되는바, 이는 채무인수의 결과가 아니라 주채무의 성립 여부와는 관계없이 독립적으로 그 손해를 담보하기로 가맹점과 카드회사 사이에 손해담보계약을 맺었기 때문이라고 보지 않을 수 없다.

다시 말하면, 카드의 분실·도난에 대하여 카드회사나 회원은 소위 '죄 없는 두 당사자(two innocent parties)'에 불과하므로, 그 부정사용에 대하여 누구도 책임을 져야 하는 것이 아니다. 그러나 현실적으로 카드의 부정사용에 따라 손해가 발생한 이상, 누군가가 이를 부담하지 않으면 안 된다. 그런데 만일 카드회원과 카드회사가 모두 '죄 없는 두 당사자'라는 이유로 그 손실을 가맹점에 부담시킨다고 한다면, 가맹점은 그 위험부담으로 인하여 신용카드거래를 기피하게 될 것이다. 그렇다고 이를 카드회원의 부담으로 하는 것도 타당하지 않다. 왜냐하면 카드의 분실·도난에 따른 부정사용을 예방하고 관리해 나갈 위치에 있는 것은 카드회사라고 해야 할 것이기 때문이다. 그리하여 카드의 부정사용에 따른 손실은 원칙적으로 카드회사의 부담으로 하는 것이 타당하다고 할 것인바, 이와 같이 인수하여야 할 대상채무(회원의 대금지급채무)도 없는 상태에서 카드회사가 가맹점에 발생한 손실을 독립적으로 부담하여 지급하는 것은 바로 손해담보계약이 아닐 수 없는 것이다.

126

Ⅱ. 中國의 경우

1. 委託代理說[163)

   신용카드거래에 있어서 가맹점은 카드소지인이 신용카드를 이용하여 발생한 대금채권을 발행기관에 위탁하고, 발행기관은 가맹점의 대리인(수탁자)으로서 카드소지인의 카드이용대금을 청구한다고 보는 견해이다.[164) 또한 어떤 학자들은 발행기관은 카드소지인과 가맹점의 위탁을 모두 받아 두 당사자 간의 결제사항을 처리하거나 기타 용역을 제공한다고 하며,[165) 또는 가맹점이 발행기관의 위탁을 받아 신용카드 관련 업무를 처리하는 것으로 보는 견해도 있다.[166)

---

163) 楊淑文, "信用卡交易之法律性質及相關法律問題之研究", 「金融研究」 第二期, 1998, 第4頁.

164) 신용카드거래에 있어서 카드회원과 가맹점 간에는 원인관계가 있고, 가맹점과 발행은행은 급부관계가 있다. 발행은행과 카드회원 간에는 직접적인 법률관계가 없다. 신용카드거래에서 발행은행은 가맹점의 수탁자로서 카드회원으로부터 대금지급을 청구하는 것이지 카드회원에 대한 직접적인 청구권은 없다. 위탁대리설에 따르면 수탁자(대리인)는 위탁자의 이익을 위해 보수를 받지만, 신용카드거래에 있어서는 오히려 수탁자인 가맹점이 위탁자인 발행은행에 수수료를 내는 것이다. 이런 관점에서 볼 때 이 설은 타당하지 않다. 吳志攀, 전게서, 第205頁.

165) 馬春峰, 「商業銀行信用卡業務運作」, 中國財經經濟出版社, 1998, 第78頁.

166) 이런 학설을 주장하는 학자들은 독일 민법 제670조 및 제675조에서 규정하고 있는 필요비용상환청구권(Der aufwendungser Satz)을 참고한 것이다. 가맹점은 발행은행의 수탁자이기 때문에 발행은행은 가맹점의

2. 債權讓渡說[167]

신용카드거래에 있어서 가맹점은 카드소지인이 신용카드를 이용하여 물품을 구입하거나 용역을 받은 후 발생한 채권을 발행기관에 양도하고, 매출전표에서 수수료를 제거한 금액은 발행기관이 가맹점에 지급할 양도금이라고 볼 수 있다. 대금결제일에 발행기관이 카드소지인으로부터 대금을 청구하는 행위는 발행기관이 양도받은 권리를 행사하는 것이라고 볼 수 있다.[168]

이 견해에 따르면, 발행회사는 가맹점에 무제한적 지급의무가 있고, 채권매수인인 발행기관은 채권매도인인 가맹점으로부터 매출전표채권을 매수한 것이며, 발행기관은 이로써 카드회원에 대한 대금지급청구권을 갖고 가맹점은 카드회원에 대한 대금지급청구권을 상실하게 된다. 회원과 가맹점 간에 매매계약분쟁, 예컨대, 카드회원은 물품이 하자가 있다는 이유로 대금지급을 거절한다 하여도 발행기관은 먼저 가맹점에 무제한적 지불의무를 다하여야 한다. 물론 발행기

물품판매 및 서비스 제공에 대해 책임을 지는 것이 타당하다. 또한 가맹점은 발행은행에서 선정되었기 때문에 발행은행은 카드회원보다 가맹점의 물품판매 및 서비스에 대해 쉽게 감독 및 통제할 수 있으므로 카드회원에게 항변권(지불거절권)을 부여하는 것이 타당하다. 周偉, 전게논문, 第11頁; 鄭順炎, 전게논문, 第39頁; 陸震編·鄭明哲譯:「消費者保護法槪要」, 中國社會科學出版社, 1998年3月版, 第192頁.

167) 중국에서는 債權讓与說로 부른다. 楊淑文, "信用卡交易之法律性質及相關法律問題之研究",「金融研究」第四期, 1998. 第5頁.

168) 이 설은 주로 Diners카드와 가맹점 간에 체결한 Diners가맹점약관에 따른 것이다. 동 약관 제3조에서는 발행회사가 매출전표에 있는 가격을 가맹점에 지불하는 것을 약속한다고 규정하였다.

관이 추후에 가맹점으로부터 대금을 상환하라고 요구할 수는 있다. 그러나 카드회원은 원인관계로 인한 항변사유로 발행기관에 대항하지 못하고 가맹점에만 물품하자 담보책임을 주장할 수 있다. 이로써 가맹점은 카드회원에게 부당이득을 반환하여야 하고 물품의 하자로 인한 '무효' 채권을 발행기관에 반환하여야 한다.169)

3. 債務引受說170)

채무인수설은 면책적 채무인수설과 중첩적 채무인수설로 나누어 볼 수 있다.

(1) 면책적 채무인수설

신용카드거래에 있어서 발행기관은 가맹점과 카드소지인 간의 채권·채무관계에 개입하여 새로운 채무자가 되고, 카드소지인의 가맹점에 대한 채무를 부담하는 것이다. 가맹점이 발행기관에 채권을 주

---

169) 채권양도설에 있어서 가맹점이 제일 불리한 위치에 있게 되는데, 이는 가맹점이 신용카드거래에 참여한 원래의 취지와 맞지 않다. 王澤鑒, 「民法槪要」, 中國政法大學出版社, 2003年4月第一版, 第291頁.

170) 중국에서는 債務承擔說로 부른다. 면책적 채무인수라 함은 채무를 그 동일성을 유지하면서 그대로 제3자(인수인)에게 이전하는 것을 목적으로 하는 계약을 말한다. 王澤鑒, 상게서, 第295頁; 楊淑文, 전게논문, 「金融硏究」 第四期, 1998, 第5頁.

장하고 또한 발행기관이 채무를 부담하게 되면 법적 채무이전이 성립된다. 따라서 발행기관은 채무를 부담함으로써 새로운 채무자가 된다.

그러나 가맹점은 신용카드 대금결제계약을 체결함으로써 카드회원에 대한 채권을 상실하는 것을 원하지 않는다. 또한 채무인수설에 따르면 주채무자가 채권자에게 대항하는 항변사유로 채무인수인도 채권자에게 항변할 수 있다. 즉 카드회원이 물품의 하자로 대금지급을 거절하면 발행기관도 가맹점에 대금지급을 거절할 수 있다. 그러나 실제거래에 있어서 발행기관의 반환청구권은 카드회원의 가맹점에 대한 항변사유로 가맹점에 대항하는 것이 아니고, 가맹점의 가맹점규약을 위반한 것으로 항변하여야 한다.171)

(2) 중첩적 채무인수설172)

신용카드거래에 있어서 발행기관이 가맹점과 카드회원의 채무관계에 가입해서 채무자가 되고, 카드소지인이 가맹점에 대한 채무가 면하게 되는 것이 아니며, 가맹점은 동일한 내용의 채권을 발행기관

---

171) 예컨대, 牡丹卡약관 제15조에서는 만약 을(가맹점)이 본 약관을 위반하거나 加盟店受理牡丹卡業務工作細則을 위반한 경우, 갑(발행회사)은 언제든지 본 약관을 중지할 수 있고, 을에게 대금지급을 거절할 수 있으며, 이로써 인한 모든 경제손실은 을이 부담한다고 규정하고 있다.
172) 채무를 인수한 후, 주채무자는 채무관계에서 벗어나지 않고 새로운 채무자와 같이 동일 내용의 채무를 부담하게 된다. 법정 채무인수도 있고, 약정 채무인수도 있다. 王澤鑑, 전게서, 第297頁.

또는 카드회원에게 청구할 수 있다. 이 학설을 주장하는 학자들은 카드회원과 발행기관은 동일 내용의 채무를 부담하기 때문에 불가분 채무라고도 부른다.[173] 그러므로 발행기관은 카드회원의 가맹점에 대한 항변사유로 가맹점에 대항할 수 있다. 그러나 이는 가맹점규약을 체결할 때의 목적에 위배되고,[174][175] 또한 금융기관에서 신용카드업무를 하는데 단지 경제도구 즉 결제지급도구로 사용하는 것에도 위배된다.

4. 어음讓渡說[176]

신용카드거래에 있어서 카드소지인이 발행한 어음을 발행기관에

---

173) 채무의 불가분은 물건의 불가분 성질(예컨대, 자동차, 집 등) 때문에 나누지 못할 수도 있고, 당사자의 약정(예컨대, 수인동일채무 혹은 수인동일채권) 때문에 불가분일 수도 있다. 王澤鑒, 전게서, 第288頁.

174) 일반 거래에 있어서 가맹점은 현금을 바로 받을 수 있으므로 소비자가 계약의 무효를 주장하거나 계약을 해제하려면, 반드시 법원에 소를 제기하고 나서 법원의 판결을 받은 후 가맹점이 반환할 의무를 진다. 가맹점이 신용카드거래에 가입하는 목적도 위의 장점을 유지하려고 하는 것이다. 周偉, 전게논문, 第15頁.

175) 이 학설에 의하면, 대금결제 절차에 있어서, 가맹점은 동일한 채권에 대해 카드소지인과 발행기관에 동시 혹은 우선순위로 주장할 수 있다고 한다. 그러나 이는 '먼저 상품을 구입하거나 용역을 제공받고 대금결제일에 지불'하는 신용카드의 실제거래행태에 위배된다고 주장하는 학자들도 있다. 周偉, 전게논문, 第16頁.

176) 陸震綸等譯, 「消費者保護法槪要」, 中國社會科學院出版社, 1998年, 第122頁.

양도하고 발행기관이 카드소지인에게 지불하라고 청구하는 것은 발행기관이 양도받은 어음권리를 행사하는 것이다. 그러나 일반 채권양도와 달리, 어음 채무자인 카드소지인은 가맹점에 대한 항변사유로 발행기관에 항변하여서는 안 된다.[177]

5. 獨立擔保說[178]

발행기관이 규정에 부합한 신용카드 매출전표를 받은 후 즉시 가맹점에 대금을 지불하는 것은 카드소지인과 가맹점 간의 원인관계와는 관계가 없는 것이다. 다시 말하면, 발행기관이 가맹점에 대금을 지불하는 것은 별개의 독립적인 문제라고 볼 수 있다. 카드소지인의 가맹점에 대한 채무는 종속성이 없다. 카드소지인은 규정에 따라 가맹점에서 신용카드를 이용하여 물품을 구입하거나 용역을 받았으면, 발행기관은 반드시 가맹점에 대금을 지불할 의무가 있다. 이때 발행기관은 가맹점에 대한 대금지불의무는 카드소지인과 가맹점 간의 매매(소비)관계에 하자가 있는지 여부, 그리고 항변사유가 있는지 여부

---

177) 어음양도설에 따르면, 카드소지인의 가맹점에 대한 항변사유는 카드소지인이 발행기관에 대한 항변사유와는 다른 별개의 문제라고 설명할 수 있다. 즉 어음양도설은 항변사유의 독립성을 증명할 수 있다. 그러나 신용카드 대금결제는 중국어음법에서 규정하고 있는 어음 유형에 속하지 않기 때문에 신용카드의 법적 성질을 어음양도설로 설명하기는 어렵다. 周偉, 전게논문, 第10頁.
178) 鄭順炎, 전게논문, 第39頁.

를 불문하고 지급하여야 할 의무가 있다.[179] 왜냐하면 채무자는 대금을 지급하는 의무를 제일 우선 이행하여야 하기 때문이다.

　채권양도설, 위탁대리설, 채무인수설 및 어음양도설은 실제 대금결제과정에 있어서 어느 정도 설득력이 있다. 예컨대, 어떤 발행기관에서는 먼저 가맹점에 대금을 지급하고 나서 카드소지인에게 대금을 청구한다. 그러므로 채권양도설 및 채무인수설은 이런 대금결제모델에 부합한다. 또한 어떤 발행기관에서는 우선 카드소지인으로부터 대금결제액을 받은 후 가맹점에 지급한다. 그러므로 이러한 경우에는 위탁대리설이 이런 대금결제모델에 부합한다. 위의 위탁대리설, 채권양도설 및 채무인수설은 발행기관이 먼저 대금을 지급한 후 가맹점으로부터 법적으로 채권을 양도받았기 때문에, 카드소지인은 매매(소비)계약관계에서 가맹점에 대한 항변권으로 발행기관에도 대항할 수 있다. 그러나 실무에 있어서, 즉 신용카드 사용계약에서는 "카드소지인은 가맹점에 대한 항변으로 발행기관에 대금을 지급하는 것

---

179) 어떤 일본학자들은 아래와 같이 주장하고 있다. 즉 신용카드는 단지 현금의 지급결제수단을 대체하고 그 기능은 현금을 능가하지 않는다. 소비자가 가맹점에서 현금으로 거래할 때 가맹점과만 관계를 가지기 때문에, 신용카드를 이용하여 결제할 때 가맹점과 물품의 하자로 인한 분쟁도 가맹점과만 해결하여야 할 것이고, 이 경우까지 카드회원이 발행은행에 항변사유를 들어 대항할 수는 없다. 물론 중국 은행카드업무 관리방법 제7장 제54조에서도 카드소지인의 의무에 대해 비슷한 내용을 규정하고 있다. 즉 카드소지인은 가맹점과의 분쟁을 항변사유로 발행기관(發行銀行)에 대한 대금지급을 거절할 수 없다. (日) 植木哲: "消費信用法的基本問題", 「現代合同法大系」(第5卷), 日本評論社, 1981年版, 第237頁; 轉引自李凌燕, 「消費信用法律研究」, 法律出版社, 2000年5月第1版, 第113頁.

을 거절하면 안 된다.[180] 카드소지인은 가맹점 및 발행기관 영업지점과의 분쟁을 항변이유로 발행기관에 대금을 지급하는 것을 거절하면 안 된다"[181][182]라고 규정하고 있다.

---

180) 中國農業銀行金穗卡信用卡章程第十三條規定: 持卡人應妥善保管金穗卡信用卡密碼. 防止泄露, 凡密碼相符的金穗卡信用卡交易均視爲合法交易. 因密碼失密造成的損失, 由持卡人自行承担. 持卡人不得以与特約商戶發生糾紛爲由拒絶支付所欠發卡行的款項.
　중국농업은행 金穗카드 이용약관 제13조에서는 다음과 같이 규정하고 있다: 카드소지인은 金穗카드의 비밀번호를 다른 사람한테 알려주거나 누설하여서는 아니 된다. 정확한 비밀번호를 입력한 후 발생한 신용카드거래는 합법적인 거래로 본다. 비밀번호 누설로 인해 발생한 모든 손실은 카드소지인이 부담하여야 한다. 카드소지인은 가맹점에 대한 항변사유로 발행기관에 대항하지 못한다.

181) 中國工商銀行牡丹卡章程第十八條規定: 持卡人應向發卡机构提供眞實可靠的申請資料, 并按照發卡机构要求提供符合條件的担保, 遵守≪中國工商銀行牡丹貸記卡章程≫, 履行≪牡丹貸記卡領用合約≫; 妥善保管牡丹貸記卡和密碼, 不出租和轉借牡丹貸記卡, 不以与特約單位發生糾紛爲由拒絶支付所欠發卡机构款項; 如通信地址, 電話号碼, 住址, 職業等方面發生變化, 應及時以書面或双方認可的其他形式通知發卡机构.
　중국공상은행 牡丹카드 이용약관 제18조는 다음과 같이 규정하고 있다. 카드소지인은 발행기관에 거짓 없는 진실한 자료를 제공하여야 하고, 발행기관에서 요구하는 조건에 부합된 담보를 제공하여야 한다. 중국공상은행 牡丹카드 이용약관을 준수하고 牡丹카드 수령계약을 이행하여야 한다. 牡丹카드의 소지와 비밀번호유출방지를 위해 충분한 주의를 기울여야 하며, 牡丹카드를 제3자에게 임대·양도하여서는 안 된다. 카드소지인은 가맹점에 대한 항변사유로 발행기관에 대항하지 못한다. 연락처, 주소, 직업 등이 바뀐 경우, 서면 혹은 양 당사자가 모두 인정하는 기타 방식으로 발행기관에 통지해야 한다.

182) 항변권 단절에 대해서는 학설이 대립되고 있다. 긍정설은 이런 항변권 단절의 약정은 강행규범에 위반되지 않고, 일반계약 조항에도 위반되지 않는다고 주장한다. 그 근거로는 카드소지인이 발행기관에 항변권을 주장하지는 못하지만, 매매(소비)계약에 따라 加盟店에 이런 권리

6. 小 結

　사견으로는 신용카드 대금결제의 핵심은 발행기관이 신용을 제공함으로써 카드소지인과 가맹점 간의 매매계약 또는 용역제공으로 발생한 채무관계에 개입하고, 신용카드를 지불도구 및 신용도구로 사용하는 것이다.

　신용카드 대금결제과정에 있어, 발행기관은 규정에 부합하는 신용카드 매출전표를 받은 때에는 즉시 가맹점에 대금을 지급하게 되는데, 이런 대금결제의 법적 성질은 신용장을 발행하는 발행은행의 대금지불의무, 그리고 어음인수인의 대금지불의무와 비슷하다. 또한 이런 대금결제는 카드소지인과 가맹점 간에 발생한 매매관계와는 관계가 없고, 카드소지인과 발행기관 간의 자금관계의 제약을 받지 않는다. 일단 매출전표가 관련 약정에 부합되면 발행기관은 가맹점에 대금을 지불하여야 하고, 카드소지인과 가맹점 간의 매매계약에 하자가 있는지를 불문하고 카드소지인의 예금에 잔액이 있는지도 불문한다. 발행기관이 대금결제를 지불하는 것은 카드소지인과 매출전표에 기재되어 있는 금액을 카드소지인을 대신하여 먼저 지불하고, 나중에 카드소지인에게 대금지급청구권을 행사하는 것을 약정하였기 때문이다. 그리고 카드소지인은 가맹점에 대한 항변사유로 대금을 상환하지 않으면 안

를 주장할 수 있다는 것을 들고 있다. 부정설은 이런 계약이 신용카드 대금결제과정을 위탁대리설, 채권양도설 및 채무인수설에서 규정하고 있는 법적 유형에서 **빠져나간다**고 주장하고 있다. 秦曠, "銀行信用卡若干法律問題研究", 安徽大學經濟法, 碩士論文, 2003年6月, 第9頁.

되고, 카드소지인과 발행기관 간의 자금관계는 카드소지인과 가맹점 간의 매매관계와 별도로 처리되도록 약정하였기 때문이다. 그러므로 발행기관은 카드소지인과 가맹점에 대금결제를 처리해 주는 것 외에, 가맹점에 대금지급을 담보하고 카드소지인에게 자금을 융통하게 해준다고 볼 수 있다. 다시 말하면, 발행기관과 가맹점 간에 독립적인 담보관계가 있고, 발행기관과 카드소지인 간에 자금대차관계가 있다. 법적으로 보면, 발행기관은 카드소지인 및 가맹점과 모두 위탁대리관계를 가지고 있다고 볼 수 있다. 이는 발행기관이 가맹점으로부터 수수료, 카드소지인으로부터 연회비를 받는 법적 근거라고 볼 수 있다.

발행기관은 항변권의 단절을 설정하면서 신용카드 대금결제과정에서 발생한 몇 가지 법률관계를 법적으로 상호 독립하게 만들었다. 신용카드는 실무적으로 신용장 및 어음과 같은 독립적인 추상성을 가지고 있다. 물론 신용카드는 신용장과 어음처럼 법적으로 명확하게 무인성을 가지고 있다고 규정되어 있지는 않다. 그러나 경제적인 측면에서 볼 때, 신용카드 당사자는 체결된 약정(카드소지인과 발행기관 간의 약정, 발행기관과 가맹점 간의 약정)을 통하여 사실상 긴밀한 관계를 가지고 있으면서, 또 한편으로는 서로 제약하는 관계에 있다. 따라서 신용카드 당사자 간의 법률관계는 완전히 독립적이지 못한다. 특히, 발행기관과 가맹점 간의 서로 긴밀한 협조를 통해 이익을 함께 누리는 것은 발행기관이 카드소지인에게 제공하는 자금대차관계, 가맹점이 카드소지인에게 물품 또는 서비스를 제공하는 매매계약 혹은 서비스계약과 밀접한 내재관계가 있기 때문이다.

Ⅲ. 기 타

1. 美 國

초기의 미국이론은 신용카드와 유사한 경제적 기능을 가지고 있는 다른 법률관계를 신용카드이론에 유추 적용한 것이었다. 예컨대, 신용카드의 법적 구조를 상업신용장이론이나 Factoring이론으로 설명한 것이 그 예이다. 그러나 최근에는 기존의 법률관계에서 이론을 빌려오지 아니하고, 순수하게 신용카드 자체에 관한 것으로 이론을 발전시켜 왔다.

(1) 신용장설(Letter of Credit Theory)

원래 신용장이란 그 발행의뢰인(applicant)의 신용을 신용장 발행은행(Opening Bank)이 보증함으로써, 상품 등의 신용거래가 가능하도록 하는 경제적 기능을 갖는다. 그런데 이는 카드회사가 신용카드를 발행 교부하여 그 회원의 신용을 담보함으로써, 신용거래를 가능하게 하는 것과 그 경제적 기능이 유사하다. 따라서 신용카드의 법적 성질은 신용장과 같은 것으로 보아야 한다는 것이 신용장설의 근거이다.183)

이 설이 나오게 된 배경은 여행자신용장(Traveler's L / C)에서 찾아야 한다. 즉 미국의 통일상법전은 신용장을 여행자신용장(Traveler's L / C)과 상업신용장(Commercial L / C)으로 구분하고 있는바, 운용면에서 여행자신용장은 신용카드와 매우 흡사한 경제적 기능을 가지고 있다.184)

---

183) 신용장설에 따르면 신용카드는 상업신용장의 일종이며, 카드발행회사는 신용장개설은행과 같이 가맹점에 거래대금을 지급할 의무가 있고 카드회원은 신용장개설의뢰인처럼 카드발행회사에 대하여 상환의무(reimbursement)를 부담하게 된다. Bergsten, *op. cit.*, p.502f. 신용장설에서는 신용장과 같이 신용카드회사와 신용카드회원은 각기 신용장개설은행과 신용장개설의뢰인의 관계가 성립되어 계약상 당사자관계가 있게 된다. 신용카드회사는 카드회원에게 대금지급을 직접 청구하고, 카드회원은 대금지급채무의 상환의무를 부담하게 된다. 가맹점이 카드회원에게 물품을 제공하는 것은 직접 당사자관계가 존재하기 때문이 아니라 신용카드회사의 신용에 따라 상환약속의 대가로 신용제공을 하고 카드회사로부터 대금지급을 직접 받게 되기 때문이다. 카드회원은 가맹점과 직접적인 관계가 없으므로 가맹점에 대한 항변으로 신용카드회사에 대항할 수 없다. 신용장설은 신용장발행은행의 확실한 신용을 카드회사에 이용하는 기능적 유사성과 당사자 간의 권리와 의무관계의 법적인 유사성에서 고안된 것이라 할 수 없다. 金大圭, 전게논문, p.75.
184) 예컨대, 어떤 사람이 여행을 떠나려고 할 때, 거래은행으로부터 3,000달러의 여행자신용장을 발급받았다고 가정하자. 그는 항공사에서 비행기 표를 구입하면서 500달러의 개인수표(personal check)를 교부하고, 동시에 여행자신용장을 제시하면, 항공사는 제시받은 신용장 뒷면에 그 거래관계를 기입하게 된다. 이때 여행자신용장은 항공사로 하여금 고객을 믿고 항공권을 판매하도록 하는 신용담보적 기능을 하게 된다. 같은 방법으로 여행자신용장 소지인은 신용장상의 표시금액이 소진될 때까지 신용거래를 해 나갈 수 있게 되는 것이다. 이와 같이, 여행자신용장은 발행은행이 거래 상대방에게 그 소지인의 신용을 보증 내지 담보한다는 점에서 신용카드(특히 은행계 신용카드)와 유사하다. 따라서 신용카드의 법적 구조를 설명함에 있어서 신용장이론을 그대로 원용할 수가 있다는 것이다. Brandel & Leonard, Bank Charge Cards: New Cash of New Credit, 69 Michigan L, Rev. 1033, 1046(1971);

138

원래 신용장거래에 있어서, 그 개설의뢰인은 매도인과의 사이에 발생한 원인관계상의 항변사유나 이행관계상의 항변사유를 이유 삼아 신용장 개설은행이나 신용장 매입은행에 대하여 그 대금의 결제를 거절할 수 없는 것이 원칙이다.[185] 이러한 항변의 단절이론을 신용카드의 법률관계에 그대로 원용한다면, 회원은 가맹점과의 사이에 발생한 원인관계상의 항변사유나 이행관계상의 항변사유를 이유 삼

Davenport, Bank Credit Cards and the Uniform Commercial, 85 Banking L. J. 941, 963(1968).

185) 신용장은 매매계약에서 신용상황이 양호하지 않거나 의심스러운 매수인의 신용을 변제능력이 있는 자의 신용으로 대체할 목적으로 발행한 것이라고도 한다(Davis, The Law Relating to Commercial Letter of Credit, 2nd ed., p.20). 신용장의 기능으로는 상품매매대금의 지급·담보·신용기능 등이 있고, 신용장 종류에는 대금결제를 목적으로 하는 상업신용장(commercial letter of credit)과 거래수행에 사용되는 금융신용장(financial letter of credit), 보증신용장(guaranty or standby letter of credit) 등이 있다(Countryman, Kaufmann & Wiseman, Commercial Law: Case and Materials, 2nd ed, 1982, p.1144; Baird Standby Letter of Credit in Bankruptcy, 49 Chi. L. Rev., 1982, pp.133-135). 신용장의 특성으로는 일단 발행된 신용장을 중심으로 당사자 간의 법률관계가 기본계약과는 별개의 독립된 거래로서 독립성이 있고, 모든 관련당사자는 서류상으로만 거래하고 상품 등의 거래를 행하는 것이 아닌 추상성에 있다(U.C.C. §5. 109, §5. 144; U.C.P. §§3,4). 은행은 제출된 서류가 신용장의 조건에 합치하는지를 엄격히 심사하여 일치되는 경우에 지급하는 엄격일치의 원칙이 있고, 신용장의 법적 성질은 문면상의 조건에 합치하면 대금을 지급하기로 약속하는 특수한 법률관계로 본다. 신용장거래를 유추 적용하면 신용카드에 의한 신용구매는 카드회원의 신용이 신용장 발행인의 신용으로 교체됨에 따라 이루어진다. 즉 카드회원의 신용을 가맹점이 인정하여 물품구매가 가능한 것은 신용의 교체에 의한 것으로 볼 수 있다. White & Summers, Handbook of the Law under the Uniform Commercial Code, 3rd ed. 1988, pp.711-715.

아 카드회사에 대하여 그 이용대금의 지급을 거절할 수가 없게 된
다. 이와 같이 신용장설을 취할 경우에는 신용카드의 이용관계에서
항변권단절론을 취할 수 있다는 장점이 있게 된다.[186] 이 점에서 신
용장설은 매우 의미가 있다고 할 수 있다.

그러나 원칙적으로 신용장거래는 신용장 발행은행(Opening Bank)
과 신용장 매입은행(Negotiating Bank)이 각각 독립적으로 존재하고,
신용장거래의 본질은 이 두 개 은행 사이의 관계라 할 것이며, 매도
인과 매수인의 관계는 신용장거래 외적으로 존재하는 전혀 별개의
것이다. 반면에, 신용카드거래의 경우에는 매입은행의 개념에 해당하
는 것이 존재하지 않을 뿐만 아니라, 발행은행(Issuing Bank)은 회원
규약과 가맹점규약에 의하여 가맹점에 카드대금을 결제하여 줄 의무
를 직접 부담하게 된다는 점에서 신용장거래와는 크게 다르다. 이러
한 점에서, 신용장이론을 그대로 신용카드거래관계에 유추 적용하는

---

186) 카드회원에게는 가맹점에 대하여 유효한 항변사유가 있어도 이것으로
써 카드발행인에 대항할 수 없고, 반소와 무관계한 거래대금지급의무
를 카드발행인에 대해 부담하는 결과가 된다는 점에서 신용카드의 법
리로는 타당하지 않다는 점도 있다. 그러나 항변에 대해서는 수여된
신용의 해석방법에 따라 카드회원이 가맹점에 대하여 갖는 매매자체
에서 발생하는 항변을 발행인에 대해서도 주장이 가능하다는 설도 있
다(D. H. Maffly & A. C. McDonald, *op. cit.*, p.473). 또한 신용장거래
의 법리를 적용하여 신용카드회원이 카드발행인에 대한 지급의무에
대해 그것이 직접채무의 결과라고 추론하는 것에 대해서는 판례뿐만
아니라 학설도 異論이 없다고 한다(Jerry G. South, op. cit., p.329). 이
는 신용장거래와 신용카드거래 양자의 성격이 그 본래 목적과 방법에
있어서는 외관상 유사하지만 양 거래에 있어 당사자가 부담하는 채무
의 법적 성격까지 동일하다고 볼 수 있을지는 의문이 있기 때문이라
고 생각된다.

140

것은 논리상 무리가 있다. 또한 여행자신용장제도 자체가 이제는 여행자 수표와 신용카드에 의하여 그 기능이 대체되어 가고 있어 이미 경제적 기능을 상실하였다 할 것이므로, 신용장이론을 빌려 신용카드의 법률관계를 설명하는 것은 타당하지 못하다.

(2) Factoring설(Factoring of Accounts Receivable)[187]

Factoring이란[188] 상사대리인(factor)이 제조업자나 판매상의 외상채권을 매입하여, 그 대금을 제조업자나 판매상에게 현금으로 지불하

---

187) Factoring설을 외상채권매입설로 부르기도 한다. 金大圭, 전게논문, p.71.
188) Factoring이란 외상채권의 매수를 말하고 이 업무를 담당하는 자가 Factor이다. Factor는 일반적으로 상사대리인으로 호칭된다. 상사대리인은 외상채권(Accounts Receivable)을 매도인이 매수인에게 청구(Recourse) 하지 않는 조건으로 이를 직접 매입한다. Factoring 회사와 Factoring 고객 사이에는 Factoring 계약이 체결되며, Factoring 고객과 소비자 사이에는 매매계약이 성립된다. 일반매매와 구별되는 것은 매매대금 이후에 지급되는 신용매매라는 점이다. 또한 소비자와 Factoring 회사 사이의 관계는 순수한 금전채무의 법률관계이다(李銀榮, 「債權各論」, 博英社, 1995, p.272). 오늘날 상사대리인은 제조업자나 상인의 외상채권의 구매 기타 신용업무를 행하는 회사로서, 매도인의 외상채권을 현금으로 매수하여 매수인으로부터 이를 추심하는 업무를 행하는 점에서 신용카드 발행인이 매출전표를 양수하여 수금하는 것과 유사한 점이 있다(李信燮, "크레디트카드에 관한 法律問題", 裁判資料 第32號, 法院行政處, 1986, p.245). 카드발행인은 신용카드와 관련하여 발생한 가맹점의 외상채권을 매입, 신용의 위험을 인수, 신용상태를 조사, 외상채권을 추심하는 등 Factor가 고객에 제공하는 것과 유사한 서비스를 제공한다. Factoring에 대한 문헌으로는 「팩토링 金融制度研究」, 貿易經營社, 1983 참조.

여 주고, 이를 그 매수인으로부터 나중에 추심하는 업무를 계속적으로 수행하는 계약관계를 말한다. 이는 가맹점이 회원에게 물품을 판매하거나 서비스를 제공하고 취득한 상품판매채권을 카드회사가 매수하고, 나중에 회원으로부터 그 채권을 추심하는 신용카드의 대금결제관계와 유사하다. 따라서 신용카드의 대금결제관계는 Factoring 이론으로 설명하면 족하다고 보는 것이다. 이 설에 따르면, 판매상인 가맹점은 그 매출액을 외상매출계정에 부기할 필요가 없게 된다. 이러한 점에서 이 설을 외상계정매수설이라고도 부른다.

Factoring설은 카드회사가 가맹점에 대하여 회원의 신용카드 이용대금을 결제하여 주어야 할 법적 근거에 관하여, 회원이 서명한 매출전표(sales slip)가 있는 이상 카드회사가 그 대금을 지급할 것이라는 신용계약상의 합의(credit agreement)가 있었기 때문이라고 한다. 그리고 이러한 신용계약상의 합의는 카드회사와 가맹점 간에 체결된 가맹점규약에 구체적으로 나타나게 된다고 본다.

또한 카드회사가 대금결제일에 회원에게 대금의 상환을 청구할 수 있는 법적 근거에 관해서는, 가맹점이 취득한 외상매출채권을 카드회사가 양수받았기 때문이며,[189] 따라서 카드회사가 회원에 대하여

---

189) Factoring설에 의하면 신용카드 발행인도 카드매매에서 발생하는 가맹점의 매출전표를 양도받아 매수인에게 그 양도를 통지하고 신용에 의한 위험을 부담하며, 신용조사와 기록을 통하여 자금업무도 하기 때문에 그 계약상 절차에 있어서 상사대리인(Factor)과 유사하다고 본다. Factoring과 신용카드는 Factor나 카드회사가 매도인의 외상채권을 매입하고 이를 매수인인 고객이나 카드회원으로부터 추심하는 점은 비슷하나, 외상채권매입설에 의한 신용카드거래계약을 통일적으로 설명하는 이론으로서는 불충분하며, 카드발행인의 법적 권리와 의무를 정

142

행사하는 청구권의 법적 성질은 상품판매대금청구권이라고 한다.

그러나 Factoring설은 다음과 같은 두 가지 문제점이 있다.[190] 첫째, Factoring의 경우에 factor는 매도인이 취급한 모든 유형의 매출채권을 양수하는 데 반하여, 신용카드의 경우에는 카드거래에 관한 채권만을 카드회사가 취득하게 된다. 둘째, Factoring에 있어서 factor는 상품매수인과는 직접적으로 아무런 계약관계가 없는 데 반하여, 신용카드거래의 경우에는 카드회사와 회원 간에 사전에 회원규약에 의한 직접적인 계약관계가 존재한다.[191]

하기 위해서 발행인을 채권양수인으로 간주하는 것은 타당하지 않다. 외상채권매입설에 의하면, 카드에 의한 신용판매도 본질적으로 매도인과 매수인 양자 간 매매로 보게 된다. 물품대금의 지급인은 카드발행인이 아니라 카드회원이라는 관점에서, 매도인(가맹점)의 매수인(카드회원)에 대한 외상채권을 마치 Factor(상사대리인)에 의한 것과 마찬가지로 카드발행인이 취득하기 때문에, 카드회원이 구매대금을 지급하여야 할 상대방은 매도인이 아닌 채권의 매수인인 카드발행인이 된다. Silverman, Factoring as a Financing Device, 27 Harv. Bus. Rev., 1948, p.594.

190) Comment, The Triparties Credit Card Transaction: A Legal Infant, 48. L. rev. 468.

191) Factoring설도 상업신용장과 같이 신용카드를 피상적으로 본 이론이고, 카드거래의 당사자 간의 관계를 내용적으로 검토할 때 Factor와 카드발행인의 사이에는 질적인 차이가 있는 것을 간과하고 있다는 점을 지적할 수 있다. 즉 Factor는 통상 상인이 갖는 모든 채권을 매입하지만, 카드발행인은 신용카드거래상 발생되는 채권으로 한정된다. 또한 Factor는 상품매도인과 계약상 어떠한 당사자관계도 없으나 카드발행인은 카드회원, 가맹점과 회원계약, 가맹점계약을 통하여 직접적인 계약관계가 존재한다는 점에서 구별된다(D. H. Maffly & A. C. McDonald, op. cit., pp.468－469). Factoring과 신용카드의 수수료는 일정한 매매가격, 청구기간 등에 따라 지급된다는 점에서 양자는 일치하기도 한다. 그러나 Factoring 거래에서는 신용거래승인절차가 매 거래마다 체결되지만,

(3) 채권양도설(Assignment Theory)

신용카드거래에 있어서 가맹점이 회원에게 물품을 판매하거나 용역을 제공하면 그 대금채권을 취득하게 되는데, 가맹점은 이 채권을 카드회사에 양도하고 그 대가로서 채권을 회수하게 된다. 반면 카드회사는 가맹점으로부터 양수받은 채권으로 결제일에 회원에게 대금청구를 하게 되는 것이라고 본다.[192]

따라서 이 설에 따르면, 회원은 가맹점에 대하여 행사할 수 있는 항변사유를 이유 삼아 카드회사에 대한 대금지급을 거절할 수 있다고 보게 된다.[193] 또한 카드사용자가 할부구매 등에 따른 수수료를

신용카드거래에서는 신용한도액을 초과하는 경우에 카드회사의 승인이 필요하게 된다. 그리고 Factoring에서는 Factoring회사에 대하여 매수인에게 양도된 물품에 대한 매출채권의 대금지급청구를 하며, 카드거래에서는 카드회원에게 전달된 매출전표에 의해 대금청구권을 카드회사에 행사한다는 점이 다르다. 이러한 차이점에도 불구하고 Factoring설을 카드거래에 유추 적용하는 것은 타당하지 않다고 본다. 金大圭, 전게논문, pp.73-74.

192) Jerry G. South, *op. cit.*, pp.327-330.

193) 가맹점의 카드회사에 대한 채권양도는 보통의 채권양도이며, 카드회원이 카드회사에 지급하는 일정요율은 이자가 아니라 서비스료로 취급한다. 동설에 따르면 금반언원칙에 위배되지 않는다면 카드회원의 가맹점에 대한 항변이나 반소로 양수인인 카드회사에 대항할 수 있고, 이는 일반 채권양도의 법리에 따라 당연히 인정된다고 본다. 그러나 채권양도설은 카드회원과 가맹점 간의 거래를 먼저 구성하고 카드회사와 카드회원 간, 카드회사와 가맹점 간의 관계를 후차적으로 구성하는 것에는 문제가 있다. 즉 카드회원과 가맹점 간에 매매가 성립되기 이전에 회원계약과 가맹점계약이 체결되어 있다는 점을 간과하고 이론구성을 하는 점이 지적된다. 金大圭, 전게논문, p.74.

카드회사에 지불하는 것은 이자로서의 성격을 갖는 것이 아니라 현재가격과 장래가격의 차이에 불과하다고 보게 되므로, 이자제한법의 적용을 받지 않게 된다고 보며, 이 점에서 후술하는 직접채무설이나 직접대부설과 차이가 있게 된다.

그러나 이 설은 회원과 가맹점 간에 이루어지는 매매계약을 기초로 하여, 그 계약에서 발생한 채권의 양도로서 카드회사와 가맹점 간의 관계를 2차적으로 구성함으로써, 기존의 법 이론에 지나치게 집착하고 있다는 비난을 면치 못하게 된다. 즉 신용카드의 법률관계의 본질은 회원과 가맹점 간에 이루어지는 일반법적인 매매계약에서 출발하는 것이 아니라, 그러한 매매계약 이전에 카드회사와 회원 사이 및 카드회사와 가맹점 사이에 체결된 두 개의 계약, 즉 회원약관과 가맹점 약관에서 찾아야 하는 것이다. 따라서 이 설은 신용카드 거래의 실체를 무시한 이론이라는 비판을 받고 있다.

(4) 직접채무설(Direct Obligation Theory)[194]

오늘날 선진국에 있어서 신용카드대금의 결제관계의 특징은, 신용

---

194) 이 설에 의하면 카드회원은 회원규약에 따라 거래대금을 카드회사에, 지급할 채무를 지고 카드회사는 채권확보를 위해 카드회원으로부터 대금지급을 청구한다.(Clark & Squllante, The Law of Bank Deposits, Collections and Credit Card, 1970, p.193; 澤野直紀, "クレジットカードとアメリカの展開", 金融法務事情 第1014號, p.45). 카드회사와 회원 간의 회원계약에 의하여 카드회원은 카드거래대금을 직접 카드회사에 지급할 채무를 부담하고 카드회사는 카드회원에게 대금지급을 추심하는 것이라고 설명하기도 한대[United States V. Golden, 166f. Supp. 799(S.D.N.Y.)].

카드회원의 은행구좌로부터 가맹점 결제구좌에로의 전자자금이체(Electronic Fund Transfer)가 일어난다는 점이다.[195] 따라서 카드회사가 가맹점으로부터 매출전표(sales slip)를 제시받아 그 판매대금을 지급하고, 카드이용대금결제일에 회원에게 그 지급대금을 구상하게 되는 법적 근거는, 회원이 카드회사에 위와 같은 전자자금이체제도를 이용하여 자신의 구좌에서 자금을 인출하여 가맹점 결제구좌로 대체 입금할 것을 지시하였기 때문이라고 설명한다.

이와 같이 가맹점에 대한 신용카드대금의 결제가 회원의 지급지시에 근거한 이상, 카드회사가 회원에게 그 지급대금을 구상하게 되는

---

195) 미국의 소비자조사 결과를 보면, 수표이용률이 높은 편인 미국에서도 점포구매 시 지급결제수단으로서 신용카드나 직불카드를 선호하고 있는 것으로 나타나고 있다. 2003년 점포구매 시 현금과 수표의 결제수단 이용비율은 약 47%로 1999년 57%, 2001년 51%에 비해 점차 감소하고 있으나, 직불카드 이용비율은 4년 전 21%에서 꾸준히 증가하여 거의 1/3 수준으로까지 확대되고 있다.
이러한 경향은 국내에서도 동일하게 나타나고 있어 한국은행의 2003년 말 소비자 조사결과 물품 및 서비스 구매 시 신용카드(29.9%)를 가장 많이 이용하고, 그 다음으로 현금(26.6%)을 이용하고 있는 것으로 나타났는데, 금액대별로는 현금을 주로 이용하는 1만 원 미만대를 제외하고는 신용카드의 이용도가 가장 높았다. 그러나 50만 원을 넘어서는 금액대에선 신용카드 이용비중이 점차 감소하면서, 계좌이체 및 자기앞 수표의 이용비중이 점차 커지고 있는 추세이다. 이러한 카드기반 지급결제의 확산은 유럽 및 일본 등에서도 나타나고 있어 전세계적으로 점차 정착되어 가고 있는 것으로 볼 수 있다. 카드기반 지급결제는 결제망, 단말기 등 인프라의 정비가 이루어지고, 소비자의 편의성 중시 경향이 강해지면서 1990년대 후반 들어 전세계적으로 지급결제수단의 중심으로 자리를 잡기 시작하였고, 기존의 현금이나 수표가 지닌 단점이었던 위·변조의 리스크를 경감하는 방향으로 기술이 발전하면서 더욱 확산되고 있는 상황이다. 박규상 외 2인, 전게서, p.34.

146

법 이론적 근거도 채권양도 등과 같은 기존의 이론을 빌려서 설명할
것이 아니라, 카드회사와 회원 간에 체결된 회원규약상의 지급지시
로 설명하는 것이 보다 직접적이고 간명하다는 것이다.

또한 가맹점이 카드회사에 대하여 대금채권을 가지게 되는 것도,
가맹점이 회원에게 물품을 판매하고 취득한 상품판매대금청구권을
카드회사에 양도한 대가가 아니라, 카드회사가 가맹점규약으로 카드
제시자에게 물품을 판매하였을 경우에 그 대금을 지급할 것을 약속
한 대가(consideration)로 직접적으로 발생하는 것이라고 보아야 한다
는 것이다.

이와 같이 가맹점의 카드회사에 대한 청구권이 가맹점규약에 의하
여 직접적으로 발생하고, 회원에 대한 카드회사의 대금청구권이 회
원규약에 의하여 직접적으로 발생한다고 보는 이상, 회원이 가맹점
에 대하여 가지고 있는 항변으로 카드회사에 대하여 대항할 수는 없
다고 보게 된다. 즉 이 설에 따르면 항변의 단절은 당연한 것이라고
보게 된다.[196)

(5) 직접대부설(Direct Loan Theory)

이 설은 전술한 직접채무설과 함께 신용카드거래에 관한 미국의

---

196) 카드회원의 지급약속은 물품구매상의 하자와 관계없는 지급의무가 아
　　　니라 매매의 완전한 이행을 조건으로 하는 지급약속이라고 본다면, 회
　　　원의 가맹점에 대한 항변사유를 가지고 카드회사에 대해서도 주장할
　　　수 있다고 본다. 金大圭, 전게논문, p.81.

최근의 대표적인 학설에 속한다. 이는 특히 미국의 은행계 신용카드의 거래에 있어서, 회전식 신용카드의 이용이 일반화됨에 따라, 은행들이 카드거래에 따른 이용원금에 대하여 월부 회전신용료(Revolving Credit Charge)를 받는 데 착안하여 주장된 것으로 보인다. 즉 이 설은 신용카드거래의 대금결제를 신용판매(Credit Sales)의 측면보다는 소비자금융의 측면에서 파악하고 있는 것이다.

이 학설에 따르면, 카드회사와 회원 간에는 회원이 카드를 사용하여 부담하게 되는 대금채무를 카드회사가 대부할 것을 회원규약에 의하여 약정함과 동시에, 그 대부금은 회원에게 지급하는 것이 아니라 가맹점에 지급할 것을 약정하는 위임계약이 존재한다고 본다.[197] 그리하여 카드회사의 회원에 대한 상환청구권은 금전소비대차계약에 기한 반환청구권이 되는 것이고, 카드회사가 가맹점에 대하여 대금지급채무를 부담하게 되는 것은 차입금의 지급위임에 근거하는 것이 된다.

미국의 통일소비자신용법(Uniform Consumer Credit Code; U.C.C.C.)은 은행계카드거래를 신용판매보다 소비자대부(Consumer Loan)로 분류하여[198] 소비자신용판매로부터 제외하고 있는 이유는 회원이 카드를 제시하여 가맹점이 물품을 판매하는 것은 매수인인 회원을 신뢰한 신용판매는 아니며, 카드회사의 지급약속에 근거하여 실질적으로 카드회사로부터 거래대금의 대부를 받고, 그에 따라 가맹점에서 구매하는 것과 같기 때문이라고 한다.[199]

---

197) Cleveland, Bank Credit Cards: Issuers, Merchants and Users, 90 Banking L. J., 1973, pp.719−725.
198) U.C.C.C. §1. 301(12)(b)(i).

또 이 설의 입장에서, 은행계 카드를 대부신용카드(Lender Credit Card)로 정의하고 있다.[200] 따라서 이 설에 따르면 회원은 가맹점과의 사이에 항변사유(예컨대, 물품의 하자)가 있다는 이유로, 카드회사에 대하여 그 대금의 지급을 거절할 수 없게 된다. 왜냐하면 이는 마치 은행이 고객에게 대부한 돈이 잘못 사용되었다는 데 대하여 책임이 없는 것과 마찬가지라고 설명한다.

2. 英　國

신용카드의 발전이 미국에 비해 상대적으로 늦었던 영국에서는 신용카드에 관한 문헌이 미국처럼 많지는 않다. 이 나라의 신용카드제도는 1974年 제정된 소비자신용법(Consumer Credit Act: CCA)에 따라 소비자신용계약(Consumer Credit Agreement)으로 규제받게 되었다.[201]

신용카드는 발급을 원하는 자로부터 서면요청을 받아 교부하는 신용증표이고, 카드회사가 일방적으로 발송하는 무신청카드는 인정될 수 없다.[202]

---

199) 은행계 카드를 대주신용카드(Lender Credit Card)라 정의[U.C.C.C. §3. 301(25)]하고, 신용카드에 의한 상품구입을 카드회사의 카드회원에 대한 대부로 규정하고 있으므로 통일소비자신용법은 직접대여설을 채용하고 있다고 볼 수 있다. Cleveland, *op. cit.*, p.725.

200) U.C.C.C. §3. 301(25).

201) 영국소비자신용법 제14조 제3항에서는 채권자가 채무자에게 신용을 제공하는 것으로 규정하고 있다.

202) Law & Woodroffe, Consumer Law and Practice, Sweet & Maxwell,

신용카드거래대금결제이론은 주로 Goode 교수의 직접채무설에 따라 설명되며, 그는 직접채무설에 따른 이론전개가 채권양도설보다 훨씬 카드거래상황에 적합하다고 하였다. 또한 그는 카드회사가 가맹점에 거래대금을 지급하지 않거나 가맹점으로부터 매출채권양수를 하지 않더라도 카드계약에 따른 거래대금지급청구를 회원에게 할 수 있다고 본다.[203]

이 설은 카드회사와 회원, 회원과 가맹점 및 가맹점과 카드회사 간에 개별적 계약의 존재가 전제되며, 카드회사의 가맹점에 대한 거래대금지급의무는 회원의 채무보증에 따라 부담한다.

카드회사의 거래대금지급거절이나 지급불능이 있는 경우 가맹점에 대한 책임은 그때부터 있게 된다. 가맹점은 회원이 제시한 신용카드를 믿고 물품을 지급하며 이는 조건부지급에 해당한다.[204]

3. 獨　逸

소비자신용법인 독일의 할부판매법(Abzahlungsgesetz)은 1950년대 중반부터 개정의 움직임이 활발하였고 Weitz 교수와 정당에 의해 여러 가지 입법안이 제안되기도 하였다.[205] 이러한 과정을 통해 소비

1985, p.337ff.

203) R. M. Goode, The Legal Regulation of Lending, In Edited Aubrey L. Diamond. Installment Credit, 1970. pp.44－57.

204) 金大圭, 전게논문, p.82.

150

자신용에서 신용카드가 차지하는 중요성이 인식되었다. 독일의 신용
거래 형태는 다양하나, 다음과 같이 구분할 수 있다.[206]

첫째는 상인신용이다. 상인신용에는 외상거래, 고객카드, 지급유예,
신용계속계산, 매수권부임대차(Mietkauf)가 있다. 외상거래는 영세적
인 독립상인이 쇠퇴하면서 소비자신용으로서의 중요성을 상실하고
있다. 고객카드는 대형백화점이나 특정상인들이 모여 발행하는 카드
로서, 카드소유자는 현금 없이 물품을 구매할 수 있고 지급은 다음
달에 하면 된다. 이는 양당사자카드에 속하게 된다. 지급유예는 매도
인이 고객에게 부여하는 것으로 서면계약상 구매가격의 전액지급이
있을 때까지 물품의 소유권이 유보된다. 신용공여는 유상이며 3~5%
의 신용료를 부담한다. 그러나 매수권부임대차는 현재 소멸하고 없다.

둘째는 은행신용이다. 이에는 소액신용, 구매대부, 당좌대월신용,
담보대부 등이 있다.

셋째는 판매점과 은행의 제휴에 의한 신용형태다. 융자부할부영업,
융자·임대차, 신용카드 등이 이에 해당된다.[207]

---

205) Weitz 교수는 할부구입 시 구매자의 전속재판권의 확립, 권리상실약관
    의 수정, 하자의 항변을 할 수 있도록 주장하였다(Weitz, Das geltende
    Abzahlungsrecht und seine Reform, 1956, S.167.)
206) 加藤良三, 「クレジットカード法研究」, 千倉書房, 1989, p.141.
207) 독일에서 신용카드제도의 이용도는 저조한 편에 속하였다. 그 이유는
    은행신용 중의 당좌대월신용에 의해 소비자는 편의 및 수급가능성이
    용이했고, 신용카드는 소비자신용의 전 단계에 지나지 않는다고 생각
    되었기 때문이다. 즉 신용카드제도는 가맹점에서 물품이나 용역의 제
    공을 받아 편리하게 사용함을 목적으로 한 것이지만, 당좌대월신용은
    사용목적이나 장소가 한정되지 않는 금전대부라는 점에서 신용수급의
    절차나 편의성, 채무반환의 탄력성이라는 이점이 있었기 때문이다.

(1) 지급지시설(Anweisungskonstruktion)

독일에서 신용카드거래의 법적 성질[208]에 관한 대표적인 이론은 지급지시설(Anweisungskonstruktion)과 채권양도설(Abtretungskonstruktion)이 있다.[209] 독일의 신용카드 중에서 VISA Card와 Diners Club Card는 지급지시설에 따라 거래대금지급관계가 설명된다.[210]

지급지시설에 의하면, 회원이 신용카드거래대금 매출전표에 서명을 하는 행위는 카드사용대금을 가맹점에 지급하라는 지시를 카드회사에 하는 것이 된다. 카드회사는 회원의 지급지시에 따라 가맹점에 신용카드대금을 지급하고 나서 회원에게 지급금액의 상환청구를 한다.[211]

회원의 지급지시에 따라 가맹점에 카드대금을 지급하며 지급의무를 지는 법적 근거는 카드회사의 손해담보계약(Garantievertrag)에 있다.[212] 손해담보계약은 카드회사가 가맹점에 대하여 무조건적으로 지급하는 법적 근거가 되므로 회원의 대금지급 여부에 대한 위험부담은 카드회사가 하게 된다.[213] 그러나 가맹점은 신용카드의 부정사용을 과실로 인지하지 못한 경우, 적극적 계약위반에 따라 카드회사

---

208) Zahrnt, Die Kreditkarte unter Privatrechtlichen Gesichtspunkt, NJW 1972. S. 1078f. 金大圭, 전게논문, 제3장 제2절 각주 14에서 재인용.
209) Canaris, Bankvertragsrecht, 2.Aufl., 1981, Rdn. 1624f. 金大圭, 전게논문, 제3장 제2절 각주 15에서 재인용.
210) Peter Beck, Einwendungen bei Eurocheque und Kreditkarte, 38 Bd., 1986, S.5f. 金大圭, 전게논문, 제3장 제2절 각주 16에서 재인용.
211) 鄭燦亨, "信用카드와 抗辯", 判例月報 第215號, 1988.8, p.15.
212) Peter Beck, a.a.O., SS.17－19; 韓相文, 전게서, p.122.
213) Peter Beck, a.a.O., S.13.

152

에 대하여 손해배상의무를 부담한다.

지급지시설과 체당지급설은 이론 성립과 구성이 유사하지만, 독일 민법에서는 지급지시에 관한 규정을 두고 있으므로 이에 따라 설명을 하고 있다. 그러나 일본민법에서는 지급지시에 관한 규정이 없기 때문에 체당지급으로 이론을 구성하여 설명하고 있다.

미국이나 일본, 독일의 채권양도설은 서로 유사하나, 독일의 지급지시설은 카드회사가 수표카드발행인책임과 유사한 손해담보의 책임을 부담한다는 점에서 미국의 지급인설[214]과 다르다고 볼 수 있다.[215] 이에 대하여 독일의 지급지시설이 미국의 지급인설과 유사하다고 보는 견해도 있다.[216] 하지만 이론적 배경과 카드거래구조의 특성상 양 이론은 흡사하지 않다고 생각된다.

지급지시설에 따르면 회원이 카드회사에 대해 지급지시를 한다 해도 가맹점은 회원에 대해 매매의무가 있는 것은 아니다. 또한 회원이 가맹점에 대해 신용카드거래를 요구할 수 있는 권리가 있다는 점도 설명할 수 없는 난점이 있다.[217]

---

214) 지급인설은 카드이용대금을 카드발행회사가 환어음의 지급인의 지위에서 가맹점에 지급하는 것으로 보고, 매출전표를 카드발행회사를 지급인으로 하는 환어음에 유사한 것으로 보는 설이다. 金大圭, 전게논문, p.70.
215) 鄭燦亨, 전게논문, p.15.
216) 鄭燦亨, "信用카드에 관련된 法律問題", 高麗大 法學論集 第23輯, 1985, p.233.
217) 鄭東潤, 전게서, p.609.

(2) 채권양도설(Abtretungskonstruktion)

독일의 신용카드거래에 있어서 대금결제의 법적 성질에 관한 또 하나의 대표적인 이론은 채권양도설이다. Euro Card와 American Express Card는 이 채권양도설에 의하고 있다.[218]

채권양도설에 따르면, 가맹점이 회원에 대해 주장할 수 있는 신용카드 사용대금채권을 카드회사에 양도하게 된다. 그리고 카드회사는 양수채권을 회원에 대하여 추심하며, 가맹점은 채권양도의 대가로 카드회사로부터 거래대금을 지급받는다.

이 설에 의하면 가맹점의 카드회사에 대한 대금채권은 매매계약상의 매도인의 권리에 근거하며,[219] 카드회사의 지급채무는 민법상 매매계약의 규정에 의해 발생하므로 원인행위에 의해 영향을 받게 된다. 또한 지급지시설과 같이 손해담보계약이 존재하지 않고 가맹점의 채권양도와 채권양수가 있게 된다. 따라서 채권양도설에 따르면 카드회사는 가맹점에 대해 원인행위의 무효·취소를 주장할 수 있다. 즉 원인행위가 회원의 행위무능력이나 제한적 행위능력사유로 무효가 되면 카드회사는 채권양도인의 담보채무에 따라 손해배상청구를 할 수 있고, 가맹점의 대금지급청구를 거절할 수도 있다.

---

218) Peter Beck, a.a.O. S.5f. 카드회사의 가맹점에 대한 채무나 가맹점의 카드회사에 대한 대금채권발생근거는 먼저 가맹점규약에 따라 알 수 있다.

219) Peter Beck, a.a.O.. SS.10−11, §433. 2 BGB. 참고로 한국 민법 제568조 제1항에 의하면, 양도인은 매수인에 대하여 매매의 목적이 된 권리를 이전하여야 하며 매수인은 매도인에게 그 대금을 지급하여야 한다.

이 설에 따른 가맹점의 법적 지위는 손해담보계약, 무인적 채무약속(Abstraktes Schuldversprechen. §780. BGB)의 법리에 의하는 것보다 약하게 된다. 또한 가맹점에 대한 카드회사의 대금지급은 회원을 위한 사무관리계약이나 도급계약의 이행이며, 그에 따라 카드회사는 회원에 대해 상환청구권을 취득한다.[220] 따라서 카드회사는 원인행위가 무효·취소되면 가맹점으로부터 취득한 카드대금의 양수채권이나 사무관리계약, 도급계약에서 발생하는 권리에 따라 회원에게 상환청구를 할 수 있다.[221]

---

220) Peter Beck, a.a.O., S.9f.
221) 카드회사가 가맹점에 대하여 거래대금을 지급하는 근거는 손해담보계약, 무인적 채무약속, 채무인수, 보증계약에 있는 것이 아니며, 카드회사에 채권양도만이 있다고 하는 것이다. 채권양도설에 의하면 손해담보계약이 불존재하며 채권발생은 양도인의 권리에 근거한다.

信用카드 不正使用과 損失負擔

第 4 章

Ⅰ. 韓國의 信用카드 不正使用의 特徵

신용카드거래의 편리성의 이면에는 신용카드구조를 악용한 부정사용이 문제가 되고 있다.[222] 신용카드 부정사용은 급속한 회원증대와 카드를 발급받을 수 없는 불적격자까지 회원이 되는 형식적인 회원심사 그리고 부정사용에 따른 규제법안 등의 제도적 미비도 하나의 원인을 제공하였다고 본다.

신용카드 부정사용이란 신용카드를 이용하거나 신용카드거래구조를 통해 발생되는 침해행위로서 사회적, 형사적 규제대상이 될 수 있는 것을 말한다. 미국에서는 "부정사용이란 실질적으로나 묵시적으로 명확히 카드사용권한이 없는 회원이 아닌 자에 의한 사용이며, 그러한 사용으로 인해 회원이 아무런 이득을 받지 못하는 것이다."

---

[222] 전문카드복제단들은 일본이나 홍콩에서 구입한 카드정보판독기와 자기기록복제기로 신용카드 자기선에 수록된 정보를 복제하여 국내와 국외에서 수억 원대의 현금대출서비스와 물품 구입을 한 사례가 있다. 한국일보, 1996.11.11, p.39.

158

라고 규정한다.[223]

신용카드 부정사용의 특징으로는 주로 전문적인 지식을 소유한 범죄자들에 의해 조직적으로 발생하며, 짧은 시간 동안에 다액의 금액이 부정 사용된다는 공통의 특징이 있다. 또한 신용카드거래를 교묘히 이용하고 부정사용 영역이 국내와 국외를 불문하고 광범위하다는 것이다.[224]

회원이 카드를 분실하거나 도난당한 경우 신용카드를 취득한 제3자는 회원이 카드회사에 사고신고 후, 거래정지 통보가 도달될 때까지 반복적으로 수십 회에 걸쳐 사용하는 경향이 있다. 또한 최근에 발생하는 신용카드범죄자들의 수법은 점차 전문화된 지식과 조직적으로 신용카드의 부정사용을 저지르고 있다. 특히 카드회사 직원과 공모하여 회원의 정보를 빼내거나 외국의 전문카드범죄자들과 손잡고 매출전표를 허위로 작성하거나 카드를 교묘히 위조하는 수법이 증가하고 있다.[225] 또한 카드 부정사용자들은 고도화된 전산지식을

---

223) 15 U.S.C. §1602(O): Unauthorized use means the use of a credit card by a person, other than the cardholder, who does not have actual, implied, or apparent authority for such use, and from which the cardholder receives no benefit.

224) 이들 범죄자 중에는 허위가맹점과 카드거래구조를 잘 아는 조직적 지능범들의 소행이 많다. *People v. Robertson* (1959)167 cal. app. 2d 571, 334 p2d 938사건과 People v. Keller (1958)165 cal. app. 2d 419, 332 p2d 174사건에서 법원은 카드회사를 기망하여 신용카드를 부정발급받아 사용한 피고에게 중절도죄(A charge of grand theft)와 사기죄(Charge of conspiracy to cheat and defraud)로 처벌하였다(24 ALR 3D 999).

225) 「法律新聞」, 1997.1.2. p.9.

소유하고 있는 지능범들이라는 점도 그 특징 중의 하나이다.

Ⅱ. 中國의 信用카드 不正使用의 特徵

신용카드 부정사용은 신용카드를 이용하여 대금결제를 하는 과정에 있어서 발행은행, 가맹점 및 카드소지인에게 발생 가능한 비정상적인 경제손실을 끼치는 것을 말한다.[226) 신용카드 부정사용을 통제하는 목적은 발행은행, 가맹점 및 카드소지인의 경제적인 손실을 피하거나 감소시키고, 국가재산 및 은행자금의 안전을 보장하며, 발행은행, 가맹점 및 카드소지인 등 세 당사자의 합법적인 이익을 보호하기 위한 것이다. 신용카드 부정사용의 특징을 보면 아래와 같다.

---

226) 70년대 말부터 신용카드는 선진적인 금융도구로서 중국에서 사용되기 시작했다. 최근 조사결과에 의하면, 2002년 9월까지 중국은 은행카드 4억 장 넘게 발급하였고 신용카드 8,100여만 장을 발급하였다. 그러나 신용카드 발급증대에 따른 부정사용은 중국의 정상적인 금융질서를 교란시키고 있다. 대만은 2000년 신용카드 부정사용으로 인한 손실이 30억 新臺幣가 되고, 또한 중국 대륙은 매년 신용카드의 부정사용으로 인한 손실이 1억 위안 이상이 된다. 陳晶晶, "中國信用卡之路", 金融与法制, 2003年 第12期.

1. 광범위성

첫째, 카드소지인의 범위가 넓다. 신용카드는 대중적인 지불도구이
므로 일정한 경제수입이 있는 각계 인사들은 모두 신용카드를 이용
하여 소비할 수 있다. 그러므로 카드소지인이 많을수록 부정사용의
가능성도 크다.

둘째, 신용카드의 유통범위가 넓다. 신용카드는 해당 지역에서만
사용되는 것이 아니고 지역을 넘어 전국 어디에서나 사용될 수 있기
때문에 부정사용 영역이 국내와 국외를 불문하고 광범위하다.227)

셋째, 관련된 당사자가 많다. 신용카드의 대금결제과정은 발행기
관, 대리점, 현금인출지점, 가맹점, 가맹점의 발행은행 등과 관련된
다.228) 따라서 어느 한 부분에서 착오가 생겨 문제가 발생되면, 신용
카드의 부정사용이 발생될 가능성이 있다.229)

---

227) 신용카드를 위조하거나 신용카드를 부정 사용하는 범죄자들은 법적
책임을 회피하려고 주로 국제화 '전략'을 취하고 있다. 신용카드를 제
조한 원자재, 신용카드의 내부자료의 도취, 위조된 신용카드의 사용
등은 모두 서로 다른 지역에서 진행된다. 아시아 국가에서 사용할 수
도 있고 심지어 유럽 지역에서 사용할 수도 있다. 따라서 이런 부정
사용은 국가에 큰 손실을 초래할 뿐만 아니라 사법기관에서도 이를
처리하기가 힘들다. 예컨대, 2001년 중국 廣東JKI사건에서, 범죄자들
은 홍콩, 독일 등 지역에서 신용카드 내부자료를 도취하고 珠海에서
신용카드를 위조하였으며, 영국, 호주, 말레이시아 등 지역에서 사용
하였다. 盧松著, 「金融領域犯罪問題硏究」, 經濟管理出版社, 2000年,
第194頁; 朱偉琳, "信用卡詐騙罪及其防止對策", 對外經濟貿易大學法
學碩士論文, 2005年1月, 第19頁.
228) 李興智・許明朝, "對信用卡風險問題的硏究", 濟南金融 第4期, 2003年.
229) 白力, 전게서, 第73頁.

2. 부정사용의 방식 및 방법의 다양성[230]

첫째, 관리 및 유통과정에서의 신용카드 부정사용은 다양한 방식으로 행해지고 있다. 예컨대, 발행기관이 카드소지인의 신용도에 대해 엄격한 심사를 하지 않는 경우, 카드소지인의 현금대출서비스에 대해 적절한 통제를 하지 않거나 지불정지를 신속하게 처리하지 않는 경우, 그리고 가맹점이 카드소지인의 인적사항(주민등록), 한도초과, 서명 등을 확인하지 않는 경우 등을 들 수 있다.

둘째, 신용카드범죄자는 신용카드를 이용하여 악의의 현금대출서비스를 받거나 사기행각을 벌이는 경우가 많다. 예컨대, 주민등록증을 위조하고 경제상황(자금)을 허위로 보고하여 신용카드를 발급받거나, 분실된 카드를 이용하여 부정 사용하거나 기망 및 편취를 하는 경우, 가맹점 및 현금인출지점 직원과 공모하여 위조된 신용카드로 대금을 결제하거나 위조된 신용카드를 만드는 경우 등이 이에 해당한다.[231]

---

230) 실무적인 측면에서 볼 때, 신용카드 부정사용은 주로 다음과 같이 두 가지 방식에 의해 행해지고 있다. 하나는 위조된 신용카드를 이용한 부정사용이고, 다른 하나는 악의의 현금대출서비스이다. 그중 위조된 신용카드를 이용한 부정사용의 비율이 더 높다. 중국에서는 신용카드를 발급할 때 반드시 은행에 예금계좌가 있어야 하는데 위조된 신용카드는 이런 예금계좌가 없기 때문에, 범죄자가 위조된 신용카드를 한 번만 사용한다 하더라도 부정사용으로 얻은 금액은 엄청나게 크므로 가맹점, 발행은행, 카드회원에게 큰 손실을 준다. 최근에는 신용카드의 빈번한 사용으로 악의의 현금대출서비스를 받는 사람도 점점 많아지고 있다. 皮勇, "信用卡詐騙: 手段翻新 法律亦更新", 檢察日報, 2003年2月21日.

231) 楊德勇, 전게서, 第56-57頁.

第1節 信用카드 不正使用의 類型

Ⅰ. 序 說

분실하거나 도난당한 카드(hot card)를 취득한 타인이 권한 없이 이를 부정 사용(unauthorized card)하여 상품이나 용역을 제공받은 경우 '누가 그에 대한 책임을 부담하여야 하는가?'가 중요한 문제로 대두되며, 더불어 그에 대한 다양한 부정사용유형의 문제도 함께 제기되게 되었다.

부정사용의 유형으로는 회원이 지급능력이나 지급의사가 없음에도 불구하고 신용카드를 발급받는 경우가 가장 문제 되며, 그 밖에도 회원 본인에 의한 부정사용, 회원 이외의 타인에 의한 부정사용, 제3자에게 카드를 대여·양도하여 가맹점과 함께 부정사용을 공모하는 경우,232) 카드의 위조·변조에 의한 부정사용, 실질적인 물품판매 없이 가맹점과 공모하여 허위전표를 작성한 후 카드회사로부터 대금을 취득하는 경우, 타인 카드를 절취하거나 습득한 후 가맹점에서 상품

---

232) 吉原省三·池田道夫外, 전게서, pp.321-328.

을 구입하는 경우, 회원 본인에 의한 무효카드·유효카드의 부정사용, 회원과 카드회사로부터의 부정취득 등이 있다.[233] 특히 미국과 유럽, 일본 등 선진국에서 발생하는 신용카드 위조에 의한 부정사용이 한국과 중국에서도 등장하기 시작하였다. 현실적으로도 가맹점에 의한 매출전표할인과 도난·분실에 따른 타인 명의에 의한 부정사용이 가장 많이 발생하고 있다.

본 서에서는 한국과 중국의 경우에 회원 본인에 의한 부정사용, 회원 이외 제3자에 의한 부정사용, 가맹점에 의한 부정사용으로 크게 나누어 고찰하기로 한다.

Ⅱ. 韓國의 信用카드 不正使用의 類型

1. 會員本人에 의한 不正使用

회원 본인에 의한 부정사용은 예컨대, 이미 유효기간이 경과한 신용카드를 사용한 경우, 회원이 스스로 카드대금을 결제할 의사와 능

---

233) 神山敏雄, "クレジットカード濫用の刑事法上考察", 「經濟犯罪の研究」, 成文堂, 1991, p.293. 일본에서도 부정사용유형의 입법이 완전하지 않아 신용카드를 이용한 행위를 형법전과 관련하여 보완방안을 마련하는 것이 필요하다는 견해가 있다.

력도 없이 신용카드를 사용한 경우, 카드를 양도·대여·담보 제공
하여 제3자가 이를 사용하게 한 경우 등이 이에 해당한다. 신용카드
이용대금에 대한 지급의사나 능력도 없이 신용상태를 속이고,234) 카

234) 이런 경우, 사기죄가 성립하는지와 피해자가 구체적으로 누구인지 등
    문제가 발행하며, 독일과 일본은 사기죄의 성립 여부와 책임귀속문제
    의 처리에 있어 차이를 보이고 있다. 그 이유는 외형상 유자격자인 신
    용카드회원 본인에 의한 사용이므로 적법한 카드사용과 차이가 없고,
    가맹점은 카드거래 시 카드회사가 행하는 회원신용조사를 구체적으로
    하지 않고 물품을 판매하기 때문에 지급의사와 지급능력을 속이는 것
    이 가맹점을 기망하는 것이 될지 의문이기 때문이다. 또한 가맹점은
    명시적인 카드회원의 결격요건이 발생하는 것을 제외하고는 카드거래
    구조상 회원에게 신용판매를 거절할 수 없다. 신용판매의 경우에 카드
    회사는 가맹점에 대금상당액을 지급할 의무가 있기 때문에 사기죄의
    성립에 필요한 기망·착오·처분행위·재산손해·인과관계가 존재하
    는지도 의문이 있고, 사기죄의 성립요소를 회원, 가맹점, 카드회사의
    관계에서 보는 측면과 방법에 따라 서로 다른 이론구성이 가능하다는
    점 등이 지적된다. 독일의 학설은 신용카드 취득단계인 회원의 카드취
    득행위 시 사기죄의 인정 여부에 따라 학설이 긍정설과 부정설로 나
    뉘어 있다. 긍정설은 재산상 위험한 결과발생 가능성이 있다는 연방법
    원판례와 같은 근거로 재산가치가 있는 신용카드를 취득하는 행위가
    재산손해와 동질의 재산위험을 발생한다고 주장한다. 부정설은 신용카
    드회사는 카드가 사용된 후 가맹점에 거래대금지급을 할 경우에 손해
    가 발생하므로 카드발행 자체로는 재산상 손해인 구체적 재산상 위험
    은 발생하지 않고 카드회원이 신용카드를 악의로 취득했다 하더라도
    그 취득으로 재산상 손해와 같은 재산의 위험이 될 수는 없기 때문에
    사기죄로 처벌할 수는 없다고 주장한다. 또한 카드거래가 발생해야 카
    드회사에 대한 재산손해가 발생하고, 예정한 카드거래가 발생하지 않
    는 한 장래 재산손해의 가능성이 있더라도 현실적으로 발생하는 재산
    손해는 아니며, 카드회사의 재산손해는 없으므로 사기죄가 되지 않는
    다고 한다. 일본에서는 대부분 사기죄의 성립을 인정하고 있다. 카드사
    용대금을 지급할 의사와 능력이 없음에도 이를 가장하여 카드를 취득
    한 경우, 카드회사에 대한 사기죄가 성립한다고 보기 때문이다. 그러나

드회사를 기망하여 카드를 발급받은 것은 회원이 카드신청단계에서 자신의 신용에 대한 허위신고를 한 경우이므로 사기죄의 성립 여부와 책임귀속의 문제가 과제로 등장하게 된다. 사기죄 불성립설도 있지만, 회원의 이용대금 지급의사와 능력도 없는 상품구입행위 자체는 '무전취식'과 같이 독립하여 사기죄가 성립된다고 볼 수 있다.[235] 이 경우, 카드가맹점이 피기망자이며 카드발행회사를 피해자라 할 수 있다. 또한 회원은 신용카드 발급 시 카드회원가입신청서를 정확히 기재해야 한다. 그러나 카드회원이 허위로 가입신청서를 기재하거나 카드회사담당자와 공모하여 신용카드를 발급받기도 한다.[236]

부정설의 견해는 신용카드는 카드회사의 소유지만 카드 자체의 경제적 가치는 매우 적다. 또한 카드회원의 자격은 카드를 사용할 때까지는 추상적이며, 구체적으로 카드회사에 손해가 발생하지 않았기 때문에 사기죄는 성립되지 않는다고 주장한다. 金大圭, 전게논문, pp.118-121.

235) 金文煥, "크레디트카드의 無斷使用", 「法律新聞」, 第1610號, 1985.10.28, p.12; 서울 형사지방법원 판결 1982.10.15, 82고단4357.

236) 이런 경우, 사기죄와 배임죄 그리고 사문서위조죄로 처벌할 수 있는지의 문제가 제기된다. 첫째, 사기죄의 성립요소로 기망행위, 착오, 처분행위, 재산상 이익의 취득이 존재해야 한다. 사기죄는 재물의 교부나 재산상 이득을 취득해야 기수가 되므로 신용카드로 가맹점에서 물품을 교부받아야만 기수가 된다. 따라서 카드신청행위만으로 사기죄로 처벌할 수 없다. 둘째, 카드회사의 입회신청 담당직원이 카드회원이 되고자 하는 자와 공모하여 허위로 부정하게 카드를 발급한 경우는 배임죄로 처벌할 수 있는지 문제가 된다. 배임죄는 타인의 사무를 처리하는 자가 그 위임에 위배되는 행위로 재산상 이익을 취득하거나 제3자로 하여금 이를 취득하게 하여 본인에게 손해를 가하는 것을 내용으로 하는 범죄이며, 보호법익은 소유권 기타의 본권 및 재산상의 이익이다. 그래서 이런 경우는 배임죄로 처벌할 수 있다. 셋째, 가입신청서의 허위기재행위는 사문서위조죄에 해당되는지 논의된다. 문서위조죄는 행사할 목적으로 권리·의무 또는 사실증명에 관한 타인의 문

또한 회원이 신용카드를 타인에게 양도, 질권 설정하는 것을 회원 약관과 여신전문금융업법에서 금지하고 있으며, 위반한 자는 1년 이하의 징역이나 1천만 원 이하의 벌금에 처한다고 규정하고 있다.[237]

이러한 경우에는 모두 회원의 불법행위가 성립하는 것이므로 이로 인하여 발생한 손해는 당연히 회원 본인이 부담하여야 한다. 따라서 카드의 부정사용에 따른 손실부담의 문제로 다룰 실익이 없다.

2. 加盟店에 의한 不正使用

가맹점에 의한 카드의 부정사용은 예컨대, 가맹점이 물품을 판매한 매출전표의 금액을 변조하여 카드회사에 부당 청구하는 경우[238]와 정당한 매출전표 외에 회원 몰래 백지매출전표에 회원의 서명을 받은 후, 이 백지매출전표에 금액을 기입한 후 부당 청구하는 경우, 그리고 매출을 가장한 매출전표의 작성 또는 실제거래액을 초과하여 작성된 매출전표에 의한 대금청구 등이 이에 해당할 수 있는데, 이

서 또는 도서를 위조 또는 변조함으로써 성립하는 범죄이다. 타인 명의를 모용한다는 것은 동일성의 사칭으로 실질적인 명의인에 대한 착오를 발생하게 하는 행위이다. 이렇게 본다면 신용카드가입신청서는 사실증명에 관한 사문서이며, 허위로 기재하면 사문서위조죄의 객체가 된다. 따라서 고의로 신용카드가입신청서를 허위로 기재하면 사문서위조죄로 처벌할 수 있다. 金大圭, 전게논문, p.125.
237) 여신전문금융업법 제15조, 제70조 제3항 제1호.
238) 이러한 행위는 여신전문금융업법에 의하여 3년 이하의 징역 또는 2천만 원 이하의 벌금에 처해질 수 있다.

168

들 경우는 모든 가맹점 자신의 불법행위가 성립하여 이로 인한 손해
는 당연히 가맹점이 부담하여야 하므로 손실부담의 문제로 특별히
다룰 실익은 없다. 최근에는 사채업자가 특정 카드가맹점과 공모하
여 허위로 카드매출을 대량으로 발생시켜 현금을 조성한 후 금전이
필요한 사람들에게 비싼 이자를 받고 대출해 주는 불법행위, 즉 카
드할인239)이 등장하기도 하였다.

---

239) 카드할인 이용이 확산된 원인은 수요 측면과 공급 측면 모두에서 찾
아볼 수 있다. 먼저 수요 측면을 살펴보면, 2002년부터 금융기관의 대
출정보 집중·관리대상을 확대하고, 신용카드사가 회원에 대한 현금서
비스 한도를 축소함에 따라 현금서비스만으로 급전수요를 충족시킬
수 없게 된 회원들 중 상당수가 신용카드 결제서비스(물품구매)한도를
현금화하는 소위 카드할인을 통해 자금조달을 하게 되었다. 한편, 공
급 측면에서는 현금서비스 축소에 따라 연체대납을 주 수입원으로 하
던 대부업체들이 현금서비스 한도를 이용한 자금회수에 어려움을 겪
게 되자, 기존의 연체대납 방식에서 신용리스크가 없는 카드할인 영업
방식으로 전환하게 되었다. 뿐만 아니라 2002.10.27 「대부업의등록및
금융이용자보호에관한법률」 시행에 따라 대부업체에 대한 수사당국의
단속이 강화되었고, 합법적으로 대부업을 경영하는 경우에도 연 66%
의 이율로는 신용불량자가 대부분인 사채 이용자들의 신용리스크를
커버하기가 어려워짐에 따라 많은 대부업자들이 리스크를 카드사로
이전시킬 수 있는 카드할인 영업으로 이동함으로써 카드할인이 급속
하게 확산되었다. 조성목, "신용카드불법거래 유형 및 대응방안-불법
신용카드 할인을 중심으로-", 계간 신용카드, 2004. 12, p.36.

3. 第3者에 의한 不正使用

(1) 도난이나 분실에 의한 부정사용의 경우

회원이 카드를 도난·분실한 경우에 타인이 습득하여 불법적으로
카드를 사용함으로써 발생하는 부정사용의 유형이다.[240] 최근에는
카드발행회사의 보상제도를 악용하여 회원 본인이 사용하고, 허위로
도난 또는 분실신고를 하여 보상받는 Moral Risk가 증가하고 있는
추세이다.[241]

---

240) *People v. Von Hecht*(1995); 피고인은 진정한 명의인 Roman으로부터
카드를 대여 받아 $285 상당의 물품을 구입하기 위해 카드를 제시하
였으나, 후에 체포될 것을 두려워한 나머지 카드사용을 중지한 사건이
다. *People v. Perry*(1964); 피고인이 단지 그 신용카드의 소지자가 부
적법하고 관할 지역 내에서 사용한다는 사실을 인식하고 행동한 것으
로 절도죄의 성립이 충분하다고 하였으며 절취행위가 동일한 州에서
발생하였을 것도 요하지 않는다고 하였다. Richardson v. State(1967);
법원은 피고인이 타인 명의의 비자카드를 사용하여 $107.20의 서비스
를 제공받은 행위에 대하여 중절도를 선고하였다. *Johns v. State*(1982);
부친의 신용카드를 훔쳐 적법한 카드소지인 것처럼 또한 그 카드를
행사할 권한이 있는 것처럼 가장하여 물품 구입과 서비스를 제공받은
경우, 피고인의 아버지로부터 변상이 있거나 신용카드회사에 의해 가
맹점이 보호되더라도 카드사용자인 피고인의 절도를 인정함에는 충분
하다고 판시하였다.
241) 李堯燮, "信用카드 不正使用 防止對策에 관한 考察", 「신용카드」第7
號, 1995.6, p.9.

(2) 신용카드 우송 중 타인의 절취에 의한 부정사용의 경우

신용카드의 전달과정에서 타인이 카드를 입수하여 불법적으로 사용하여 발생되는 부정사용의 유형이다. 일반적으로 회원의 주변인에 의하여 많이 발생된다.

미국의 경우 카드발행회사 간의 지나친 경쟁으로 신청하지도 않은 카드(unsolicited card)가 일방적으로 우송되는 과정에서 도난이나 분실되어 부정 사용되는 사례가 많이 있다.

일본의 경우는 수취인 부재나 주소변경으로 우체국에 반송되어 온 약 400매의 신용카드가 부정 사용된 사례,[242] 분실 신고된 신용카드가 조직적인 범죄조직을 통해 타 지방에서 사용된 사례가 있었다. 이러한 경우 신용카드의 부정사용에 관한 특별규정은 없으나 형법규정에 따라 처벌하고 있다.[243]

---

242) 日本産經新聞(夕刊) 1992年1月8日字 報道參照.

243) 타인소유의 신용카드를 자기카드인 것처럼 제시하고 물품대금을 지급할 의사가 없음에도 불구하고 지급할 것처럼 가장하여 가맹점으로부터 물품을 구입한 경우, 가맹점은 카드 부정사용자를 카드회원 본인으로 인식하고 거래대금은 카드회사로부터 지급받을 수 있으리라 믿어 판매행위를 하거나 서비스를 제공한 것이기 때문에 사기죄의 성립을 인정할 수 있다고 한다. 가맹점은 상품을 판매하여야 하고 거래대금을 카드회사로부터 지급받으므로 재산상의 손해가 없다고 볼 수도 있다. 그러나 사기죄의 성립에 재산상의 손해발생이 필요한가의 여부에 대해 손해발생이 필요하다고 하더라도 재물의 교부 또는 재산상의 이익의 제공 그 자체를 손해로 보는 것이 가능하므로 가맹점을 피해자로 보아도 무리가 없다고 한다. 또한 카드회사나 카드회원은 경제상의 피해자는 될지 몰라도 형법상의 피해자는 아니라고 한다. 藤木英雄, 「刑法各論」, 1990年, p.369.

(3) 신용카드의 위조·변조, 불법카드가맹점 개설에 의한 부정사용의 경우

신용카드를 위조·변조하여 일반 가맹점에서 불법적으로 사용하는 사례이다. 이 외에 카드번호 등 카드기재사항을 도용하여 허위매출전표를 작성하여 유통시키거나 불법가맹점을 개설하여 이루어지고 있는 부정사용의 경우도 있다.[244]

(4) 불법사채업자 자금 융통에 의한 부정사용의 경우

이 경우는 유일하게 한국에서만 발생하는 경우인데, 불법사채업자들이 회원에게 자금을 융통해 주면서 고액의 수수료를 선취하고 이를 신용카드에 의한 매출로 가장해 해당 매출전표를 사전에 결탁한 가맹점을 통해 카드회사에 청구하는 것으로 카드회사와 회원 모두에게 큰 피해를 줄 수 있는 가장 암적인 존재의 하나라 할 수 있다.

---

244) 辛宗錫, 전게논문, p.302.

Ⅲ. 中國의 信用카드 不正使用의 類型

1. 會員本人에 의한 不正使用

신용카드회원 본인에 의한 부정사용이란 신용카드회원이 발행은행에 이용대금의 지급의사나 능력도 없으면서 신용카드를 이용하여 물품을 구매하거나 현금인출 또는 현금대출 등 서비스를 받는 것을 말한다.

이러한 신용카드회원 본인에 의한 부정사용 사례는 대부분 카드회원이 신용카드회원약관을 위반하고, 신용카드를 남용하거나 악의의 현금대출서비스245)를 받는 등 카드회원의 악의에 의한 것이지만, 카

---

245) 악의의 현금대출서비스에 의한 부정사용은 카드소지인이 불법으로 발행은행의 자금을 점유하려는 목적으로 하는 현금대출서비스를 받는 행위를 말하고, 또는 자기 혹은 보증인이 상환능력이 없는 것을 분명히 알면서도 현금대출서비스를 받는 행위를 말한다. 악의의 현금대출서비스에 의한 부정사용은 특히 연속으로 신용한도 내에서 현금대출서비스를 받거나 소비하는 것이 주요 목적이다. 악의의 현금대출서비스는 다음과 같은 특징이 있다. 첫째, 목적이 명확하다. 신용불량자가 악의의 현금대출서비스를 받기 위한 목적이 명확하다. 즉 불량 카드소지인들은 발행기관의 자금을 획득하여 자기의 경제실력과 어울리지 않는 물품을 구매하거나 소비하고 현금대출서비스 금액을 상환하지 않는다. 둘째, 수단이 열악하다. 즉 대부분 신용불량자는 신용한도 내에서 수차례 소비하거나 현금을 인출하는 방법으로 발행기관의 감독을 회피하고 악의의 현금대출서비스를 받는다. 셋째, 행동이 신속하다. 대부분 신용불량자는 발행기관의 결제절차를 파악하고 있다. 즉 신용

드회원이 신용카드를 신청 혹은 사용할 때는 신용도[246]가 높고, 또한 일정한 수입이 있었으나 상품을 구입하거나 현금대출서비스를 받은 후 예상하지 못했던 실업이나 파산 등 사정이 발생하여 야기되기도 한다. 이러한 경우, 카드회원이 상품구매 또는 현금대출서비스 대금을 지급할 수 없으면 발행은행이 결국 손실을 입게 된다.

불량자가 현금대출서비스를 받으면, 발행기관이 이를 언제 발견할 수 있는지에 대해 잘 파악하고 있다. 그러므로 신용불량자는 짧은 시간 내에 비행기 또는 기차 등 교통수단을 이용하여 다른 지역에서 소비를 하거나 현금을 인출한다. 넷째, 금액이 크다. 악의로 현금대출서비스를 받는 자는 일반적으로 중국 돈으로 10,000 위안 이상으로 물품을 구입하거나 소비한다. 다섯째, 손해배상을 받기 어렵다. 대부분 신용불량자는 다른 지역에서 현금대출서비스를 받고 본 지역에 오랫동안 들어오지 않는다. 그러므로 발행기관은 카드소지인과 연락하지 못하고 대출해 준 금액을 받지 못한다. 白力, 전게서, 第75頁.

246) 중국에서 신용도는 資審이라고 부른다. 신용카드의 신용도심사란 발행기관에서 신용카드를 신청하는 단위, 개인 및 담보물의 기본 조건, 자금, 신용, 경제상황 등을 전면적으로 심사·조사하는 것을 말한다. 신용카드는 다른 금융업과 같이 부정사용 악의의 현금대출서비스 현상이 종종 발생한다. 그러므로 상업은행에서 신용카드를 발급할 때 신용도심사를 매우 엄격히 하고 있다. 신용카드는 말 그대로 신용을 특징으로 사용된 대금지급도구라고 볼 수 있다. 중국의 신용카드는 고유의 특색(Deferred 직불카드)이 있으므로, 발행기관에서 신청인의 신용도를 심사할 때 신청인의 통장개설예금총액, 보증금 등 자금만을 엄격하게 규정하고, 신용을 소홀하게 하면 신용카드는 진정한 신용으로 사용된 대금지급도구의 역할을 상실하게 된다. 따라서 발행기관은 신청인의 신용도를 잘 심사하여야 한다. 법인카드의 신용도는 신청 단위의 경제 성질, 유형, 효익 및 관리, 개인카드의 신용도는 신청인의 직업 및 행태 등을 고려하여야 한다. 中國工商銀行信用卡業務部, 「中國工商銀行信用卡优秀論文集」, 中國經濟出版社, 1994年10月, 第179頁.

2. 加盟店에 의한 不正使用

가맹점에 의한 부정사용은 불법으로 개설된 가맹점 혹은 가맹점 직원이 물품을 판매한 매출전표의 금액을 변조하여 발행은행에 부당청구를 하는 행위를 말한다. 이런 유형의 부정사용은 다음과 같은 특징이 있다.

첫째, 카드소지인의 유효한 신용카드를 복제하여 매출전표를 작성하고 발행기관에 부당청구를 한다.

둘째, 불법범죄자와 공모한다.

셋째, 불법으로 개설된 가맹점에 카드단말기를 설치한다.

넷째, 불법범죄자에게 유효한 신용카드와 관련된 자료 혹은 '지불정지 명단'247)을 제공한다.

다섯째, 카드소지인 몰래 백지매출전표에 카드소지인의 서명을 받아 이 백지매출전표에 금액을 기입한 후 부당청구를 한다. 또 매출을 가장하여 매출전표를 작성한 후 발행은행에 부당청구를 한다.248)

---

247) 중국은 현대화 통신기술이 뒤떨어져 있고, 또한 발행은행은 신용카드를 발급할 때 컴퓨터를 활용하지 못하고 있다. 그리고 발행은행과 가맹점 간에 네트워크가 형성되어 있지 못하므로 범죄자들은 지불정지 명단이 발행은행에서 가맹점으로 전달하는 동안 도난·분실된 신용카드를 이용하여 물품을 구입하거나 용역을 제공받는다. 范欽建, 「銀行信用卡」, 經濟管理出版社, 1994年5月, 第118頁.
248) 楊德勇, 전게서, 第58-59頁.

3. 第3者에 의한 不正使用

(1) 도난·분실에 의한 부정사용

도난·분실에 의한 부정사용은 합법적인 카드소지인이 신용카드를 도난·분실한 경우에, 타인이 이를 습득하여 불법적으로 카드를 사용함으로써 발행기관 혹은 카드소지인에게 손실을 주는 것을 말한다. 도난·분실에 의한 부정사용[249]은 현재 국내외 신용카드 부정사용에서 상당한 비중을 차지하고 있다.[250]

---

249) 도난·분실로 인한 부정사용은 주로 아래와 같은 원인에 기인한다. 첫째, 기술적인 문제이다. 기술적인 측면에서 볼 때, 발행은행은 위조를 방지하는 기술과 도난을 방지하는 기술이 많이 뒤떨어져 있어 이에 대한 개선책이 필요하다. 또한 발행은행의 내부 직원 및 가맹점 직원의 자질을 높여야 하며, 카드회원도 신용카드의 자료가 노출되지 않도록 주의를 다하여야 한다. 둘째, 이 유형의 부정사용은 대부분 카드회원의 부주의로 인해 야기되고 있다. 신용카드는 외형상 작지만 지불도구로서 사용되기 때문에 카드회원은 신용카드를 소지(점유) 및 사용할 때 선량한 관리자의 의무를 다하여야 한다. 周偉, 전게논문, 第19頁; 馬春峰, 전게서, 第128頁.

250) 도난·분실에 의한 부정사용의 특징을 보면 다음과 같다. 첫째, 합법적인 카드소지인의 유효한 서명을 모방한다. 둘째, 합법적인 카드소지인의 서명을 수정한다. 셋째, 불법으로 합법적인 카드소지인의 유효한 비밀번호를 이용하여 ATM 혹은 POS기에서 부정으로 사용한다. 넷째, 불법으로 합법적인 카드소지인의 신용카드 및 비밀번호를 수령한다. 范欽建, 전게서, 第118頁.

(2) 신용카드 위조·변조에 의한 부정사용

신용카드범죄자는 각종 수단, 특히 첨단기술을 이용하여 신용카드를 위조·변조하여 일반 카드가맹점에서 불법적으로 사용한다. 발행은행은 이런 위조·변조된 신용카드로 인해 발생한 손해를 부담함으로써 많은 손실이 생기고 있다. 이런 부정사용은 특히 새로 신용카드업무를 시작한 지역 및 발행은행에서 비교적 많이 발생한다.[251]

(3) 허위의 신용카드 분실신고에 의한 부정사용

신용불량자는 발행은행이 신용카드 분실신고 시효를 규정하는 기간의 차이, 그리고 '지불정지 명단'을 전달하는 과정에서 생긴 시차를 이용하여 자신의 신용카드와 신분증이 분실되었다고 허위로 신고하는 동시에 신용한도 내에 대량으로 현금을 인출하거나 물품을 구입한다. 매출전표에서 서명을 할 때 고의로 서명을 모방하여 서명한다.[252]

---

[251] 신용카드 위조·변조에 의한 부정사용은 아래와 같은 특징을 가지고 있다. 첫째, 타인의 주민등록증을 이용하여 신용카드를 발급받는다. 둘째, 다른 기업 단위의 사업자등록증을 이용하여 신용카드를 발급받는다. 셋째, 위조된 자료 및 증명서류를 이용하여 신용카드를 발급받는다. 넷째, 직원들에게 월급을 준다는 명의로 불법적으로 신용카드를 대량 발급받는다. 다섯째, 발행은행에서 발행한 신용카드를 모방하여 불법으로 신용카드를 발행(제조)한다. 여섯째, 불법으로 발행은행에서 발행한 신용카드 혹은 발행되지 않는 신용카드에 대해 재제조하거나 신용카드의 위조방지 표시를 다시 제조한다. 白力, 전게서, 第74頁.

(4) 발행기관에 의한 부정사용

발행기관에 의한 부정사용은 발행은행 내부의 직원이 직무상의 지위를 이용하여 발행은행 외에 불법범죄자와 공동으로 신용카드를 불법으로 사용하는 것을 말한다. 예컨대, 발행은행에서 고의로 불법범죄자의 신용도를 제대로 심사하지 않고 신용카드를 발급하는 경우가 있다. 신용카드업무를 운영하는 프로그램을 수정하여 카드소지인과 발행은행의 돈을 인출하는 경우도 있다. 발행은행 내부 직원이 회수된 유효기간이 지난 신용카드를 남용하는 경우도 있다.[253]

---

252) 허위의 신용카드 분실신고에 의한 부정사용은 다음과 같은 특징이 있다. 첫째, 이러한 부정사용은 주로 신용카드 분실신고 시점부터 '지불정지 명단'이 전달될 때까지 발생한다. 둘째, 카드소지인은 분실신고를 한 후 다른 장소 혹은 신용카드를 재발급받을 때 분실된 신분증을 이용한다. 白力, 전게서, 第76頁.

253) 발행기관에 의한 부정사용은 다음과 같은 특징을 가지고 있다. 첫째, 불법으로 신용카드를 발급하거나 이미 발급된 신용카드를 절취한다. 둘째, 내부 직원과 외부 불법범죄자가 공모하여 신용한도액을 설정한다. 셋째, 컴퓨터에 들어 있는 회원의 개인정보를 수정한다. 넷째, 고의로 '지불정지 명단'을 전달하는 시간을 연장한다. 다섯째, 불법범죄자에게 관련 서류를 제공한다. 예컨대, 컴퓨터 프로그램 및 패스워드 등 자료를 제공하는 경우를 들 수 있다. 白力, 전게서, 第77頁.

Ⅳ. 小 結

회원 본인에 의한 부정사용에 대해 한국과 중국은 비슷한 내용을 규정하고 있다. 즉 회원이 스스로 카드대금을 결제할 의사와 능력도 없이 신용카드를 사용하는 경우가 그것이다. 또한 회원이 신용카드를 타인에게 양도 및 질권을 설정하는 것도 금지하고 있다.

가맹점에 의한 카드의 부정사용은 가맹점이 물품을 판매한 매출전표의 금액을 변조하여 카드회사에 부당 청구하는 경우와 정당한 매출전표 외에, 회원 몰래 백지매출전표에 회원의 서명을 받은 후 이 백지매출전표에 금액을 기입하여 부당 청구하는 경우를 말한다. 최근, 한국에서 신용불량자가 많아지자 금융기관에서 대출정보 집중·관리 대상을 확대하면서, 사채업자가 특정 카드가맹점과 공고하여 허위로 카드매출을 대량으로 발생시켜 조성한 현금으로 급전이 필요한 사람들에게 비싼 이자를 받고 대출해 주는 카드할인, 즉 카드깡이 확산되고 있다. 한편 중국에서는 가맹점과 발행기관 간에 네트워크가 형성되어 있지 않기 때문에 가맹점이 불법범죄자와 공모하여 발행은행에 부당청구를 한다.

제3자에 의한 부정사용에 있어 도난이나 분실에 의한 부정사용의 경우, 그리고 위조·변조에 의한 부정사용의 경우에 한국과 중국이 거의 비슷하다. 단, 한국의 신용카드 발전 속도에 비추어 볼 때, 발행기관 간의 지나친 경쟁으로 신청하지도 않은 카드가 일방적으로 우송되는 과정에서 도난이나 분실되어 부정 사용되는 사례가 많다. 반면, 중국은 신용카드 발전 속도가 느리고 또한 네트워크가 잘 형성되어 있지 않아, 카드소지인은 '지불정지 명단'을 전달하는 과정에서 생긴 시차를 이용하여 자신의 신용카드가 분실되었다고 허위신고를 하는 경우가 많다.

第3節 不正使用에 따른 損失負擔
에 관한 比較法的 考察

Ⅰ. 韓國의 경우

여신전문금융업법에서는 신용카드업자가 회원으로부터 신용카드의 도난·분실 등 통지를 받은 때에는 그때부터 해당 회원에 대하여 신용카드 사용으로 인한 책임을 부담한다고 규정하고 있다.[254] 신용카드의 사고신고 통지 이후에는 카드회사부담주의[255]를 원칙으로 하고 있으나, 이 규정만으로는 카드의 도난·분실 통지 전의 부정사용으로 인한 손실부담의 문제를 완전히 해결할 수는 없다.[256] 따라서 이하에서는 부정사용에 따른 손실부담의 문제를 구체적으로 살펴보기로 한다.

---

254) 여신전문금융업법 제16조 제1항.

255) 본 서에서는 '카드회사부담주의' 대신 '발행인부담주의' 같은 용어도 같은 뜻으로 사용한다.

256) 미국에서도 이에 대한 입법적 해결을 시도하였으나, 아직 해결해야 할 문제가 남아 있다(R. D. Lester, Unauthorized Use of Credit Cards and some related Question: What Problems Remain? 62 Kentucky L. J., 1974, p.881).

1. 카드會社의 損失負擔

　카드회사는 장기간에 걸친 막대한 금액의 카드거래실적을 바탕으로 카드의 부정사용에 따른 손실비용을 정확히 산정할 수 있고, 카드제도 자체의 주도적인 입장에 있으므로 손실을 최소화하는 데 적절한 지위에 있다. 따라서 카드회사는 손실을 최소화할 수 있는 가장 적합한 당사자이며, 이러한 의미에서 카드회사손실부담의 법리가 타당하다고 생각된다. 이에 대한 좀더 구체적인 이유를 살펴보면 다음과 같다.

　첫째, 카드회사는 카드의 분실, 부정사용의 원인이나 손해액, 부정사용횟수 등 정보를 용이하게 취득할 수 있는 지위에 있고, 부정사용방지기술이나 방법을 개발할 수 있다. 또한 카드회사는 회원과 가맹점을 선별하여 채택할 수 있으므로 부정사용방지를 위한 노력을 한다면 비용을 감소시킬 수 있는 가장 유리한 위치에 있다. 둘째, 카드회사는 인수한 손실을 가맹점수수료, 회원회비로 충당하여 많은 사람들에게 분산시킬 수 있다.[257] 셋째, 카드회사는 카드거래를 통해 직접적으로 이윤을 추구하므로' 안전하게 거래를 할 수 있도록 해야 하는 의무가 있는바, 경제적 강자인 카드회사가 손실을 부담한다면 경제적 약자인 소비자보호가 실현된다.[258] 일반서민가정의 회원에게 갑자기 도난·분실에 따른 과다금액을 부담시키는 것은 적절하지 않다.

---

257) 鄭東潤, 전게논문, p.238.
258) John C. Weistart, Consumer Protection in the Credit Card Industry: Federal Legislative Controls, 70 Mich. L. Rev., 1972, pp.1509－1511.

손실부담을 위한 제도로 보험을 이용할 수도 있다. 카드의 부정사용 시에 대비하여 보험가입을 통해 보험회사에 손실을 귀속시키는 방법으로 위험을 분산시킬 수 있는 것이다.[259] 그러나 위와 같이 신용카드의 부정사용으로 인한 손실을 일방적으로 카드회사에 부담시키거나 보험에 의하여 분산시킨다면, 회원이 카드의 도난·분실 신고를 해태할 우려가 있고, 그 결과 사회적 비용이 증가하게 되거나 보험료가 상승하게 되는 문제점이 발생할 수도 있다. 이러한 문제점을 방지하기 위하여 회원에게도 일정금액을 한도로 하여 책임을 부담시킬 필요성이 제기되는데, 이를 통하여 효율적으로 회원의 카드 소지와 보관에 대한 주의의무를 강화시킬 수 있고 보험료의 상승도 억제할 수 있다고 생각된다.[260]

2. 카드所持人의 損失負擔

회원에게 일정한도에서 책임을 부담시키기 위해서는 원칙적으로 과실책임의 원칙에 따라 회원이 책임을 부담하여야 한다. 하지만 과실책임주의에 따른다 하더라도 카드를 분실하거나 도난당한 것을 회원의 과실로 보아서는 안 된다.[261] 따라서 회원이 적어도 현금과 같

---

259) 鄭東潤, 전게논문, p.243.
260) 崔基元, 「어음·手票法」, 博英社, 1996, p.879.
261) 李信燮, "크레디트카드에 관한 法律問題", 裁判資料 第32輯, 法院行政處, 1986, p.284.

184

은 정도의 주의를 기울여 카드를 보관하였음에도 불구하고 카드를 도난·분실한 경우에는 회원에게 과실책임을 부담시킬 수 없다고 보아야 한다. 그러나 이러한 경우에라도 회원은 이 사실을 신속히 카드회사에 신고[262]하여 손실확대를 방지하여야 할 의무는 있다.[263] 따라서 회원이 이를 위반하여 손실이 발생하였다면 회원은 과실책임의 원칙에 따라 부정사용에 따른 손실부담을 하여야 한다.

그리고 회원에게 카드의 분실, 도난에 대한 중대한 귀책사유가 있는 경우에는 회원에게 책임을 묻는 것이 타당하다. 예컨대, 회원의 고의

---

262) 비씨카드의 신용카드회원약관(개인용)에 의하면, 신용카드회원은 신용카드를 분실하거나 도난당한 경우 즉시 은행에 신고하여야 하고, 은행은 이러한 신고접수 즉시 신고접수자, 접수번호, 신고시점 등 접수사실을 확인할 수 있는 사항을 신용카드회원에게 알려주어야 하며, 신용카드회원은 동 안내사항을 확인하여야 한다(동 약관 제19조 제1항). 이러한 절차를 이행한 신용카드회원은 분실·도난신고 접수일로부터 60일 전 이후(현금인출, 현금서비스 및 제6조 제2항에서 정한 거래의 경우는 신고시점 이후)에 발생한 제3자의 신용카드 부정사용금액에 대해서는 신용카드회원의 일정한 과실사유를 제외하고 은행으로부터 보상을 받을 수 있다. 다만, 신용카드회원은 은행이 정한 양식에 의해 보상신청을 접수하여야 하고, 카드 1매당 최고 2만 원의 부정사용조사수수료를 부담하여야 한다(동 약관 제19조 제2항). 한편, 분실·도난신고 접수일로부터 60일 전 이전에 발생한 제3자의 카드 부정사용금액에 대하여 신용카드회원이 위 과실사유가 없었음을 입증하여 보상신청을 하는 경우 은행으로부터 보상을 받을 수 있다(동 약관 제19조 제3항).
263) 가맹점에는 원활하고 유효한 카드거래를 위하여 적어도 카드이용자와 회원이 동일한지, 카드상의 서명과 매출표상의 서명이 일치하는지, 신용카드의 유효성이 인정되는지의 여부를 확인하여야 할 주의의무가 있다. 따라서 그 확인에 과실이 있으면 책임은 가맹점이 부담하여야 하며, 이 경우 회원이 카드회사에 카드의 도난·분실의 신고를 하기 전일지라도 가맹점이 책임을 져야 한다. 鄭東潤, 전게논문, p.239.

또는 중대한 과실로 인한 부정사용의 경우, 카드의 대여·양도·담보제공·불법대출 등으로 인한 부정사용의 경우, 회원의 가족, 동거인에 의한 부정사용 또는 이들이 관련하여 생긴 부정사용의 경우, 비밀번호 누설로 신용카드가 부정 사용된 경우 모두 회원이 책임을 져야 한다.

Ⅱ. 中國의 경우

1. 카드會社의 損失負擔

중국에서는 현행법상 신용카드의 사고신고 통지를 받은 후 발생한 손실에 대해 누가 책임을 부담하여야 하는가에 관한 구체적인 규정이 존재하지 않는다. 대부분 경우, 은행규장[264] 혹은 발행은행 내부에서 정한 약관에 의하여 부정사용에 따른 손실부담을 해결한다.[265] 1999년 3월 1일, 중국인민은행에서 공포·시행하고 있는 「은행카드

---

264) 중국의 법률체계는 헌법, 법률, 행정법규, 지방성법규, 자치조례 및 단행조례 등으로 구성되어 있다. 은행규장은 행정기관인 인민은행에서 공포한 것이므로 행정법규에 속하고 법적 효력이 있다. 중국의 법률체계에 관한 구체적인 내용은 "楊景宇, 十屆全國人大常委會法制講座第一講講稿－我國的立法体制、法律体系和立法原則", 2003.4.25.를 참고하면 된다.

265) 馬春峰, 전게서, 1998年5月第1版, 第128頁.

업무관리방법(이하에서 '방법'으로 약칭함)(銀行卡業務管理辦法)」266) 제52조 제5항에서는 발행은행의 의무를 다음과 같이 규정하고 있다. 즉 발행은행은 카드소지인이 신용카드를 분실한 후 신고할 수 있도록 상시 분실신고전화를 설치하여야 하고, 전화신고 및 서면신고 두 가지 신고방식이 있는데 서면신고가 정식 신고방식이며, 약관 혹은 관련 협의에서 발행은행과 카드소지인 간의 손실부담 귀책문제를 명확하게 규정하여야 한다고 명시되어 있다. 그러나 본 방법에서는 발행회사가 신용카드 부정사용에 따른 손실부담을 책임져야 한다고 규정하고 있지 않다.

현재 중국은 은행규장 혹은 각 발행은행 내부에서 정한 약관에 의하여 손실의 귀책문제를 해결하기 때문에 각 발행은행마다 분실신고 후의 손실부담에 대한 규정이 다르다.267) 방법 제56조는 "은행카드(신용카드) 신청서, 수령계약(領用合約)은 발행은행이 카드소지인에게 쌍방의 권리와 의무를 확정하는 계약성 문서이다. 카드소지인이 서명란에 서명을 하면 그 약속을 지키겠다는 것을 의미한다. 발

---

266) 銀行卡業務管理辦法은 은행규장으로서 법적 효력을 가지고 있다.

267) 예컨대, 신용카드 분실신고 시점부터 24시간1) 내에 발생한 손실은 카드소지인이 부담한다(中國工商銀行의 牡丹會員約款). 신용카드 분실신고 시점부터 익일 24시까지 발생한 손실은 카드소지인이 부담한다(中國銀行의 長城會員約款). 신용카드 분실신고 시점부터 36시간 내에 발생한 손실은 카드소지인이 부담한다(上海浦東銀行의 東方會員約款). 신용카드의 분실신고는 발행은행의 심사를 통과하여야 효력이 발생하기 때문에 효력 발생 전의 모든 손실은 카드소지인이 부담한다(中國建設銀行의 龍卡會員約款, 招商銀行의 會員約款). 신용카드 분실신고는 발행은행이 신고통지를 받은 시점부터 효력이 발생하고 모든 손실은 발행은행에서 부담한다(深圳發展銀行의 會員約款).

행은행은 권리·의무의 평등한 원칙에 근거하여 은행카드(신용카드) 신청서, 수령계약(領用合約)을 제정하여야 한다.”고 규정하고 있으나, 수령계약(領用合約)에서 분실신고 후 손실부담에 관한 조항이 모두 카드회사에만 유리하게 되어 있어 권리·의무의 평등한 원칙에 위배 된다고 보고 있다.268)

2. 카드所持人의 損失負擔

카드소지인이 신용카드를 분실한 후, 분실신고를 태만함으로써 손 실이 발생하였다면 카드소지인은 민법상의 과실책임원칙에 의하여 손실을 부담하여야 한다. 신용카드회원약관에 의하여 카드소지인은 아래와 같은 의무가 있다고 규정하고 있다. 예컨대, 카드소지인은 신 용카드를 타인에게 빌려주거나 양도하여서는 안 된다. 카드소지인은

---

268) 방법 제54조 제2항에서는 “카드소지인은 발행은행의 신용카드회원약 관 및 수령계약(領用合約)의 관련 조항을 준수하여야 한다.”고 규정하 고 있다. 그러나 방법에서는 카드소지인이 공정하지 않거나 합리적이 지 않는 조항에 대한 異議를 제기할 수 있는 권리를 규정하고 있지 않다. 중국 대만의 적지 않은 발행기관의 신용카드회원약관에서도 이 와 유사한 조항을 두고 있다. 신용카드 분실신고 후 24시간 이후에 발생한 모든 손실은 발행기관에서 부담하는데, 발행기관이 선량한 관 리자로서 주의의무를 다하였지만 24시간 내에 여전히 손실이 발생하 였다면, 카드소지인이 이 손실을 부담하여야 한다고 규정하고 있다. 台北법원은 이런 조항은 호혜평등의 원칙에 위반되기 때문에 무효라 는 판결을 내렸다. 史靜媛, 「网上銀行的監管現狀」, 國際金融研究, 1997 年第二期, 第56頁.

신용카드를 분실하거나 비밀번호가 유출되지 않도록 주의를 다 하여
야 한다.

Ⅲ. 기 타

1. 美 國

소비자보호의 요청과 신용카드의 부정사용에 관한 법의 공백을 메
우기 위하여, 1970년 10월 제정된 "은행기록 및 대외거래에 관한 법
률"(Bank Records and Foreign Transactions)은 "대부진실법"(Truth in
Lending Act: TILA)을 개정하여, 신용카드에 관한 규정을 추가·신
설하였다.

(1) 원칙적인 발행인부담주의

카드가 부정 사용됨으로써 발생한 손해는 발행人인 카드회사가
부담하는 것을 원칙으로 한다(Issuer-Liability System). 그러나 카드
소지인이 도난·분실 등 사고신고를 하기 전에 부정 사용된 카드이
용대금에 대해서는 소지인이 책임을 진다(liability until notice). 다만

예외적으로 카드소지인이 통지 전 카드의 부정사용액에 대하여 책임을 진다고 할지라도, 그 책임의 범위는 50달러에 한정되도록 하고, 그것도 다음과 같은 요건을 갖춘 경우에 한하여 책임을 지도록 하였다.[269] 첫째, 발행자가 손실부담책임에 관하여 소지인에게 적절한 통고를 하였을 것. 둘째, 도난·분실에 대비하여 발행인인 카드회사가 발행인의 주소가 적히고, 우표까지 첨부되어 있는 신고서를 카드소지인에게 공급하였을 것. 셋째, 가맹점이 카드사용자가 권한이 있는 자인가를 식별할 수 있는 수단을 가지고 있을 것. 따라서 이러한 요건을 갖추지 못한 경우에, 소지인은 50달러의 범위 내에서도 책임을 지지 아니하며, 발행인인 카드회사가 전적으로 손실부담을 하게 된다.

또한 사고신고는 카드소지인 스스로 할 필요는 없으며, 어느 누가 신고를 하였든, 카드회사가 그 카드의 부정사용의 사실을 알게 된 이상, 그 이후에는 소지인은 면책되고 카드회사가 손실부담의 책임을 진다.[270] 그 밖에 카드회사가 신청하지도 않은 자에게 일방적으로 카드를 발행하여 송부하였는데, 그 무신청카드(unsolicited card)가 부정 사용된 경우에는, 그 카드의 명의인은 카드이용 대금채무에 대해서는 아무런 책임을 지지 아니한다.[271]

---

269) TILA §133.
270) Truth in Lending Simplification and Reform Act §167.
271) TILA §132.

(2) 카드소지인이 책임을 지는 경우

위에서 설명한 것은 신용카드가 권한 없는 자에 의하여 부정으로 사용된 경우에, 소비자보호의 정신에서 카드발행인이 원칙적으로 그 카드이용대금에 대한 손실을 부담하여야 한다는 것이다.

따라서 만일 그 카드의 사용이 무권한자에 의한 부정사용이라고 볼 수 없는 경우에는, 발행인에게 책임을 부담시킬 것이 아니라, 오히려 소지인에게 그 책임을 묻는 것이 타당할 것이다. 그리하여, 첫째, 회원이 스스로 제3자에게 카드를 교부하고 그 사용을 지시한 경우. 둘째, 회원과 카드사용자의 관계로 미루어 그 카드의 사용이 사실상 또는 관습상 묵시적으로 사용자의 권한 내의 것이라고 인정되는 경우. 셋째, 그 카드의 사용자에게 사용의 권한이 있는 것으로 믿을 만한 외관이 있는 경우에는 부정사용이라고 볼 수는 없는 것이므로,[272] 카드소지인이 신용카드대금채무를 부담하지 않으면 안 된다고 본다. 왜냐하면 신용카드는 물품을 구입하거나 서비스를 제공받기 위한 증권이므로, 가맹점에 위와 같은 외관이나 사실관계가 있는 경우까지, 카드의 사용에 관하여 의심을 가질 것을 요구하는 것은 타당하지 아니하고, 회원도 카드를 제3자에게 교부한 때에는, 그 카드를 사용하여 광범위하게 물품이나 서비스를 구입할 것이라는 것을 예측하고 있었다고 보는 것이 타당하기 때문이다.

예컨대, 회원이 카드를 분실·도난당하였거나 또는 편취를 당한

---

272) 15USC §1602.

사유가 있어서가 아니라, 스스로 제3자에게 카드를 교부하고 사용하게 하였다면, 이는 부정사용이라고 볼 수 없고, 설혹 그 제3자가 카드를 남용했을지라도 회원 스스로 손실부담의 책임을 지지 않으면 안 된다.[273]

2. 英 國

영국에서도 소비자보호의 정신에 입각해서 카드소지인의 책임한도를 제한하는 등, 원칙적으로 발행인책임주의를 택하고 있다는 점에서 미국의 법제와 비슷하다.

(1) 소지인책임의 상한

1974년 소비자신용법(Consumer Credit Act 1974: C.C.A.)에서는 도난·분실 등으로 인하여 발생한 카드이용대금에 대하여, 카드소지인이 책임을 부담하여야 하는 한도를 30파운드로 제한하였다.[274]

특히 영국의 2대 카드회사인 Barclaycard와 Access의 경우에는, 한 걸음 더 나아가, 그 회원규약을 통하여 회원의 손실부담의 범위를 25파운드로 한정하고 있으며, 실무상으로는 도난·분실 등이 진정한

---

273) Martin vs. American Express Inc. (1978) 361. So. 2d 597.
274) C.C.A. §83(1).

사고인 경우에는 회원에게 전혀 그 책임을 묻지 않는다고 한다.

또한 카드소지인이 분실·도난 신고를 한 이후에 사용된 카드이용대금에 대해서는 소지인에게 책임이 없으며, 그 신고는 서면뿐만 아니라 구술로도 할 수가 있도록 하고 있다.[275]

(2) 소지인이 책임을 지는 경우

만일 회원이 제3자에게 신용카드를 교부하면서 그 사용에 동의한 경우라면, 그러한 회원까지 보호해 줄 필요가 없을 것이다. 따라서 회원규약으로 이를 회원의 부담으로 한다고 규정하고 있다면 그 약관은 유효하고, 따라서 이러한 경우에 회원은 무한책임을 지는 것으로 하였다.[276]

(3) 입증책임

카드회사가 카드이용대금 청구소송을 제기한 데 대하여, 회원이 부정 사용된 것임을 주장하면 카드회사는 그것이 부정 사용된 것이 아니라는 것과 도난·분실 등 사고신고를 하기 전에 사용된 카드대금임을 스스로 입증하지 않으면 안 된다. 즉 입증책임이 카드회사 측에 있다.

---

275) C.C.A. §84(3).
276) C.C.A. §84(2).

(4) 무신청카드

회원이 그 발급을 신청하지 않았음에도 불구하고, 카드회사가 이를 발급한 경우에는 카드명의인에게 손실부담의 책임이 없는 것임은 물론이고, 그러한 발급행위는 처벌을 하도록 규정되어 있다.[277]

3. 日 本

일본의 경우에 카드의 부정사용에 따른 손실부담을 직접적으로 규제하는 법률은 없다. 그러나 각 카드회사는 그 회원규약상으로 회원의 면책에 관한 규정을 두고 있다. 예컨대, 제일산업은행의 Credit Card 회원규약에 따르면, 회원에게 고의 또는 중과실이 없는 한, 신고 60일 전부터의 부정사용에 대하여 면책이 되는 것으로 규정하고 있다.[278]

---

277) C.C.A. §51.
278) 韓相文, 전게서, pp.200−202.

Ⅳ. 小　結

한국 여신전문금융업법에서는 신용카드업자가 신용카드회원으로부터 신용카드의 도난·분실 등 통지를 받은 때에는 그때부터 해당 신용카드회원에 대하여 신용카드 사용으로 인한 책임을 부담한다고 규정하였다. 신용카드의 사고신고 통지이후에는 카드회사부담주의를 원칙으로 하고 있다.

한편, 중국 현행 법제도에서는 신용카드의 사고신고 통지를 받은 후 발생한 손실에 대해 누가 책임을 부담하여야 하는가에 관한 구체적인 규정이 없고, 대부분의 경우, 은행규장 혹은 발행은행 내부에서 정한 회원약관에 의하여 부정사용에 따른 손실부담 귀속문제를 해결한다. 은행카드업무관리방법 제52조 제5항에서는 발행은행은 카드소지인이 신용카드를 분실한 후 신고할 수 있도록 상시 분실신고전화를 설치하여야 하고, 전화신고 및 서면신고 두 가지 신고방식이 있는데 서면신고가 정식 신고방식이며, 약관 혹은 관련 협의에서 발행은행과 카드소지인 간의 손실부담 귀책문제를 명확하게 규정하여야 한다고 규정하고 있다.

카드회원은 적어도 현금과 같은 정도의 주의를 기울여 카드를 보관하여야 하며, 카드를 도난·분실한 경우에는 이 사실을 신속히 카드회사에 신고하여 손실확대를 방지하여야 한다. 이를 위반하여 손실이 발생하였다면 카드회원은 부정사용에 따른 손실부담을 하여야 한다.

카드회사는 장기간에 걸친 막대한 금액의 카드거래실적을 바탕으로 카드의 부정사용에 따른 손실비용을 정확히 산정할 수 있고, 카드제도 자체에서 주도적인 입장에 있으므로 손실을 최소화하는 데 적절한 지위에 있다. 또 카드의 부정사용 시에 대비하여 보험가입을 통해 보험회사가 손실을 부담하는 방법으로 위험을 분산시킬 수도 있다. 그러나 신용카드의 부정사용으로 인한 손실을 일방적으로 카드회사에 부담시키거나 보험에 의하여 분산시키게 되면 카드회원은 카드의 도난·분실 신고를 해태하게 되고, 따라서 사회적 비용이 증가하거나 보험료가 상승하는 문제점이 있다. 이러한 점을 방지하기 위하여 카드회원에게도 일정금액을 한도로 하여 책임을 부담시킨다면 카드회원의 카드소지와 보관에 대한 주의의무를 강화할 수 있고, 보험료의 인상도 방지할 수 있는 효율적인 방법이 된다고 생각된다. 그러나 중국에 있어서 대부분 은행의 회원약관에서는 신용카드 분실신고 후 24시간(어떤 은행에서는 36시간을 기준으로 한다) 내에 발생한 모든 손실은 카드회원이 부담하여야 한다고 규정하고 있고, 발행은행에서 분실신고를 절차적으로 확인한 후에서야 모든 손실을 부담하고 있다. 물론 연해 지역, 남방 지역에서는 분실신고를 받은 후부터 모든 손실을 부담하는 곳도 있다. 그래서 많은 학자들은 이런 약관조항은 계약법에 위반되어 무효라고 주장하고 있다. 이런 측면에서 볼 때, 중국의 대부분 발행은행이 아직까지 모든 손실을 회피하는 경향이 옛날부터 현금을 좋아하는 중국인들의 전통적 사고와 결합하여 신용카드업 발전의 주요한 저해요인으로 작용하고 있다고 볼 수 있다. 따라서 중국도 한국처럼 표준약관에 의거하여 회원약관을 제정하는 방향으로 나가야 타당하다고 생각된다.

第4節 카드會社와 會員間의 損失負擔

Ⅰ. 카드會社의 責任

　신용카드제도의 손실부담문제는 단순히 이 제도 자체의 문제에 머물지 않고 중요한 사회적 관심사가 되고 있다. 이러한 실정에서 카드회사가 카드제도의 수익자인 점과 손실부담 시 보다 나은 위치에 있다는 점에 근거하여 손실부담에 대한 카드회사 책임원칙이 제기되고 있다. 그러나 카드회사에만 전적으로 책임을 부담시키면 회원이 카드거래와 관련된 주의의무를 게을리 할 위험도 있다. 초기 신용카드 약관은 카드의 서명 상이로 인한 분실이나 도난으로 인한 모든 책임을 회원에게 부담시키는 규정을 두었다. 판례도 일부 이 약관의 유효성을 인정하였다.[279] 그러나 카드회사들의 표준약관의 제정으로 카드회사의 일방적인 손실회피는 어렵게 되었다.

---

279) 大判 1986. 10. 28, 85다카739, 大判 1987. 4. 14, 85다카2273.

1. 韓國의 경우

(1) 사고신고 전 책임

여신전문금융업법 제16조 제1항은 신용카드업자는 회원으로부터 신용카드의 분실·도난 등 통지를 받은 때에는 그때로부터 당해 회원에 대하여 신용카드 사용으로 인한 책임을 진다고 하여 신용카드의 분실·도난신고 전에 발생한 카드거래대금은 회원에게 책임이 있음을 규정하고 있다. 이는 회원부담주의를 간접적으로 규정한 것으로 해석할 수 있다.

카드를 분실하거나 도난당한 경우에는 카드회사에 통지하고 소정양식에 의거, 지체 없이 그 내용을 서면으로 신고하여야 하며, 분실·도난신고 접수시점으로부터 60일 전 이후(현금인출, 현금대출서비스는 신고시점 이후)에 발생한 제3자의 카드 부정사용금액에 대해서 카드회사는 보상을 한다고 회원약관에서 규정하고 있다.[280] 이러한 규정으로 볼 때 사고신고 전 카드 부정사용금액에 대해서는 회원부담을 원칙으로 하고 카드회사는 한정책임을 진다는 규정으로 볼 수 있다.

---

280) 이 경우에 카드 1매당 최고 2만 원까지는 회원이 부담한다. 비씨카드 회원약관 제19조 제2항, 삼성카드회원약관 제16조 제2항.

(2) 사고신고 후 책임

여신전문금융업법 제16조 제1항은 신용카드업자는 회원으로부터 신용카드의 분실·도난 등 통지를 받은 때에는 그때로부터 당해 회원에 대하여 신용카드 사용으로 인한 책임을 진다고 규정하고 있다. 즉 사고신고 후의 카드사용에 따른 손실을 카드회사가 부담한다는 것(회사부담주의)을 명백히 하고 있다. 이에 따라 국내 각 카드회사 회원약관에서도 카드회사부담주의를 명문으로 선언하고 있다.[281]

그러나 회원의 중대한 귀책사유가 있거나 선량한 관리자로서 카드 관리와 사용을 하지 못했다면 회원에게도 책임을 부담시킬 수 있다.

2. 中國의 경우

(1) 사고신고 전 책임

중국 은행카드업무관리방법(銀行卡業務管理辦法) 제52조 제5항에서는 발행은행은 카드소지인이 신용카드를 분실한 후 신고할 수 있도록 상시 분실신고전화를 설치하여야 하고, 전화신고 및 서면신고 두 가지 신고방식이 있는데 서면신고가 정식 신고방식이며, 약관 혹

---

281) 비씨카드회원약관 제19조 제1항, 삼성카드회원약관 제16조 제1항, 롯데백화점카드회원약관 제20조 제2항.

은 관련 협의에서 발행은행과 카드소지인 간의 손실부담 귀책문제를 명확하게 규정하여야 한다고 규정하고 있다.

중국 각 발행은행 내부에서 정한 회원약관을 보면 부정사용금액은 카드소지인이 부담하는 것이 원칙이다. 예컨대, 신용카드 분실신고 시점부터 24시간 내에 발생한 손실은 카드소지인이 부담한다(中國工商銀行의 牡丹會員約款). 신용카드 분실신고 시점부터 익일 24시까지 발생한 손실은 카드소지인이 부담한다(中國銀行의 長城會員約款). 신용카드 분실신고 시점부터 36시간 내에 발생한 손실은 카드소지인이 부담한다(上海浦東銀行의 東方會員約款). 신용카드의 분실신고는 발행은행의 심사를 통과하여야 효력이 발생하기 때문에 효력발생 전의 모든 손실은 카드소지인이 부담한다(中國建設銀行의 龍卡會員約款, 招商銀行의 會員約款). 신용카드 분실신고는 발행은행이 신고통지를 받은 시점부터 효력이 발생하고 모든 손실은 발행은행에서 부담한다(深圳發展銀行의 會員約款).

(2) 사고신고 후 책임

Master카드, VISA카드 등 국제 신용카드는 일반적으로 분실신고 후의 모든 손실을 부담하는데 중국에서는 각 발행은행의 신용카드 이용약관에 따라 다소 다르다. 예컨대, 深圳發展銀行의 회원약관에서는 분실신고 통지를 받은 시점부터 발생한 모든 손실은 발행은행에서 부담한다고 규정하지만, 대부분 발행은행의 신용카드 이용약관에서는 분실신고 통지를 받은 후 24시간 내의 손실은 카드소지인이 부담한다고 규정하고 있다.

3. 小　結

분실이나 도난으로 인한 신용카드 손실부담에 있어서, 카드회사가 카드제도의 수익자인 점과 손실부담 시 보다 나은 위치에 있다는 점에 근거하여 손실부담에 대한 카드회사 책임원칙이 제기되고 있다.

한국 여신전문금융업법 제16조 제1항은 신용카드업자는 회원으로부터 신용카드의 분실·도난 등 통지를 받은 때에는 그때로부터 당해 회원에 대하여 신용카드 사용으로 인한 책임을 진다고 규정하고 있다.

한편, 중국 은행카드업무관리방법(銀行卡業務管理辦法) 제52조 제5항에서는 서면신고가 정식 신고방식이고, 약관 혹은 관련 협의에서 발행은행과 카드소지인 간의 손실부담 귀책문제를 명확하게 규정하여야 한다고 규정하고 있지만, 극소수 회원약관에서만 발행은행이 분실신고를 받은 후부터 발생한 모든 손실을 부담하고 있다.

Ⅱ. 會員의 責任

1. 韓國의 경우

사고신고 후 손실부담에 관해서는, 카드회사부담주의가 타당하다는 점에 관해서는 여신전문금융업법이나 판례·약관 등이 일치되어 있다. 그러나 카드의 부정사용에 관하여, 회원에게 중대한 귀책사유가 있는 경우까지 카드회사에 손실을 부담시키고 회원을 면책하게 하는 것은 오히려 신의칙에 반하는 것이 아닐 수 없다. 다시 말하면, 주의의무나 손실발생의 원인제공행위의 정도에 비추어 설혹 사고신고 이후에 발생한 카드이용이라 할지라도 회원에게 책임을 묻는 것이 합리적이라고 인정되는 경우에는 카드회사부담주의에 대한 예외를 인정하는 것이 마땅한 것이다. 따라서 이하에서는 각 회원약관이 규정하고 있는 예외적 사유에 관하여 개별적인 검토를 해보겠다.

(1) 회원의 고의 또는 중대한 과실로 인한 부정사용의 경우

회원은 카드를 수령한 후 즉시 카드 서명란에 서명하여야 하며, 고의로 카드표면에 기재된 명의인 이외의 자가 카드를 사용하게 해서는 안 된다. 회원은 카드에 타인이 서명하도록 하거나 사용하도록 한다면 책임을 져야 한다. 카드관리는 선량한 관리자의 주의로써 현금과 같이 보관·관리·사용하여야 하며, 허위 분실 신고 후 카드사용을 한다면 회원은 사용책임을 진다.

(2) 카드의 대여·양도·담보제공·불법대출 등으로 인한 부정사용의 경우

신용카드는 카드 명의인만이 사용할 수 있으며, 이를 대여하거나 양도 또는 담보 제공할 수 없다.[282]

특히 여신전문금융업법은 카드의 양도·양수 및 질권설정행위를 범죄로까지 규정하고 있다. 이는 카드의 소유권이 카드회사에 있기 때문에 금지되는 것이 아니라,[283] 카드회사와 회원 간의 카드이용관계는 일신전속적 성질을 갖고 있는 까닭에 당연한 규정이라고 보아야 한다. 따라서 회원이 이용한 것이 아니라, 카드를 양수받거나 카

---

282) 여신전문금융업법 제15조, 비씨카드회원약관 제3조 제1항, 제2항, 국민카드회원약관 제2조 제1항, 제2항.

283) 국내 카드회사들의 회원약관은 모두 카드의 소유권이 카드회사에 있음을 규정하고 있다(비씨카드회원약관 제3조 제2항, 국민카드회원약관 제2조 제2항). 그리고 이러한 카드의 소유권을 이유 삼아 대여·양도·담보설정을 금지시키고 있다. 그러나 이는 잘못된 약관이다. 그 이유는 다음과 같다. 신용카드는 일신전속적 성질을 갖는 것이므로 회원과 카드회사 간의 카드이용대금결제에 관한 위임계약도 회원만을 위한 채무인수를 그 내용으로 하는 것이고, 그 결과 신용카드의 양도·대여·담보제공이 금지되는 것은 카드의 법적 성질상 당연한 것이라고 보는 것이 순리인 것이다. 그럼에도 불구하고 신용카드의 소유권이 카드회사에 있음을 이유로, 양도·대여·담보제공을 금지한다는 것은 본말이 전도된 것이다.

드에 질권을 설정한 자가 사용한 카드이용채무를 카드회사가 인수할 의무가 없는 것은 당연하다.

그럼에도 불구하고, 이러한 법률 또는 약관상의 금지규정에 반하여 카드가 대여·양도 또는 담보 제공되어 제3자가 부정 사용하였다면, 그 부정사용의 시기가 사고신고의 전이든 후이든 불문하고, 회원이 책임을 지도록 한 것이다.

(3) 회원의 가족, 동거인에 의한 부정사용 또는 이들이 관련하여 생긴 부정사용의 경우

가족·동거인 등에 의한 부정사용은 사고신고의 전후를 불문하고, 회원 본인이 손실을 부담하도록[284] 하고 있는데 그 취지는 아래와 같다. 즉

첫째, 가족공동체 상호간에는 자기의 신용카드를 그 구성원이 사용하는 것을 묵인하여 자기결제로 돌리는 경우가 대부분이고, 이 경우에 분실·도난인지, 또는 묵인인지 여부에 관한 진실확인이 어려운 것이므로, 가족·동거인의 부정한 카드사용에 직접적인 원인제공을 한 자는 회원 자신이라고 보아야 한다.

둘째, 원래 카드의 부정사용에 대하여 카드회사가 손실을 부담하도록 하는 것은, 카드회사가 카드의 부정사용을 방지·예방하는 데

---

284) 비씨카드회원약관 제19조 제2항 제3호, 롯데백화점카드회원약관 제20조 제3항 제3호.

회원에 비하여 효율적 지위에 있다는 점에서 출발하는 것이다. 그러나 가족 또는 동거인 상호간에는 이러한 역할을 카드회사가 맡는 것보다, 회원이 맡는 것이 보다 더 효율적이라고 보아야 하기 때문이다.

이러한 취지에서 볼 때 '가족·동거인'의 개념은 엄격한 법률상의 개념으로 한정되는 것은 아니고, 친족 또는 인척으로서 일상생활을 공동으로 하는 사람과 그 동거인을 포함하는 넓은 의미로 해석하는 것이 마땅하다.

'이들이 관련하여 생긴 부정사용'이란, 예컨대 제3자가 그 카드를 절취하는 데 가담하였다거나, 가족이 훔쳐낸 카드를 제3자에게 사용케 하거나, 이를 대여·양도·담보 제공하여 부정사용에 이르게 한 경우와 같이, 카드의 부정사용에 가족·동거인이 원인제공을 한 경우를 말한다.

(4) 천재지변·전쟁·내란·풍수해 기타 비슷한 변란으로 인한 질서교란 중에 카드를 분실·도난당하여 생긴 부정사용의 경우

천재지변·전쟁·내란·풍수해 등 위기상황의 경우에는 카드회사가 가맹점에 대하여 카드의 부정사용을 방지하기 위한 관리의 힘이 미치지 못하게 된다는 점과, 집단적·대량적 사고발생이 예기되는 상황에서, 카드의 부정사용에 따른 손실을 카드회사가 부담할 수 없다는 것이 각 신용카드회원약관의 취지인 것으로 보인다.

그러나 앞에서 살펴본 바와 같이, 카드의 부정사용에 따른 손실부담자를 결정함에 있어서, 사회적 효율성 문제와 함께, 카드의 관리이행 여부의무와 부정사용에 이르게 한 원인제공의 정도 등이 고려되어야 한다.

따라서 천재지변·전쟁 등 사회적 위기상황에서 개인인 회원에게 손실을 부담시키는 것이 효율적인가에 관하여 의문이 있고, 혼란과 위기상황에서 회원에게 보다 더 엄중하게 카드를 관리하여 줄 것을 기대하는 것이 무리라고 생각된다. 오히려 이러한 상황에서는 기업의 사회적 책임과 위험분산의 수단을 카드회사가 가지고 있다는 점을 감안할 때, 카드회사부담주의의 원칙으로 돌아가는 것이 마땅하다고 생각된다.[285]

(5) 부정사용의 피해조사를 위하여 카드회사가 정한 조사에 협조하지 아니한 경우

카드의 부정사용에 따른 손실을 카드회사가 부담하기 위하여 피해조사를 하려고 하는 경우에 회원이 협조하지 않는다면, 카드회사가 그 손실부담을 거절할 수 있는 것은 당연하다고 할 것이다. 그 이유는 사고조사는 카드회사가 보험회사에 대하여 보험금의 지급을 청구하기 위하여, 또는 보험금을 지급한 보험회사가 그 카드의 부정사용자에 대하여 구상권을 행사하기 위하여 반드시 필요한 것이기 때문이다.

---

285) 韓相文, 전게서, p.220.

또한 카드의 부정사용은 제3자에 의하여서만 이루어지는 것이 아니라, 악의의 회원이 카드의 도난·분실을 가장하여 부당한 이득을 취하려고 企圖하는 경우가 많기 때문이기도 한다.

(6) 카드에 서명하지 않은 상태에서 카드를 분실·도난 당하여 생긴 부정사용의 경우

현재 국내 카드회사들은 가맹점과의 사이에 부정카드를 체크해 낼 수 있는 전산망을 구축해 놓고 있지 못한 상태이다. 따라서 가맹점은 카드회사로부터 사고카드목록(Hot Card List)이 도달할 때까지는, 카드의 뒷면에 기재된 회원의 서명과 매출전표상의 서명의 일치 여부로 카드사용자와 회원의 동일성을 판단할 수밖에 없다.

뿐만 아니라 회원은 신용카드가 제3자에 의하여 부정 사용되지 않도록 관리·사용하여야 할 주의의무가 있기 때문에, 회원약관은 예외 없이 카드를 발급받는 즉시, 카드의 서명란에 회원이 직접 서명할 것을 요구하고 있는 것이다.[286]

그럼에도 불구하고, 카드를 발급받은 회원이 서명을 하지 않는 상태로 카드를 분실·도난당하여, 제3자가 이를 부정 사용하였다면, 그 회원은 선량한 관리자의 주의의무를 다하지 못하여 손실발생에 직접적인 원인을 제공한 자라 할 것이므로, 스스로 그 손실을 부담하도

---

[286] 비씨카드회원약관 제3조 제1항, 국민카드회원약관 제3조 제1항, 환은 카드회원약관 제3조 제1항.

록 하는 것이 마땅하다.

그러나 카드에 서명을 하지 않았다는 이유만으로 분실·도난 등을 신고한 이후의 부정사용에 대해서도 회원에게 손해를 부담시키는 것이 반드시 타당하다고 할 수 없다. 왜냐하면 사고신고를 받은 이상 카드회사도 부정사용을 방지하고 손해가 확장되지 않도록 관리할 의무가 있다고 보아야 하기 때문이다. 따라서 이 경우에 회원이 손실부담의 책임을 져야 한다는 의미는, 약관상 회원이 면책받기로 약정되어 있는 부분 중, 사고신고 접수일 이전 60일분의 카드의 부정사용액에 대하여 회원이 책임을 져야 한다는 의미로 해석하는 것이 옳다고 생각된다.287)

(7) 비밀번호 누설로 신용카드가 부정 사용된 경우

예컨대, 현금인출기를 이용하여 현금대출서비스를 받는 경우에는 암호를 입력하여야 현금이 출금된다. 따라서 회원이 암호를 누설함으로써 카드를 습득하거나 절취한 자가 현금대출서비스를 받았다면, 그 손해에 대하여 회원이 책임을 져야 하는 것은 당연한 것이다. 왜냐하면 이 경우에 회원은 그 부정 현금대출서비스에 관하여 결정적인 원인제공을 한 것이기 때문이다. 다만, 이 경우 사고신고 시점이후 손실에 대해서는 카드회사가 그 손실을 부담한다.

---

287) 韓相文, 전게서, p.221−222.

2. 中國의 경우

카드소지인이 신용카드를 분실한 후, 분실신고를 태만히 하여 손실이 발생하였다면 카드소지인은 민법상의 과실책임원칙에 의하여 손실을 부담하여야 한다. 신용카드회원약관에 의하여 카드소지인은 아래와 같은 의무를 진다. 예컨대, 카드소지인은 신용카드를 타인에게 빌려주거나 양도하여서는 안 된다. 카드소지인은 신용카드를 분실하거나 비밀번호가 유출되지 않도록 주의를 다하여야 한다.

또한 중국 각 신용카드회원약관에서는 카드소지인이 부담하여야 하는 책임을 규정하고 있다. 예컨대, 신용카드 분실신고 시점부터 24시 내에 발생한 손실은 카드소지인이 부담한다(中國工商銀行의 牡丹會員約款). 신용카드 분실신고 시점부터 익일 24시 사이에 발생한 손실은 카드소지인이 부담한다(中國銀行의 長城會員約款). 신용카드 분실신고 시점부터 36시간 내에 발생한 손실은 카드소지인이 부담한다(上海浦東銀行의 東方會員約款). 신용카드의 분실신고는 발행은행의 심사를 통과하여야 효력이 발생하기 때문에 효력 발생 전의 모든 손실은 카드소지인이 부담한다(中國建設銀行의 龍卡會員約款, 招商銀行의 會員約款). 신용카드 분실신고는 발행은행이 신고통지를 받은 시점부터 효력이 발생하고 모든 손실은 발행은행에서 부담한다(深圳發展銀行의 會員約款).

3. 小 結

사고신고 후 손실부담에 관해서는, 카드회사부담주의가 타당하다는 점에 관해서는 한국 여신전문금융업법이나 판례·약관 등이 일치되어 있다. 그러나 중국 각 은행에서 규정하고 있는 회원약관에서는 사고신고 후 24시간(혹은 36시간) 내의 손실부담에 관해서는 카드회원부담주의를 취하고 있다. 하지만 이런 카드회원부담주의에 대해서는 일반적으로 부당하다고 여겨지고 있으며, 현재 중국 신용카드관리조례 제정 초안에서도 전문가들은 이에 대해 많은 비판을 가하고 있다.

그러나 사고신고 후 손실부담에 관하여 카드회사부담주의를 취한다고 하더라도, 회원에게 중대한 귀책사유가 있는 경우까지 카드회사에 손실을 부담시키고 회원을 면책하게 하는 것은 오히려 신의칙에 반하는 것이 아닐 수 없다. 회원의 고의 또는 중대한 과실로 인한 부정사용, 카드의 대여·양도·담보제공·불법대출 등으로 인한 부정사용, 회원의 가족, 동거인에 의한 부정사용 또는 이들이 관련하여 생긴 부정사용, 천재지변·전쟁·내란·풍수해 기타 비슷한 변란으로 인한 질서교란 중에 카드를 분실·도난당하여 생긴 부정사용, 부정사용의 피해조사를 위하여 카드회사가 정한 조사에 협조하지 아니한 경우, 카드에 서명하지 않은 상태에서 카드를 분실·도난당하여 생긴 부정사용, 비밀번호 누설로 인한 신용카드 부정사용 등 경우 등에는 카드회원이 손실을 부담하도록 하는 것이 타당하다.

第5節 카드會社와 加盟店間의 損失負擔

I. 信用카드의 管理責任과 損失負擔

신용카드는 신용매체로 회원이 신용수단으로 가맹점에서 상품 등을 구입할 수 있는 지위를 나타내는 증거이며, 또한 가맹점은 카드회사에 대하여 회원에게 공급한 물품의 대가지급을 청구하기 위한 자료이다. 따라서 가맹점은 신용카드를 신용거래판정기준이 되는 중요한 물건으로 취급해야 한다. 이하에서는 카드회사, 회원, 가맹점이 각각의 지위·역할에 따라 어떠한 카드의 관리책임을 지는지를 살펴보도록 한다.288)

1. 카드會社의 信用카드 管理責任

신용카드는 회원을 위해 다른 물건과 구별할 수 있도록 제작된 것이

---

288) 長尾治助, "クレジットカード法試論", 立命館大學人文科學研究所紀要 第61號, 1994.3, p.187.

므로 특정물이다. 또한 신용카드는 신용수단의 매개체이므로 취급 부주의로 인해 손해가 발생할 수 있는 잠재적인 위험을 내포하고 있다.

신용카드를 회원에게 인도해야 하는 카드회사는 선량한 관리자의 주의의무로 카드업무를 처리해야 하며, 특히 회원이 신고한 고객비밀번호와 회원정보 등이 누출되지 않도록 만전을 기해야 한다. 일본에서는 잘못된 정보에 의하여 불이익을 받은 자가 카드회사를 상대로 소송을 제기하여 승소한 예도 찾아볼 수 있다.[289]

사고카드가 무효카드 등과 관련된 신용카드의 부정사용정보를 취득한 카드회사는 신용정보기관과 가맹점에 통지하여[290] 부정한 목적으로 카드가 사용되지 않도록 하여야 하며,[291] 부정사용카드는 발견 즉시 회수하여야 한다. 이것은 카드회사가 신용카드거래를 통하여 이윤을 얻는 데 수반되어 발생하는 의무의 일환이다. 또한 제3자의 부정사용으로 카드사고가 발생할 경우 회원이 부담하는 손실을 경감할 수 있도록 보험청구수속을 대행하거나 이를 지도하는 등 적절한 조치를 강구할 의무도 있다.[292]

---

289) 카드회사가 잘못된 신용정보를 입력하여 회원이 대출을 받지 못했거나 불이익을 당했을 경우, 법원은 회원보호의무위반에 의한 카드회사의 불법행위책임을 인정하여 회원에게 배상하도록 판결하였다(大阪地判, 1990.5.21, 判例時報 第1359號. p.88; 大阪地判, 1990.7.23, 金法 第1289號. p.29).

290) 통지의 시기와 방법이 상당한지 여부를 다룬 판례로는 東京地判 1989年11月16日 판결이 있다.

291) 石井芳光, "クレジットカードの不正使用と法律問題(2)", 手形研究 第160號, p.54. 石井芳光 교수는 무효통보절차는 가맹점에 대해 대항요건적 성격을 갖는다고 지적한다.

292) 日本兒島簡判 1983年11月15日 판결에서는 카드회사가 회원에게 보험

신용카드 이용계약은 회원의 카드 수령으로 효력을 발생하는 요물계약이기 때문에 카드회사는 신용카드에 대한 지배를 회원에게 이전할 때까지 카드의 제작·보관·교부에 관해 철저한 관리를 하여야 한다. 특히 카드회사는 본인인지 여부를 철저히 확인하여 명의모용자에게 신용카드를 발급해 주어서는 안 된다.[293]

또 카드이용에 익숙하지 못한 회원들은 카드사용을 충분히 이해하지 못하는 경우도 있다. 이러한 점을 고려하여 카드회사에 회원의 올바른 카드사용설명의무를 인정하는 것도 바람직하다.

2. 加盟店의 信用카드 管理責任

가맹점은 신용카드거래에서 회원으로부터 신용카드를 수령하여 매매대금상의 매출전표를 작성하게 되며, 이는 회원과 가맹점 간에 물품공급에 관한 공급계약이 카드를 통하여 성립된 것을 의미한다. 매출전표는 가맹점이 회원에게 제공한 대가를 카드회사로부터 지급받을 수 있는

금청구수속 등에 관한 약관내용을 피보험자인 회원에게 주지시킬 의무를 인정하였다(吉原監修, 「判例信用供與取引法」, pp.284-286).

293) 제3자가 명의를 모용해 은행신용카드를 신청하자, 카드사 직원들은 제대로 본인 여부를 확인하지도 않고 카드를 발급해 주었다. 제3자가 물품 구입 후 대금을 변제하지 않자, 본인은 은행의 개인 신용정보 불량거래자로 등록되어 불이익을 받았다. 법원은 타인이 사용한 카드대금 연체로 대출을 받지 못하고 정신적 피해를 입은 경우에 해당됨을 인정하여 위자료로 카드회사는 2백만 원을 본인에게 지급하여야 한다고 판결하였다(서울지방법원 제24민사부 96 가합19685).

청구근거가 된다.[294] 신용카드거래에서 신용카드는 카드거래의 형식적 판정기준이고, 본인과의 동일성 확인으로 가맹점에 따라 거래가 이루어지기 때문에 가맹점이 행하는 본인확인은 구체적인 신용판별행위이다.

가맹점이 카드거래를 할 수 있는 것은 카드회사로부터 회원과 신용거래의무를 취급할 수 있는 권한을 부여받았기 때문이며, 가맹점은 회원과 카드회사에 대하여 카드취급에 관해 카드거래상 발생하는 의무를 다하여야 한다. 가맹점은 카드회사와 카드거래 중 사고카드에 관한 정보를 입수했을 때는 카드를 회수하여야 하며, 신용카드는 일신전속적이고 본인이 사용하여야 하므로 가맹점은 본인 여부를 확인하고 거래를 하여야 한다.[295]

신용카드의 진위 여부, 유효기간, 위조, 변조, 거래정지 여부, 사고 신고된 카드인지 등을 조사하여야 하며,[296] 회원이 직접 서명하였는

---

294) 가맹점이 회원에게 판매한 매출가격을 초과하여 카드를 부정하게 사용해 매출전표에 거래금액을 기입하는 행위는 회원과 카드회사에 대한 가맹점의 배신행위이며 의무위반이 된다. 이는 카드거래의 범위를 넘어 이루어진 남용행위이기 때문에 그 초과청구금액에 대해서 회원이 변제해야 하는 효과는 발생하지 않는다고 한다. 長尾治助, 전게논문, p.190.

295) 신용카드는 카드회원 본인만이 사용할 수 있고, 제3자는 어떠한 이유로든 다른 사람의 카드를 이용할 수가 없다(삼성카드 개인회원이용약관 제3조 제2항, 우리카드 개인회원이용약관 제3조 제2항, KB카드 개인회원이용약관 제3조 제2항). 따라서 가맹점은 카드소지인이 카드를 제시하고 신용판매를 요청하는 경우, 매 거래 시마다 카드소지인의 본인 여부를 확인하지 않으면 안 된다.

296) 가맹점은 소지인이 제시한 신용카드가 유효기간이 경과한 것인지 여부, 위조 또는 변조된 카드가 아닌지 여부, 그리고 도난·분실 등으로 사용 신고가 되어 거래 정지된 카드가 아닌지 여부 등, 그 카드가 유효한 것인지 여부를 확인하지 않으면 안 된다. 삼성카드가맹점약관 제3조 제1항, 신한카드가맹점약관 제3조 제1항, 현대카드가맹점약관 제3조 제1항.

지 본인과의 서명일치 여부를 확인하여[297] 신용판매한도액 내에서 거래를 하여야 한다.[298] 부당한 현금매출을 위해 매출전표를 양도,

---

297) 사실 대량적·반복적인 거래를 하게 되는 카드가맹점으로 하여금, 카드거래 시마다 카드제시자의 신분을 구체적으로 확인하는 절차를 밟도록 한다면, 아직도 초보적인 발전단계에 있는 신용카드의 활성화를 크게 저해하게 될 것이다. 따라서 현실적으로 본인을 확인할 수 있는 가장 편리한 방법으로 요구되는 것이 서명의 동일성 여부의 확인이다. 문제는 우리의 문화가 서명(signature)이 생활화되어 있지 못하기 때문에, 그 서명의 확인을 어떠한 방법에 의하여, 그리고 어느 정도까지 서명이 일치할 때, 비로소 가맹점이 주의의무를 다한 것으로 되어 면책될 수 있겠느냐 하는 점이다. 왜냐하면 판례가 인정하듯이 '도난·분실된 카드는 그 부정사용자가 카드상의 서명을 연습하여 본인의 것과 흡사하게 만들기 쉬워서 서명의 대조가 무의미하게 될'(대법원 1987. 4. 14, 85다카2275) 염려가 있기 때문이다. 서명의 확인방법은 육안에 의하되, '통상의 주의만으로도 이를 쉽게 식별할 수 있을 정도로 현저하게 다른 것'을 간과한 경우에 한하여 가맹점에 손실부담의 책임을 물어야 한다는 것이 판례(대법원 1986. 10. 28, 85다카739, 대법원 1986. 3. 11, 85다카1490)의 입장이다. 韓相文, 전게서, pp.228－229.

298) 신용카드는 회원의 신용에 따라 등급별로 구분되고, 그 구분에 따라 '1회 카드이용카드', '월간 일시불 이용한도', '월간 할부 구매한도' 등이 각기 다르게 된다. 그리고 카드회원이 이러한 한도를 초과하여 신용구매를 하려면 카드회사로부터 별도의 승인을 받아야 한다. 그렇다면 가맹점도 이러한 사용한도액의 제한을 받는가? 다시 말하면, 이러한 한도액을 초과하여 사용된 카드대금은 누구의 부담이 되는 것인가 하는 점이다. 이것이 소위 Wild Card의 문제이다. 그러나 CAT기가 보급되지 않는 이상, 가맹점이 그 회원의 이용한도 초과여부를 확인하는 것은 현실적으로 불가능하다. 그리하여 신용카드가맹점약관은 가맹점은 매 거래 시마다 신용카드조회기 또는 기타의 방법으로 카드회사로부터 거래승인을 받도록 규정하고 있다. 또한 탈법적인 방법으로 1회 사용한도액을 초과하여 카드거래를 하는 것을 방지하기 위하여, 1매의 매출전표로 처리하여야 할 거래를 판매일자를 변경하거나 판매대금을 분할하는 방법으로 처리하지 못하도록 하고 있다. 따라서 CAT기에 의하여 조회를 하지 아니하거나, 카드회사의 거래승인을 받지 아니하

양수, 위조, 변조해서는 안 되고 거래관계를 통해 알게 된 회원의 정보사항을 외부에 누설하거나 제공해서는 안 된다.[299] 가맹점의 주의의무위반은 종합적으로 판단하며, 이를 위반하여 카드사용이 되었다면 카드회사는 거래대금지급을 거부할 수 있고, 이미 지급한 거래대금에 대해서는 반환청구를 할 수 있다.

3. 會員의 信用카드 管理責任

신용카드는 카드거래의 필수적인 매체이며 정당한 소지인은 선량한 관리자의 주의의무로 카드를 관리하여야 한다. 타인에게 신용카드를 대여, 담보로 제공하는 것은 카드의 목적을 일탈하는 행위로서 허용되지 않는다. 회원은 카드분실·도난 시 즉시 그 사실을 카드회사에 신고하여야 한다.[300] 신용카드는 본질적으로 신용수단이므로 제3자의 부정사용에 따른 손해발생의 위험성이 있으므로 부정사용 이전 단계에서 방지조치를 취할 필요가 있다. 이러한 방지조치를 사전에 가장 잘 처리할 수 있는 위치에 있는 자는 카드를 현실적으로 소지하고 있는 회원이다. 따라서 회원은 신용카드를 카드규약에 따라 이용하여야 하며, 카드사용으로 구체적인 채권채무관계가 발생되기 때문에 가맹점

고 1회 이용한도액을 초과하여 사용한 신용카드 이용대금에 대한 손실은 가맹점의 부담으로 된다. 韓相文, 전게서, p.230.
299) 비씨카드가맹점약관 제3조, 신한비자카드가맹점규약 제3조.
300) 비씨카드회원약관 제16조.

과 카드회사에도 영향을 고려하여 사용에 신중을 기하여야 한다.

신용카드는 일반인들이 사용하기 쉽게 크기가 작고 경량으로 제작된 것이므로 일상용품과 뒤섞이거나 절취, 강취의 대상이 되기 쉽다. 회원은 이러한 신용카드의 특성에 유의하여 카드보관에도 철저하여야 한다.

Ⅱ. 加盟店의 義務違反時 損失負擔

1. 韓國의 경우

(1) 序 說

가맹점이 신용판매를 할 때 기울여야 할 주의의무를 다하지 못하여 카드의 부정사용이 발생하였다면, 이로 인한 손실은 가맹점이 부담하게 된다. 이는 카드회사가 손실을 부담하여야 하는 경우는 물론, 회원이 부담하여야 하는 경우도 마찬가지이다. 다시 말하면, 회원이 예외적으로 손실을 부담하여야 하는 경우라 하더라도, 카드회사나 카드가맹점이 신용판매 시 기울여야 할 주의의무를 다하지 못한 경우에는 회원이 그 손실을 부담할 이유가 없는 것이다. 물론 이 경우에 회원이 선관주의의무 내지 회원규약상의 주의의무를 이행하지 않

218

음으로써, 가맹점 또는 카드회사의 과실과 경합하는 경우에는 그 손해부담액을 산정함에 있어서 과실상계가 인정되어야 하는 것은 별개의 문제이다.[301]

가맹점이 위에서 설명한 주의의무를 다하지 못한 경우에 카드회사는 가맹점의 카드대금 지급청구를 거절할 수가 있으며, 이미 그 대금을 지급한 상태에서 가맹점의 과실이 확인된 경우라면 그 반환을 청구할 수 있게 되는 것은 당연하다. 문제는 카드회사가 가맹점에 대하여 반환을 청구할 수 있는 법리구성을 어떻게 할 것이냐 하는 것인데, 이는 카드회사가 가맹점에 대하여 카드이용대금을 지급하는 근거를 어떻게 이론 구성할 것이냐에 따라 다르게 된다.

(2) 債權讓渡說을 취하는 경우

만일 채권양도설에 따라 카드회사가 가맹점에 대하여 카드이용대금을 지급하는 것이 가맹점이 회원에 대하여 가지고 있는 상품 또는 용역의 판매채권을 카드회사에 양도한 대가로 보게 되면, 카드회사가 이미 가맹점에 대하여 지급한 카드이용대금의 반환을 청구하기

---

301) 가맹점의 주의의무 불이행 내지 부주의의 정도를 따지는 데 있어서는, 위에서 열거한 주의의무의 내용을 종합적으로 파악하여 결정하여야 한다. 예컨대, 카드소지인이 회원 본인인지 여부에 관하여 의심이 있는 상황이었다면, 엄격한 서명확인절차가 요구되는 것이겠지만, 그러한 의심이 없는 상황이라면 우리사회의 서명관행에 비추어, 다소의 서명상이가 있더라도 주의의무를 다하지 못하였다고 할 것은 아니다. 韓相文, 전게서, p.231.

위해서는 카드회사가 이미 양수받은 상품 또는 용역의 판매대금청구
권을 가맹점에 다시 상환시키는 권리가 유보되어 있지 않으면 안 될
것이다.[302]

---

302) American Express Card의 가맹점규약은 채권양도설을 명백히 취하고
     있다. 즉 "저희는 카드회원이 귀하의 사업장에서 카드로 구매할 때마
     다 이 규약의 제반 절차 및 규칙이 충실하게 이행된 경우, 귀하의 사
     업장에서 발생된 카드이용대금을 전액 상환청구권을 붙이지 아니하고
     귀하로부터 구입하겠습니다."라는 규정이 바로 그것이다.
     나아가, 동 규약은 가맹점이 규약이 정한 절차나 조건에 따르지 아니
     하여, 카드의 부정사용에 다른 손실을 회원에게 부담시키지 못할 경우
     에 관해서는 "비록 저희가 이미 귀하에게 카드사용대금에 관한 결제
     를 하더라도 저희는 그에 관계되는 카드사용대금에 관하여 전액상환
     청구권을 가지게 됩니다."라고 규정하고 있다. 그런데 여기에서 말하
     는 '전액상환청구권'의 성격이 무엇인지 납득할 수가 없다. 우선 '전
     액상환청구권'이라는 용어 자체가 가지는 의미가 모호하다. 다만 동
     규약은 '전액상환청구권'을 정의하기를 "카드회원이 저희(주: Amex 카
     드회사)에게 카드사용대금의 지불을 거절하는 경우에 저희가 그 문제
     된 금액을 귀하(주: 가맹점)로부터 변상받을 수 있는 권리" 또는 "저
     희가 귀하로부터 카드사용대금을 매입하기 위하여 귀하에게 지급하여
     야 할 금액 중에서 그 문제 된 금액을 공제할 수 있는 권리"를 말한
     다고 규정하고 있다.
     결국 Amex 신용카드가 카드의 부정사용에 따른 손실부담을 가맹점에
     요구하기 위하여 유보시키고 있는 권리는, 부당이득반환청구권과 상계
     권의 유보가 아닌가 한다. 이러한 두 개의 권리를 전액상환청구권이라
     는 생소한 이름으로 규정하고 있을 뿐인 것이다. 그러나 Amex 신용
     카드회사가 가맹점에 카드사용대금을 지급하는 것이 채권양도의 대가
     인 것인 이상, 카드회원의 지급거절을 이유로 가맹점으로부터 그 대가
     를 환급받기 위해서는 부당이득의 법리에 의하여 이론구성을 하기보
     다는, 환매청구권으로 이론구성을 하는 것이 보다 더 간명한 것이라고
     보아야 할 것이다. 韓相文, 전게서, p.234.

(3) 替當支給說을 취하는 경우

카드회사가 가맹점에 카드사용대금을 결제하여 주는 것은 회원으로부터의 지급사무위탁을 받았기 때문에 그 위임사무의 이행으로써 회원의 카드사용대금채무를 인수하여 체당 지급하게 되는 것이라고 보는 것이 체당지급설의 내용이다. 따라서 신용카드의 부정사용이라는 이유로, 또한 그 부정사용이 가맹점이 신용판매 시 기울였어야 할 주의의무를 다하지 아니하여 생긴 손실이라는 이유로, 회원이 그 대금지급을 거절하는 경우라면, 회원의 가맹점에 대한 지급채무는 당초부터 불성립한 것이고, 카드회사는 이러한 사정을 모르고 채무를 인수하고 대가를 지급한 것이므로, 가맹점은 법률상 원인 없이 부당하게 이득을 얻은 자에 해당하게 되어 부당이득을 취하고 있다고 할 수 있다. 결국 카드이용대금결제관계를 체당지급설로 이론 구성하고 있는 카드회사들은 이를 부당이득반환청구권으로 설명하고자 하는 것이다.[303]

---

303) 가. 가맹점에 신용판매대금을 지급하기 전인 경우

1992.10. 개정 가맹점약관은 이에 관하여 '가맹점이 제3조(가맹점의 준수사항)의 약관을 위반하였을 상당한 가능성이 있는 경우에는' 그 카드대금의 지급을 거절하고(동 가맹점규약 제4조 제1항), 해당 매출표를 가맹점에 반환하는 것으로 규정하고 있다(동 가맹점약관 제9조). 원래 카드회사와 가맹점 사이에는 가맹점약관에 의하여, 카드회원이 가맹점에 대하여 부담하게 될 장래의 채무를, 카드회사가 인수하여 지급할 것을 내용으로 하는 계속적 채무인수계약이 체결되어 있는 것이다. 체당지급설을 취하고 있는 카드회사의 가맹점규약은 가맹점이 매출전표를 제출하여 인수채무의 이행을 청구하면, 그 신용판매거래가 정당한 것인지(분실·도난 등 부정 사용된 것이 아닌지) 또는 가맹점

2. 中國의 경우

가맹점이 신용판매를 할 때 기울여야 할 주의의무를 다하여야 한다. 가맹점이 기울여야 할 주의의무를 다하지 못하므로 신용카드의 부정사용이 발생한다면, 이로 인한 모든 손실은 가맹점이 부담하여야 한다. 만약 가맹점 실수로 인한 손실 금액이 매우 크거나 가맹점이 수차례 이런 주의의무를 다하지 못하면, 발행은행은 가맹점의 자격을 취소하게 된다. 따라서 가맹점이 신용판매를 할 때, 신용카드의 유효기간 및 카드소지인 본인인지의 여부를 반드시 확인하여야 한다. 또한 신용카드가 '지불 정지'에 들어가 있는지의 여부도 주의하여야 한다.[304]

이 약관상의 주의의무를 다한 것인지를 심사하여, 카드회원이 가맹점에 대항할 수 있는 사유가 있을 때에는 일차적으로 그 지급을 거절하도록 하고, 그렇지 않더라도 법령이나 약관에 위반하였다고 인정할 만한 상당한 가능성이 있을 때에는, 그 지급을 거절하도록 한 것이다.
나. 가맹점에 이미 신용판매대금을 지급한 경우
1992.10. 개정 가맹점규약 제9조는 "……반환매출표 또는 취소매출표의 대금이 이미 지급된 경우에는 가맹점은 이 대금을 직접 카드회사에 환입하여야 합니다. 그러나 차회 지급할 금액 범위 이내일 경우에는 그 금액에서 공제할 수 있습니다."라고 규정하고 있다. 신용판매거래가 정당하게 성립한 것으로 보고 채무를 인수하여 지급하였으나, 그 판매계약이 카드의 부정사용으로 인하여 유효하게 성립하지 못한 것일 경우에, 가맹점은 법률상 원인 없이 이득을 얻은 자이고, 따라서 그 부당이득을 반환하지 않으면 안 된다. 따라서 본 약관은 부당이득 반환청구권을 규정한 것이라고 보아야 한다. 나아가 "차회 지급일에 카드사가 지급할 금액에서 동 금액을 공제할 수 있다."라고 규정한 것은, 위와 같은 부당이득반환청구권과 카드이용대금채권을 상계하겠다는 상계권유보에 관한 규정이다. 韓相文, 전게서, pp.235－236.
304) 白力, 전게서, 第82頁.

第6節 刑事法的 側面

Ⅰ. 序 說

신용카드의 보급·확산과 함께 신용카드범죄(Credit Card Crime)도 크게 늘어나고 있다. 이러한 카드범죄는 카드 자체가 범죄의 목적이 되는 경우, 예컨대, 카드를 위조·변조·절취·처분하는 행위 등이 문제되기도 하지만, 현실적으로 더욱 문제 되는 것은 카드회원이 자신의 지급능력에 비추어 카드를 과다하게 사용하거나, 카드를 그 본래의 목적인 신용구매에 사용하는 것이 아니라, 자금융통의 수단으로 사용하는 것과 같이, 용도 외의 목적으로 사용하는 행위가 범죄를 구성하는가 하는 점이다. 그리고 이러한 신용카드범죄는 대부분 단순한 곤궁범이라기보다 이욕범이라는 데 특색이 있고, 새로운 범죄의 형태로서 증가하는 추세에 있다는 점에서 더욱 큰 사회적인 문제로 인식되고 있다.

본 서는 이하에서 먼저 신용카드범죄의 특성을 살펴보고, 한국의 신용카드범죄유형305)과 중국의 신용카드범죄유형을 비교하고자 한다.

---

305) 김문환, "판례로 본 크레디트카드 범죄(상)", 『판례월보』 제212호, 한

국판례연구원, 1988.5, 25면에서는 1) 타인 명의 카드를 훔친다거나 습득 후 가맹점 등에서 부정 사용하는 경우, 2) 자기 명의 카드의 부정사용(무효카드의 부정사용 및 유효카드의 부정사용), 3) 카드취득에 관한 범죄(카드 보유자와 카드발행회사로부터의 부정취득 및 위조·변조에 의한 카드의 부정취득), 4) 카드의 처분에 관한 범죄, 5) 가맹점에 의한 범죄로 나누고 있다.

정전배, "신용카드범죄 실태 및 효율적 대응방안", 『치안정책연구』, 치안연구소, 1997.8, 45면에서는 신용카드의 취득과 관련된 범죄, 신용카드의 사용과 관련된 범죄, 신용카드의 처분과 관련된 범죄, 매출전표와 관련된 범죄로 나눈 후, 다시 신용카드의 취득과 관련된 범죄는 1) 신용카드를 불법 영득한 경우, 2) 타인 또는 허무인 명의의 신용카드를 발급받는 경우, 3) 허위사실을 기재하여 자기 명의의 카드를 발급받는 경우, 4) 신용카드를 위조·변조하는 경우로 나눈다. 신용카드 사용과 관련된 범죄는 다시 1) 자기 명의 카드를 부정 사용하는 경우, 2) 타인 명의 카드를 이용하여 물품 및 용역을 구매하는 경우, 3) 위조, 변조, 분실, 도난당한 신용카드를 이용해 현금서비스를 제공받는 경우, 4) 위조, 변조, 분실, 도난당한 신용카드를 이용해 예금을 인출하는 경우, 5) 위조, 변조, 분실, 도난당한 카드 이외의 카드의 부정사용으로 나눈다. 그리고 매출전표와 관련된 범죄로는 1) 위조매출전표 작성, 2) 신용카드를 이용한 현금대출, 3) 가맹점의 명의대여, 4) 매출전표의 양도·양수행위, 5) 매출전표금액 변조, 6) 기타 매출전표 유통행위 등을 들고 있다.

최병록, "신용카드범죄의 형사규제에 관한 고찰", 『계간 신용카드』 제6호, 한국신용카드업협회, 1995.3, 16면에서는 신용카드회원 이외의 자의 부정사용과 신용카드회원의 부정사용으로 나누고, 기타 카드회사에 의한 범죄, 가맹점에 의한 범죄 및 신용카드의 처분에 관한 범죄로 나눈다. 이 견해는 신용카드회원 이외의 자의 부정사용범죄를 다시 그 행위태양에 따라 1) 타인 명의 카드를 불법 영득한 경우(절취, 강취, 갈취, 편취, 횡령 등), 2) 신용카드를 위조·변조한 경우, 3) 불법영득 또는 위조·변조된 카드를 판매·사용한 경우로 나누고 있다. 카드회사에 의한 범죄로는 신용카드회원, 가맹점 기타 거래자의 정보를 업무 외의 목적으로 사용하거나 본인 동의 없이 다른 사람에게 제공·누설하는 경우를 들고 있다. 가맹점에 의한 범죄로는 1) 가맹점 수수료를

Ⅱ. 信用카드犯罪의 特性

한국과 중국의 신용카드범죄의 특성이 비슷하므로, 이하에서는 종합하여 다섯 가지 특성을 간추려 보겠다.

첫째, 범행의 신속·집중성이다. 일반적으로 금융범죄를 비롯해 신용카드를 절취, 습득, 위조 등을 한 자는 회원과 신용카드회사가 인지하고 사고등록 등 조치를 취하기 전 신속하고 집중적으로 이를 부정 사용한다. 그러므로 신용카드범죄는 그 착수 후 완료까지 불과 몇 분에서 길게는 하루 이내의 시간이 소요되는 것이 보통이다.

둘째, 부정사용자의 낮은 죄의식이다. 신용카드범죄는 일종의 금융범죄이므로 범죄자는 강력범죄에 비해 죄의식이 낮은 편이다. 일반적으로 우발적인 1회성 범죄와 관련된 피의자들은 가족, 친구, 직장동료 등 주변인의 신용카드를 절취하여 부정 사용하는 사례가 늘어가는 추세이다. 부정사용자는 주변인의 신용카드를 절취하여 부정사용 후 해당 금액을 변제하기만 하면 된다는 인식을 가지고 있는 경

신용카드회원에게 전가하는 경우, 2) 가맹점이 물품을 판매 또는 용역의 제공 없이 신용카드에 의한 거래를 한 것으로 가장하여 매출전표를 작성하거나 실제 매출금액을 초과하여 매출전표를 작성하거나 다른 가맹점 명의로 매출전표를 작성하는 경우, 3) 물품의 판매 또는 용역의 제공을 가장하거나 실제 매출금액을 초과하여 매출전표를 작성하고 자금을 융통해 주는 경우, 4) 매출전표를 양도 또는 양수하는 경우, 5) 카드회원 몰래 매출전표의 금액란을 실제 거래금액보다 초과하여 기재하거나 매출전표를 여러 장 찍어 출금한 경우 등을 들고 있다.

우가 많아 다른 범죄에 비해 죄의식을 느끼지 못하는 편이고, 지능적인 전문범죄자도 신용카드 부정사용의 피해자가 자신이 평소 알지 못하는 불특정다수이거나 카드회사라고 인식하거나 부정사용 시에 피해자와 직접 대면하지 않는 등 이유로 인해 강력범죄에 비해 느끼는 죄책감이 훨씬 덜하고 쉽게 해당 범죄에서 탈피하기 어려운 경향을 보이고 있다.

셋째, 우발적, 지능적 범죄의 공존이다. 카드를 절취하거나 습득하여 사용하는 분실·도난카드의 부정사용의 경우나 배달 중인 카드를 수령하여 부정 사용하는 경우는 주로 카드회원과 관련된 주변인에 의한 우발적 범죄와 관련이 있다. 부정사용자는 자신이 지인의 카드를 사용함으로써 언제든지 이를 변제할 수 있거나 형사적 처벌을 피할 수 있다는 안도감을 가지고 범죄에 임하는 경우가 대부분이다. 전문적인 신용카드 강·절도, 매출전표 유통, 허위매출, 위·변조, 제3자 허위발급 등 범죄는 조직화되고 체계화된 범죄로 신용카드회사의 제도적 허점을[306] 교묘하게 이용한 지능적이고 계획적인 범죄가 공존한다.

넷째, 범행의 지능화이다. 신용카드 사용이 보편화되지 않았던 90

---

306) 인터넷 인구가 증가하고 정보통신 기술이 발달하면서 전산시스템의 허점을 노리는 범죄가 계속 증가하고 있다. 은행, 신용카드사, VAT사, 쇼핑몰 서버 등의 해킹을 통해 은행계좌정보, 신용카드정보 등 금융정보를 수집해 이를 사이버 공간에서 판매하거나 또는 직접 예금계좌의 예금을 인출하거나 카드매출을 발생시켜 이익을 편취하는 범죄시도가 꾸준히 증가하고 실제 사건 사례도 많이 발생된 바 있다. 박철수, "신용카드범죄의 유형 및 대처방안", 「계간 신용카드」, 통권 33권, 여신전문협회, 2005.9, p.64.

년대 중반까지만 하더라도 신용카드범죄는 그다지 지능적이거나 조직화되지 않았다. 그러나 신용카드 사용이 보편화, 일상화되면서 신용카드범죄도 그만큼 발전하여 최근의 경향은 신용카드사들이 미처 발견하지 못한 기술적 허점까지 파고드는 지능적인 범죄 수법들이 발견되고, 분실·도난 카드 부정사용의 경우에 추적을 염두에 둔 신속하고 치밀한 범죄의 양상을 보여 주고 있다.[307]

다섯째, 국제화·광역화이다. 한국의 신용카드시장은 최근 10년간 비약적인 발전을 했다. 자금 흐름의 투명화를 통한 세수 확보를 위해 정부의 정책적인 지원과 "외상이면 소도 잡아먹는다."는 소비심리, 신용카드사들의 과다경쟁에 기초한 기록적인 성장은 철저히 개인의 신용도를 바탕으로 체계적이고 장기적인 성장을 이룬 서구 선진국과 대조되는 점이기도 하다. 한국 신용카드시장이 급성장하면서 국내 회원이 해외에서 피해를 입는 경우는 물론 국내 신용카드범죄 조직이 해외로 진출하거나 해외 범죄조직이 국내 세력과 결탁해 국내 시장에서 범행을 할 수 있는 여건을 마련해 주고 있다.[308]

---

307) 지능범의 범죄특성상 자신의 얼굴 및 신원이 노출되지 않고, 사이버 공간에서 범죄가 가능하기 때문에 금융기관에 대한 정보수집 공격 시도는 계속될 것으로 예상되며 그 수법도 날로 발전할 것이다. 금융기관은 이러한 지속적인 해킹 등의 침입에 대비한 시스템 방어기능의 향상을 위한 노력을 게을리 하지 말아야 하며, 관련 정보를 수집하고 예방책을 세우는 등 기술적인 대책을 계속 수립하여야 한다. 박철수, 전게논문, p.65.

308) 실제로 국내 신용카드회원이 해외에서 카드를 사용하다 위조·변조되어 제3국 등에서 사용되는 총 피해 금액은 2004년 말 기준으로 약 150억 원 이상인 것으로 잠정, 집계되고 있으며, 해외에서 위조한 신용카드를 국내에 반입하여 고가의 전자제품, 귀금속 등을 구입하거나 국내 세력과 결탁하여 허위 매출을 가장하여 현금화하는 사례를 쉽게

Ⅲ. 韓國의 信用카드犯罪

1. 信用카드의 僞造・變造行爲[309]

신용카드가 형법상 사문서에 해당하며, 따라서 이를 위조하거나 변조하면 형법상 사문서위조 또는 변조죄(형법 제231조)에 해당하게 된다. 그러나 여신전문금융업법은 "신용카드를 위조[310]・변조[311]하거

발견할 수 있다. 미국, 유럽 등 선진국과 비교해 볼 때, 국내의 신용카드 위조・변조로 인한 피해 규모는 아직 크지 않으나 신용카드범죄가 국제화・광역화되고 있는 추세로 앞으로 계속하여 꾸준히 증가할 것으로 판단된다. 그리고 인터넷을 활용한 국내 범죄가 광역화되고 있으며, 또한 인터넷을 이용한 범죄의 국제화가 더욱 가속화되는 경향이다. 신용카드를 이용한 허위 매출청구, 사기, 카지노 도박 등 범죄 대상이 전세계로 확대되고 있다. 최근에 가장 문제 되는 부분은 동남아 일대에서 조직적이고 전문적으로 카드를 위조한 후 동남아 각지뿐만 아니라 국내에도 반입하여 사용하는 '해외위조'가 급증하여 국내 카드사들이 연간 100억 원에 이르는 손실을 보는 등 사회문제가 되고 있어 국제공조 및 카드 위조・변조 방지를 위한 기술적인 대책이 시급한 실정이다. 박철수, 전게논문, pp.62-64.

309) 예컨대, 자기 명의의 카드를 위조하는 행위, 발급된 신용카드가 우송 중 분실된 것을 습득한 자가 그 카드의 배면에 자기의 서명을 기입하여 사용하는 행위, 유효기간이 경과한 신용카드를 위조・변조하여 사용하는 행위 등.

310) 위조라 함은 작성권한 없는 자가 타인 명의의 문서를 작성하는 것이다. 즉 권한 없이 타인 명의의 문서를 작성한 이상, 설사 그 내용이 진실이라 할지라도 위조에 해당한다. 위조의 개념은 원래 유형위조와 무형위조의 두 가지로 사용되어 왔다. 적법하게 문서를 작성할 권한이 없는 자가 타인의 명의를 모용하여 문서를 작성하는 것, 즉 문서의 형

나 위조·변조된 신용카드를 사용한 자는 7년 이하의 징역 또는 5천만 원 이하의 벌금에 처한다."(동법 제70조 제1항)라고 규정하고 있다. 따라서 형법상의 사문서위조·변조죄는 특별형법인 여신전문금융업법의 위조·변조죄와 법조경합의 관계에 서게 된다. 결국, 신용카드의 위조·변조에 관해서는 일반형법의 적용이 배제되고 여신전문금융업법이 적용될 뿐이다.

2. 第3者에 의한 信用카드犯罪[312]

제3자에 의한 신용카드범죄는 주로 타인 명의의 신용카드를 부정

식 자체를 허위로 하는 것을 유형위조·형식위조라 하고, 문서의 작성 명의에는 거짓이 없으나 진실에 반하는 내용의 문서를 작성하는 것을 무형위조·내용위조라고 한다. 우리 형법상 유형위조는 일반적으로 처벌되고, 무형위조는 진단서 등 사문서의 특수한 경우와 공문서에 있어서만 처벌하고 있다. 유형위조는 문서의 작성 자체에 관한 허위를 의미하는 것으로서 형법상 위조로 표현되고 있고, 무형위조는 문서의 내용에 관한 허위를 뜻하는 것으로서 형법상 허위작성을 가리킨다. 鄭英一, 『刑法槪論』, 博英社, 2004.2, p.640.

311) 변조는 이미 진정하게 성립된 타인 명의의 문서에 대하여 아무런 권한 없이 그 동일성을 해하지 아니할 정도의 변경을 가하는 것을 말한다. 예컨대, 타인 명의의 차용증서의 기간 또는 금액에 변경을 가하거나, 결재된 원안문서의 내용을 일부 삭제하거나 또는 새로운 사항을 첨가하는 경우이다. 변조된 내용이 객관적 진실에 부합하거나 또는 작성명의인에게 유리한 것이라 하더라도 변조는 성립한다. 鄭英一, 상게서, p.640.

312) 예컨대, 분실 또는 도난당한 카드를 부정으로 사용하는 행위, 통신(전화)판매 제도를 이용하여 카드를 제시하지 않고 타인 명의로 제3자가 신용구매를 하는 행위.

으로 이용하는 경우를 말한다. 신용카드의 재물성이 인정되는 이상, 다른 사람의 신용카드를 절취하는 행위가 절도죄에 해당함에는 아무런 이론이 없다. 또한 신용카드를 습득하여 이용하는 것이 점유이탈물횡령죄에 해당하는 것도 당연하다. 문제는 절취하거나 횡령한 그 신용카드를 이용하여 구입하는 행위가 소위 '불가벌적 사후행위'313) 로서 범죄를 구성하지 않는 것이 아닌가 하는 점이다. 그런데 그 사후행위가 다른 사람 또는 다른 법익을 침해한 때에는 불가벌적 사후행위가 될 수 없다. 이렇게 볼 때 절취·횡령한 카드를 이용하여 물품 등을 구입하는 행위는 사기죄를 구성한다고 보아야 한다. 신용카드를 절취한 자가 카드를 이용하여 물품 등을 구입할 때, 매출전표에 서명하는 행위는 사문서위조죄에 해당한다. 매출전표가 사문서에 해당한다는 것은 의심의 여지가 없고, 이에 서명하는 것은 타인의 이름을 위작해 내는 것으로 위조가 아닐 수 없기 때문이다.

---

313) 불가벌적 사후행위라 함은 범죄에 의하여 획득한 위법한 이익을 확보·사용·처분하는 사후행위가, 이미 저질러진 주된 범죄에 의하여 완전히 평가된 것이기 때문에, 따로 범죄를 구성하지 않는 경우를 말한다. 예컨대, 절취한 자기앞수표로 은행에서 환금하는 것은 불가벌적 사후행위로서 절도죄 이외에 범죄를 구성하지 아니하는 것이 그 것이다(대법원 1982. 7. 27, 82도822).

3. 카드會員에 의한 信用카드犯罪[314]

(1) 부정한 방법으로 신용카드를 발급받는 행위

앞에서 살핀 바와 같이 형법상 신용카드는 재물이다. 따라서 부실표시로 카드회사를 기망하여 이를 발급받은 행위는 사기죄에 해당한다. 이 경우, 카드회사에 소정의 회비를 납부하였더라도 마찬가지이다.

그런데 원래 사기죄가 성립하려면 피기망자의 착오와 처분행위 사이에 인과관계가 있어야 함은 물론, 재산상의 손해가 발생하여야 되므로, 신용카드가 단지 발급된 상태인 경우를 재산상 손해가 발생한 것으로 보아야 하는가 하는 의문이 있을 수 있다. 그러나 그 재산상 손해는 재산의 위험만으로도 족하다고 보는 것이 통설이다. 따라서 신용카드의 발급에 의하여 신용카드회사에 금전상의 손해가 현실적으로 발생하지는 않았지만, 재산평가에 대한 구체적 위험이 발생하였으므로 사기죄가 성립하는 데 지장이 없다. 만일 입회신청을 함에 있어서 다른 사람 명의로 신청하거나 다른 사람 명의로 보증을 한 경우에는 위와 같은 사기죄 이외에 사문서위조죄가 성립하는 것은 물론이다.

---

314) 예컨대, 부정한 방법으로(부실정보제공 등) 신용카드를 발급받는 행위, 변제의 의사와 능력도 없이 신용카드를 남용하는 행위, 신용카드를 양도·입질·대여하는 것과 같이 신용카드를 부정으로 처분하는 행위.

(2) 부정으로 발급받은 신용카드를 사용하는 행위

카드회원이 부정한 방법으로 신용카드를 발급받았을 뿐만 아니라, 이를 사용하여 물품 등을 구매한 경우이다. 이 경우 가맹점이 그 신용카드 사용자가 부정한 방법에 의하여 카드를 취득한 것을 알았다면 신용카드에 의한 판매를 하지 않았을 것이므로, 이는 카드소지인이 자신과 카드회사의 관계를 부실 표시하여 가맹점을 착오에 빠지게 하는 것이고, 재산을 처분케 한 것이므로 사기죄가 된다.

따라서 부정한 방법으로 신용카드를 발급받은 행위와 이를 이용하여 물품 등을 구입한 행위는 각각 사기죄에 해당하고, 양자는 실체적 경합범으로 처벌된다.[315] 이에 관련되는 판례를 살펴보면 다음과 같다.

신용카드의 거래는 신용카드회사로부터 카드를 발급받은 사람이 위 카드를 사용하여 카드가맹점으로부터 물품을 구입하면 그 카드를 소지하여 사용하는 사람이 카드회사로부터 카드를 발급받은 정당한 소

---

315) 이에 대하여 사기죄부정설과 사기죄긍정설이 있다. 사기죄부정설은 신용카드회사가 무분별하게 신용카드를 발급하는 현실을 고려하여 정책적으로 사기죄의 성립을 부정하여야 하고, 신용카드 자체는 가치라고 할 수 없을 정도로 경미한 것이고, 카드사용이 가능한 지위에 있다는 것만으로 침해범인 사기죄를 인정할 수 없다고 한다. 그러나 카드 자체의 재물성을 인정할 수 있고, 행위자가 자신의 재산상태에 대해 기망행위를 했고 카드회사가 이에 착오를 일으켜 발급함으로써 행위자는 카드회사의 재산을 처분할 수 있는 자의 지위에 놓이게 되고, 이로써 카드회사에 재산상 손해의 위험이 발생했으므로 사기죄를 긍정하는 견해가 타당하다. 宋憲哲, 「刑法新講」, 文聲, 2003, p.852.

지인인 한, 카드회사가 그 대금을 가맹점에 결제하고, 카드회사는 카드사용자에 대하여 물품 구입대금을 대출해 준 금전채권을 가지는 것이고, 또 카드사용자가 현금자동지급기를 통해서 현금서비스를 받아가면 현금대출관계가 성립되게 되는 것인바, 이와 같은 카드사용으로 인한 카드회사의 금전채권을 발생케 하는 카드사용 행위는 카드회사로부터 일정한 한도 내에서 신용공여가 이루어지고, 그 신용공여의 범위 내에서는 정당한 소지인에 의한 카드사용에 의한 금전대출이 카드 발급 시에 미리 포괄적으로 허용되어 있는 것인바, 현금자동지급기를 통한 현금대출도 결국 카드회사로부터 그 지급이 미리 허용된 것이고, 단순히 그 지급방법만이 사람이 아닌 기계에 의해서 이루어지는 것에 불과하다. 그렇다면 피고인이 카드사용으로 인한 대금결제의 의사와 능력이 없으면서도 있는 것같이 가장하여 카드회사를 기망하고, 카드회사는 이에 착오를 일으켜 일정 한도 내에서 카드사용을 허용해 줌으로써 피고인은 기망당한 카드회사의 신용공여라는 하자 있는 의사표시에 편승하여 자동지급기를 통한 현금대출도 받고, 가맹점을 통한 물품 구입대금 대출도 받아 카드발급회사로 하여금 같은 액수 상당의 피해를 입게 함으로써, 카드사용으로 인한 일련의 편취행위가 포괄적으로 이루어지는 것이다. 따라서 카드사용으로 인한 카드회사의 손해는 그것이 자동지급기에 의한 인출행위이든 가맹점을 통한 물품 구입 행위이든 불문하고, 모두가 피해자인 카드회사의 기망당한 의사 표시에 따른 카드발급에 터 잡아 이루어지는 사기의 포괄일죄이다.316)

---

316) 대판 1996. 4. 9. 95도2466.

(3) 자기 명의의 유효한 신용카드를 부정으로 사용하는 행위

신용카드회원이 유효하게 취득한 자기 명의의 신용카드를 후일 결제할 의사와 능력도 없이 사용하여 가맹점으로부터 상품을 구입하는 행위는 부도 처리될 어음으로 상품을 편취하는 것과 매우 유사하다. 다만, 일반적인 거래와는 달리 신용공여기관인 카드회사가 중간에 개재하게 되므로, 사기죄의 성립 여부와 법리구성[317)에 난점이 있으며 견해가 대립하게 되는 것이다.

원래 형법상 사기죄가 성립하기 위해서는 기망행위가 있고 이에

---

317) 사기죄의 성립을 인정하는 견해는 다음의 3가지로 나누어 볼 수 있다. 첫째, 신용카드회사를 피기망자로 하는 사기죄가 성립한다는 설이다. 이 설에 따르면 가맹점에 대한 관계에서는 사기죄가 성립하지 않는 점에서는 전설과 같지만, 카드회원이 서명한 매출전표가 가맹점을 통하여 카드회사에 송부되면 기망행위가 있게 된다. 이에 따라 카드회사가 가맹점에 대금을 지급하면 재산처분행위가 있게 되며, 그 처분행위에 의하여 카드회원은 가맹점에 대한 대금지급채무를 면하게 되므로, 재산상 이득을 취하였다고 볼 것이고, 결국 카드회사에 대하여 사기죄가 성립한다고 본다. 둘째, 가맹점을 피기망자 및 처분행위자로 하고, 카드회사를 피해자로 하는 사기죄가 성립한다고 보는 견해이다. 이 설에 따르면, 카드회원의 가맹점에 대한 기망행위를 인정하고, 카드회사가 가맹점에 대금을 지급하면 사기죄가 성립한다고 보는 것이다. 이 설의 논거는 가맹점은 매출전표를 카드회사에 송부하면 반드시 그 대금을 지급받게 되는 것이므로, 가맹점은 카드회사의 재산을 처분할 수 있는 지위에 있다고 보아야 한다는 것이다. 셋째, 가맹점을 피기망자 겸 피해자로 하는 사기죄가 성립한다고 보는 견해이다. 이 설에 따르면, 가맹점에 대한 기망행위가 존재하고, 그 기망행위와 가맹점의 처분행위와의 사이에는 인과관계가 인정되는 것이며, 가맹점에 의한 물품의 교부나 서비스의 제공 자체가 재산상의 손해라 할 것이므로, 피해자도 가맹점이라고 보아야 한다는 것이다. 韓相文, 전게서, pp.329-331.

따라 피기망자의 처분행위가 있어야 하며, 그 처분행위에 의하여 재산상의 손해가 발생하여야 한다. 그리고 기망행위와 착오 사이, 착오와 처분행위 사이에 인과관계가 있어야 하는 것이지만, 피기망자(처분행위자)와 재산상 손해자는 반드시 일치할 필요가 없다.[318]

4. 加盟店에 의한 信用카드犯罪

신용카드가맹점은 물품의 판매 또는 용역의 제공 없이 신용카드에 의한 거래를 한 것으로 가장하여 매출전표를 작성하거나, 실제 매출금액을 초과하여 매출전표를 작성하여서는 안 된다(여신전문금융업

---

318) 카드회원이 본인 명의의 신용카드를 제시하고 물품을 구입하는 경우에는 기망행위가 성립할 수 없다는 견해가 있다. 그러나 신용카드거래에 있어서, 가맹점은 자기가 카드회사로부터 체당 지급받은 신용판매대금을, 결제일에 카드회원이 상환할 것이라는 것을 믿고 판매한 것이라고 보아야 한다. 만일 카드회원이 이를 상환할 의사와 능력이 없다는 것을 알았다면, 그 신용판매를 거절하였을 것임에도 불구하고, 지급의 의사와 능력이 있는 것처럼 카드를 제시하여 가맹점을 착오에 빠지게 한 것은 기망행위에 해당하는 것이 아닐 수 없다. 설혹 법령 및 가맹점규약에, 카드소지인에 대한 판매거절을 금지시키는 규정이 있다고 하더라도, 이것은 그 카드제시인이 지급의 의사와 능력이 없는 경우까지 판매할 의무가 있다는 것을 의미하지는 않는다. 오히려 이러한 경우에는 그 판매를 거절함으로써, 신용카드회사의 이익을 보호해 주어야 할 신의칙상의 의무가 가맹점에 있다고 보아야 할 것이며, 이러한 점에서 카드회원이 카드를 제시하여 구매행위를 할 때, 기망행위가 있었다고 보아야 할 것이고, 피기망자는 가맹점이 된다고 보아야 한다. 韓相文, 전게서, p.337.

법 제70조 제2항 제3호). 신용카드가맹점규약도 명문으로 이를 금지시키고 있다.

신용카드거래가 없음에도 불구하고 신용매출이 있었던 것으로 가장하여 매출전표를 작성하거나, 실제 매출금액을 초과하는 매출전표를 작성하여, 카드회사로부터 해당금액을 수령하였다면, 형법상 사기죄를 구성한다는 점에 관해서는 이론이 있을 수 없다. 이때 카드회원이 그 사실을 알고 서명의 방법으로 가담하였다면, 당연히 사기죄의 공범이 되는 것은 물론이다. 그리고 카드회원이 모르고 있는 상태에서 이러한 매출전표를 작성하였다면 사문서위조죄 및 동 행사죄에 해당하는 것은 물론이다.

신용카드가맹점은 다른 신용카드가맹점 명의로 매출전표를 작성하여서는 안 된다(여신전문금융업법 제70조 제2항 제4호). 이에 위반하여 다른 가맹점 명의로 매출전표를 행사한 경우, 당해 매출전표를 작성한 자는 3년 이하의 징역 또는 2천만 원 이하의 벌금에 처한다. 이와 관련된 판례를 살펴보면 다음과 같다.

> 신용카드가맹점주가 신용카드회사로부터 금원을 교부받을 당시 신용카드회사에 매출전표가 용역의 제공을 가장하여 허위로 작성된 것임을 고지하지 아니한 채 제출하여 대금을 청구하였고, 신용카드회사는 매출전표에 기재된 바와 같은 가맹점의 용역의 제공이 실제로 있는 것으로 오신하여 그에게 그 대금 상당의 금원을 교부한 경우, 신용카드회사가 가맹점의 용역의 제공을 가장한 허위 내용의 매출전표에 의한 대금청구에 대해서는 이를 거절할 수 있는 등 매출전표가 허위임을 있었더라면 가맹점주에게 그 대금의 지급을 하지 아니하였을

관계가 인정된다면, 가맹점주가 용역의 제공을 가장한 허위의 매출전표임을 고지하지 아니한 채 신용카드회사에 제출하여 대금을 청구한 행위는 사기죄의 실행행위로서의 기망행위에 해당하고, 가맹점주에게 이러한 기망행위에 대한 범의가 있었다면, 비록 당시 그에게 신용카드 이용대금을 변제할 의사와 능력이 있었다고 하더라도 사기죄의 범의가 있었음을 인정할 수 있다.[319]

Ⅳ. 中國의 信用카드犯罪

1. 信用카드의 僞造 · 變造行爲

중국 형법 제177조 제1항에서는 위조된 신용카드를 사용한 자는 3년 이하의 징역 그리고(또는) 1만 위안 이상 10만 위안 이하의 벌금에 처한다고 규정하고 있다. 또한 제2항에서는 영향이 큰 경우는 3년 이상 10년 이하의 징역 그리고(또는) 20만 위안 이하의 벌금에 처한다고 규정하고 있다.

---

319) 대판 1999. 2. 12, 98도3549.

2. 카드會員에 의한 信用카드犯罪

카드회원이 발행은행에 이용대금의 지급의사나 능력도 없으면서 신용카드를 이용하여 물품을 구매하거나 현금인출 또는 현금대출 등 서비스를 받거나, 악의의 현금대출서비스를 받아 발행은행의 자금을 점유하려는 경우가 있다. 신용불량자들은 발행은행이 신용카드 분실신고 시효를 규정하는 기간의 차이, 그리고 '지불정지 명단'을 발행은행에서 가맹점으로 전달하는 과정에서 생긴 시차를 이용하여 자신의 신용카드와 신분증이 분실되었다고 허위로 신고하는 동시에, 신용한도 내에 대량으로 현금을 인출하거나 물품을 구입하기도 한다.

3. 第3者에 의한 信用카드犯罪

현대화 통신기술이 뒤떨어져 있는 지역의 경우, 범죄자들은 지불정지 명단이 발행은행에서 가맹점으로 전달하는 동안, 도난·분실된 신용카드를 이용하여 물품을 구입하거나 용역을 제공받는다. 제3자가 도난·분실된 신용카드를 습득하여 이용하는 경우, 주로 다음과 같은 특징을 가지고 있다. 즉 합법적인 카드소지인의 유효한 서명을 모방하고, 합법적인 카드소지인의 유효한 비밀번호를 이용하여 ATM 혹은 POS기에서 부정하게 사용한다.

4. 加盟店에 의한 信用카드犯罪

가맹점에 의한 신용카드범죄는 주로 가맹점 직원이 물품을 판매한 매출전표의 금액을 변조하여 발행은행에 부당청구를 하는 행위를 말한다. 카드소지인 몰래 백지매출전표에 카드소지인의 서명을 받아 이 백지매출전표에 금액을 기입한 후, 부당청구를 하는 경우도 있다. 또한 범죄자와 공모하여 허위 매출전표를 발행은행에 부당하게 청구하는 경우도 있다.[320]

---

320) 白力, 전게서, 第82頁.

第7節 小 結

Ⅰ. 法·制度에 관한 比較法的 研究

한국 여신전문금융업법에서는 신용카드업자가 신용카드회원으로부터 신용카드의 도난·분실 등 통지를 받은 때에는 그때부터 해당 신용카드회원에 대하여 신용카드 사용으로 인한 책임을 부담한다고 규정하고 있다. 신용카드의 사고신고 통지 이후에는 카드회사부담주의를 원칙으로 하고 있다.

한편, 중국 현행 법제도에서는 신용카드의 사고신고 통지를 받은 후 발생한 손실에 대해 누가 책임을 부담하여야 하는가에 관한 구체적인 규정이 없고, 대부분의 경우 은행규장 혹은 발행은행 내부에서 정한 회원약관에 의하여 부정사용에 따른 손실부담 귀속문제를 해결한다.

Ⅱ. 카드會社의 責任에 관한 比較法的 研究

카드회사는 장기간에 걸친 막대한 금액의 카드거래실적을 바탕으로 카드의 부정사용에 따른 손실비용을 정확히 산정할 수 있고, 카드제도 자체에서 주도적인 입장에 있으므로 손실을 최소화하는 데 적절한 지위에 있다. 또 카드의 부정사용 시에 대비하여 보험가입을 통해 보험회사가 손실을 부담하는 방법으로 위험을 분산시킬 수도 있다.

그러나 중국에 있어서 대부분 은행의 회원약관에서는 신용카드 분실신고 후 24시간(어떤 은행에서는 36시간을 기준으로 한다) 내에 발생한 모든 손실은 카드회원이 부담하여야 한다고 규정하고 있고, 발행은행에서 분실신고를 절차적으로 확인한 후에서야 모든 손실을 부담하고 있다. 물론 연해 지역, 南方 지역에서는 분실신고를 받은 후부터 모든 손실을 부담하는 곳도 있다. 따라서 중국도 한국처럼 표준약관에 의거하여 회원약관을 제정하는 방향으로 나가야 타당하다고 생각된다.

Ⅲ. 카드會員의 責任에 관한 比較法的 研究

카드회원은 적어도 현금과 같은 정도의 주의를 기울여 카드를 보관하여야 하며, 카드를 도난·분실한 경우에는 이 사실을 신속히 카드회사에 신고하여 손실확대를 방지하여야 한다. 이를 위반하여 손실이 발생하였다면 카드회원은 부정사용에 따른 손실부담을 하여야 한다.

그러나 사고신고 후 손실부담에 관하여 카드회사부담주의를 취한다고 하더라도, 회원에게 중대한 귀책사유가 있는 경우까지 카드회사에 손실을 부담시키고 회원을 면책하게 하는 것은 오히려 신의칙에 반하는 것이 아닐 수 없다.

한편, 중국 각 은행에서 규정하고 있는 회원약관에서는 사고신고 후 24시간(혹은 36시간) 내의 손실부담에 관해서는 카드회원부담주의를 취하고 있다. 하지만 이런 카드회원부담주의에 대해서는 일반적으로 부당하다고 여겨지고 있으며, 현재 중국 신용카드관리조례 제정 초안에서도 전문가들은 이에 대해 많은 비판을 가하고 있다.

Ⅳ. 加盟店의 責任에 관한 比較法的 研究

가맹점은 원활하고 유효한 카드거래를 위하여 적어도 카드이용자와 카드회원이 동일한지, 카드상의 서명과 매출전표상의 서명이 일치하는지, 신용카드의 유효성이 인정되는지의 여부를 확인하여야 할 주의의무가 있다. 따라서 그 확인에 과실이 있으면 책임은 가맹점이 부담하여야 하며, 이 경우 카드회원이 카드의 도난·분실의 신고를 카드회사에 하기 전일지라도 가맹점이 책임을 져야 한다. 그러나 실제 대금결제과정에 있어서 중국은 현재까지 네트워크가 제대로 형성되어 있지 못하였기 때문에 가맹점이 카드상의 서명과 매출전표상의 서명이 일치하는지 확인하지 못하고 있다.

信用카드 保證人의 責任

第 5 章

第1節 序 說

　종래 국내 각 신용카드는 대부분 회원규약상으로 회원입회신청서에 연대보증인을 세우도록 하고 있었다. 그러나 신용카드거래에 따른 대금지급의 채무를 연대보증인에게 묻는 것은 본래 신용카드제도 자체의 본질과는 맞지 않는 것이다. 왜냐하면 신용카드는 원래 회원에 대한 철저한 개인별 신용조사를 거친 후 발급되고, 이때 그 신용도에 따라 신용한도액(credit line)이 주어지며, 거래의 진전에 따라 점차 그 신용한도액을 늘려 가는 것이기 때문이다.

　다시 말하면 신용카드는 회원 본인의 신용에 기초되어 발급되는 것이지, 회원이 아닌 제3자의 신용까지 빌려서 발급되는 것이 아니라는 점에서, 신용카드와 보증은 논리상 상응할 수 없는 것이다. 왜냐하면 만일 회원이 이러한 신용한도액을 초과하여 카드를 사용하고 이를 상환하지 않는 경우에는 보험제도에 의거하거나 카드회사 스스로의 정상적인 영업과정에서 발생한 손실로 흡수하는 것이 원칙일 것이기 때문이다.

　따라서 카드선진국인 미국의 경우에는 전국적인 신용정보기관을 활용하여 회원에 대한 철저한 신용조사를 실시하여 무보증인제도를 원칙화하고 있으며, 극히 예외적이나마 보증인을 세우는 경우라도 카드회사가 보증인에게 '책임내용을 서면으로 고지'(notice to consigner) 하도록 강제하고 있다. 실제로 국내에 진출해 있는 외국계 전문 신용카드회사인 American Express Card와 Diners Club Card의 경우에는 보증인제도를 채택하지 않고 있다.

그럼에도 불구하고, 대부분의 한국 신용카드회사들이 보증인제도를 채택하고 있었던 이유는 다음과 같다. 첫째, 아직까지 한국의 경우는 전국적인 규모의 전문 신용조사기관이 없어 회원 본인에 대한 철저한 신용조사에 한계가 있었으므로, 개별적으로 신용한도액을 부여하여 운영하는 것에 문제가 있었다. 둘째, 신용사회가 정착되어 있지 못하여, 신용카드의 남용과 연체이용대금의 누적으로 신용카드회사가 경영상 막대한 지장을 받고 있는 것이 현실이었기 때문에, 신용카드회사들은 그 채권보전책으로 보증인제도를 활용하지 않을 수 없었다는 점이다. 왜냐하면 비교적 소액거래인 신용카드의 채무담보를 위하여, 물적 담보의 설정을 요구할 수는 없는 것이기 때문이다.

이하에서는 신용카드보증의 특성인 계속적 보증의 개념과 특성을 살펴본 다음, 신용카드보증을 살펴보기로 한다.

第2節 繼續的 保證의 槪念

Ⅰ. 繼續的 保證의 意義

보증채무는 크게 두 가지로 나눌 수 있다. 하나는 이미 발생한 채무에 대한 보증이고, 다른 하나는 장래에 발생할 채무에 대한 보증이다. 장래에 발생할 채무에 대한 보증은 다시 이를 두 가지로 나눌 수 있다. 하나는 장래의 어느 시기에 일회적으로 발생할 채무에 대한 보증이고, 다른 하나는 현재로부터 장래의 어느 시기까지 계속적으로 발생·소멸하는 채무에 대한 보증이다. 이 중 후자에 대하여 좀더 설명을 한다면 어느 기간 동안 발생·소멸하는 채무를 그 기간의 종료 시에 결산하여 확정된 채무를 주채무로 하는 보증채무이다. 설명의 편의를 위하여 이미 발생된 채무에 대한 보증과 장래의 어느 시기에 일회적으로 발생할 채무에 대한 보증을 묶어 일시적 보증이라고 부르고, 어느 기간 동안 발생·소멸하는 것을 주채무로 하는 것을 계속적 보증이라고 부른다.321) 계속적 보증은 일시적 보증에

---

321) 일시적 보증, 계속적 보증이라고 부르는 용어는 우리의 법문에는 없는

비하여 특수한 성격을 가지고 있고, 따라서 보증채무에 대한 분류는 현재·장래의 것으로 분류하기보다는 일시적·계속적인 것으로 분류하는 것이 그 의미가 있다.

Ⅱ. 繼續的 保證의 特性

1. 保證債務 全般의 特性

일반적으로 보증은 다섯 가지의 특성을 가지고 있다. 즉 첫째, 이타성이 있다. 보증인은 대체로 자신의 이익을 위하여 보증을 서는 것이 아니라 피보증인을 위하여 보증을 선다. 둘째, 무상성이 있다. 보증인은 피보증인을 위하여 보증을 서면서도 그에 대하여 대가를 받지 않는 것이 보통이라고 볼 수 있다. 셋째, 정의성이 있다. 보증

용어이다. 하지만 학자들과 판례가 이런 용어를 쓰고 있어 여기에서는 그에 따르기로 한다. 金光年, 「계속적 보증계약과 보증인의 해지권」, 民事判例研究Ⅳ권, p.54; 金先錫, 「계속적 보증에 있어서 보증인의 해약권」, 司法行政 86년 10월호, p.66; 李增雨, 「계속적 보증에서 책임한도의 제한」, 大邱地方辯護士會, 「衡平과 正義」, 창간호(85년) p.98; 대법원 1962. 10. 25, 62다447; 대법원 1978. 3. 28, 77나2298; 대법원 1986. 9. 9, 86다카792; 대법원 1988. 4. 27, 87다카2143; 서울고법 1984. 6. 14, 83나4529; 서울민사지법 84. 2. 17, 83가합7254.

인이 보증을 서게 되는 경위를 보면 거의 모두 피보증인과의 정의관계 때문에 마지못하여 선다. 넷째, 인적 책임성이 있다. 보증인은 책임을 지게 될 때에는 그의 전 재산이 그 책임재산으로 된다. 다섯째, 경솔성이 있다. 이처럼 보증책임은 무거운 것임에도 불구하고 보증人이 보증을 설 때에는 이런 것을 충분히 인식하지 못하고 경솔하게 보증을 서는 경우가 많다.

2. 繼續的 保證의 特性

계속적 보증은 보증채무 전반에 관한 특성을 다 그대로 지니고 있을 뿐만 아니라, 계속적인 것이라는 점에 있어서 더욱 그 특성을 강하게 지니고 있다. 그리고 그 밖에도 계속적 채권관계에서 생기는 여러 가지 특성도 지니고 있다고 볼 수 있다.[322) 즉

첫째, 이타성, 무상성, 정의성, 경솔성 및 人的 보증성이 있다. 위에서 열거한 이타성, 무상성, 정의성, 경솔성은 계속적 보증에도 모두 그대로 나타난다. 하지만 계속적 보증에서는 이러한 특징들이 좀 더 강하게 나타난다. 인적 보증성은 물론 여기에도 그대로이다. 둘째, 미필성·불확정성이 있다. 계속적 보증에 있어서는 보증인이 실제로 부담할 보증채무에 발생이 미필적이고, 그 채무액이 확정되어 있지 않다. 그래서 보증인은 뒤에 실제로 별 부담이 없겠지 하는 생

---

322) 金光年, 상게논문, p.54.

각으로 보증을 서는 예가 많다. 셋째, 광범성이 있다. 계속적 보증에
있어서는 대체로 보증책임의 범위가 넓다. 보증계약의 내용에 그 한
도가 아예 정하여져 있지 아니한 경우도 있고, 그것이 정하여져 있
더라도 그 한도가 대체로 높다. 그래서 위와 같이 당초에는 미필성,
불확정적인 것이지만 뜻밖에도 보증인이 당초 생각하지 못한 큰 책
임을 지게 되는 경우가 있다. 넷째, 계속성이 있다. 보증계약의 기간
이 보증인의 입장에서 보면 대체로 길다. 그 기간이 아예 정하여져
있지 않거나 정하여져 있더라도 그 기간이 짧아야 1년이고, 대부분
3년 내지 5년이다. 거기에 주된 거래가 갱신됨에 따라 보증계약도
갱신되는 것으로 정하여져 있는 경우도 많다.[323]

3. 信用카드 保證의 特性

신용카드의 보증인은 그 보증의 동기에 있어서 회원과의 인간적
정의로 인하여 보증을 하게 되고, 아무런 보증의 대가를 받지 아니
하며, 후일 보증사고는 발생하지 않으리라는 회원에 대한 믿음 때문
에 보증을 하게 되는 것이 보통이다. 따라서 실제로 보증사고가 발
생하여 카드회사로부터 보증채무의 이행을 청구받게 되면, 보증인은
그 동기와 신뢰가 깨어지게 되어 보증채무를 이행하는 것이 억울하

---

323) 金教昌, "信用카드 保證人의 責任", 「信用카드에 관한 法的 諸問題」,
韓國商事法學會, 1998, pp.34-35.

다는 생각을 가지게 된다.

특히 신용카드보증은 계속적 보증으로서, 보증 당시에 주채무의 내용과 범위가 정하여져 있지도 않고, 보증 후에 주채무자인 회원의 신용파악이 곤란하게 되는 등, 일반보증과는 그 성격이 다른 특성을 가지고 있다. 카드보증인은 단순히 주채무자인 카드회원의 카드이용대금채무만을 보증할 뿐만 아니라, 카드회원약관에 의하여 부담하게 되는 모든 채무에 대하여 회원과 동일하게 연대하여 책임을 지는 것이다.[324]

---

[324] 다음과 같은 채무는 보증채무의 범위에 속하고 있다. 즉 상품의 구매 또는 서비스 제공에 따른 이용대금채무, 현금서비스채무, 연회비 또는 카드발급수수료, 법적 철차비용, 이상의 채무불이행으로 인하여 발생한 지연배상금 등. 그러나 다음과 같은 채무는 異論이 좀 있다. 즉 첫째, 부정사용 부분에 대한 보증책임. 부정사용에 따른 책임부담의 문제에 관해서는 카드회원부담주의와 카드회사부담주의의 대립이 있고, 한국 신용카드 약관은 원칙적으로 카드회사부담주의에 입각하고 있으면서, 예외적인 경우에 한하여 카드회원이 그 책임을 부담하는 것으로 되어 있다. 따라서 카드의 부정사용 부분에 대한 보증책임의 문제는 카드회원이 예외적으로 그 책임을 부담하게 되는 경우에, 보증인도 이에 대하여 보증책임을 져야 하는가 하는 문제가 있다. 이에 관하여 국내의 일부 신용카드보증약관은, 카드의 부정사용에 따른 채무에 대해서도, 그 채무액이 후술하는 보증책임의 범위 내에 속하는 이상, 보증인은 보증책임을 부담하여야 한다고 규정하고 있다. 둘째, 가족회원의 카드이용대금채무. 본인회원과 그 가족회원은 카드이용대금 등 카드회사에 대한 일체의 채무에 대하여 상호 연대하여 책임을 지도록 규정되어 있기 때문에, 이에 대해서도 보증인의 보증책임이 미치는지 다음과 같은 두 가지 경우를 봐야 한다. 즉 첫째 본인회원이 신용카드 가입신청을 할 때 가족회원도 함께 입회 신청한 경우에는, 그 가족회원의 카드이용채무에 대해서도 보증책임이 미친다고 하지 않을 수 없다. 그러나 본인회원이 회원가입을 신청할 때에는 가족회원으로서의 가입신청을 하지 않고 있다가, 후일 추가로 가족회원 가입신청을 한 경우

실제로 신용카드와 관련하여 제기되는 법률적 분쟁은 그 대부분이 보증책임에 관한 것이고, 이는 위와 같은 신용카드보증의 특수성에서 기인하는 것이라고 볼 수 있다.

Ⅲ. 繼續的 保證에 관한 大法院判例

1. 大法院判例의 基本態度

계속적 보증에 대한 입법이 미비한 상태에서 이에 대한 법적 규제는 오로지 판례를 통하여 이루어질 수밖에 없기 때문에 판례가 갖는 의미를 크게 생각하지 않을 수 없다.

계속적 보증에 대하여 우리 대법원은 그동안 그 보증책임의 한도를 합리적인 범위 내로 정하고, 또 그 보증계약의 존속기간도 합리적인 기간 내로 정하고 기회가 있으면 보증인에게 해지권을 주려고 꾸준히 노력해 오고 있다. 그리고 대법원은 한국 민법의 기본이념인 계약자유의 원칙을 지키면서 당사자들의 의사해석에 의하여 그런 결론을 내리고 있다.

라면, 원칙적으로 보증책임이 미치지 않는다고 보아야 한다. 셋째, 카드·론 채무. 韓相文, 전게서, pp.251-262.

계속적 보증에 대한 한국 대법원의 첫 번째 판례는 그 책임의 한
도나 보증기간의 정함이 없는 계속적 보증계약도 유효하다는 것이
다.[325] 이것은 계약자유의 원칙을 그대로 적용한다는 것으로 볼 수
있다. 두 번째 판례는 보증책임의 범위에 관한 것으로 보증책임의
한도 내에서는 잔존채무가 있는 한 보증인이 책임을 져야 한다는 내
용이다. 이 역시 당사자의 의사해석에 기한 것이다. 이에 관한 판례
를 살펴보면 다음과 같다.

계속적 상거래에 기한 채무의 연대보증계약에 있어서 연대보증인이
채무자의 채무를 일정한 한도에서 보증하는 취지의 계약을 하였을 때
는, 그 보증한 한도 이상의 채무에 대해서는 그 책임이 없음은 물론
이나, 그 보증한 한도 내의 채무가 잔존하고 있는 이상 그 잔존채무
가 위 한도액 범위 내의 거래로 인하여 발생한 채무이든, 그 한도액
을 초과한 거래로 인하여 발생한 채무 중 다른 담보권의 실행으로 일
부 변제되고 잔존한 채무이든 불문하고 그 보증한도에서 책임을 져야
한다.[326]

아래에서는 보증책임의 한도 및 보증계약 기간과 보증인의 해지권
을 차례로 살펴보기로 한다.

---

325) 대법원 1982. 12. 28, 82다카779; 대법원 1976. 8. 24, 76다1178; 대법
　　원 1960. 6. 15, 92民上817; 대법원 1957. 10. 21, 90民上349.
326) 대법원 1985. 3. 12, 84다카1261.

2. 保證責任의 限度

대법원은 계속적 보증에 있어서의 보증인의 책임한도에 관하여 원칙적으로 당사자의 의사해석에 따라 정한다. 다시 말하면 책임의 한도가 정하였는지 여부와 상관없이 당사자의 의사해석에 따라 결정하는 입장을 취하고 있다. 이런 입장에 관한 판례를 살펴보면 다음과 같다.

약속어음의 배서인이 지급거절증서작성을 면제한 경우에는 그 소지인은 소구권을 행사하기 위하여 법정기간 내에 발행인에 대하여 지급제시를 한 것으로 추정을 받는 것이므로 위와 같은 적법한 지급제시가 없었다는 사실은 이를 원용하는 자에게 그 주장 및 입증책임이 있다. 동일인이 타인의 계속적 신용거래관계로부터 장래 발생할 불특정채무를 보증하는 소위 근보증을 하고 아울러 물상보증인이 되어 그 소유부동산에 근저당권설정등기를 하였을 경우 위 근보증의 범위가 위 근저당권의 채권 최고액의 범위 내로 한정되는 것인가의 여부는 각 구체적인 사안에 있어서의 계약당사자의 의사에 따라 결정하여야 할 것이고, 이러한 경우 일률적으로 보증인이 위 근저당권의 채권최고액의 범위 내에서만 보증책임을 질 의사였다고 단정할 수는 없다.[327]

그러면서도 대법원은 될수록 보증책임의 한도가 정하여져 있는 쪽으로 해석하려고 시도하고 있다. 대법원은 계약서의 문언상에는 보증하는 채무의 종류나 보증책임의 한도가 정하여 있지 않더라도 그

---

327) 대법원 1985. 5. 28, 84다카2425.

보증을 하게 된 동기와 목적, 피보증채무의 내용, 거래의 관행 등 제반 사정에 비추어 일정한 범위의 거래의 보증에 국한시키는 것을 인정할 수 있다고 하였다.[328] 보증계약 당시에 보증인이 주채무의 액수를 예상하였거나 예상할 수 있었을 경우에는 그 예상범위로 보증책임을 제한할 수 있다고 한 판시[329]도 있었다. 이런 대법원의 노력은 학자들의 지지를 받았다.

이런 판시와 관련된 특수한 것으로 보증인이 보증책임을 지는 이외에 물적 담보를 제공하고 있는 경우도 있다. 이때 보증책임의 한도는 따로 정하여져 있지 않는 것이 대부분이다. 대법원은 그 보증책임의 주채무와 물적 담보의 피담보채무가 동일한 것인가의 여부는 구체적인 사안에 있어서 당사자의 의사해석에 따라야 한다고 주장하고 있다.[330] 만약 보증책임의 주채무와 물적 담보의 피담보채무가 동시에 이루어졌거나 그 밖에 견련관계를 가지고 있다면 동일한 것이라는 쪽으로 의사해석을 하고 있다.[331] 결과적으로 계속적 보증에 있어서 보증책임의 한도가 정하여져 있는 것으로 된다.

대법원은 여기에서 한 걸음 나아가 채무의 과다발생이 채권자의 책임 있는 사유에 기인한 경우에는 보증책임의 범위를 합리적인 범위 내로 정할 수 있다고 하였다. 아래에서 이에 관한 판례를 살펴보면 다음과 같다.

---

328) 대법원 1979. 8. 31, 79다640 · 641.
329) 대법원 1986. 2. 25, 85다카892; 대법원 1985. 3. 12, 84다카1261.
330) 대법원 1984. 12. 26, 84다카1655; 대법원 1985. 5. 28, 84다카2425; 대법원 1988. 4. 27, 87다카2143; 대법원 1988. 5. 24, 87다카2890.
331) 대법원 1983. 7. 26, 82다카1772.

　　채권자와 주채무자 사이에 계속적 거래관례로 현재 및 장래에 발생하는 불확정적 채무에 관하여 보증책임을 부담하기로 하는 이른바 계속적 보증계약은 보증책임의 한도액이나 보증기간에 관하여 아무런 정답이 없는 경우라 하더라도 그 본질은 의연히 보증계약임에 변함이 없는 것이므로, 보증인은 변제기에 있는 주채무 전액에 관하여 보증책임을 부담함이 원칙이라 할 것이다. 다만 보증인의 책임으로 돌아갈 주채무의 액수가, 보증인의 보증 당시에 예상하였거나 예상할 수 있었던 경우에는 그 예상범위로 보증책임을 제한할 수 있다 할 것이다. 그 예산범위를 훨씬 상회하고 그 같은 주채무 과다발생의 원인이 채권자가 주채무자의 상태가 현저히 악화된 사실을 익히 알면서도(중대한 과실로 알지 못한 경우도 같다) 이를 모르는 보증인에게 아무런 통보나 의사타진도 없이 고의로 거래규모를 확대함에 연유하는 등 신의칙에 반하는 특별한 사정이 인정되는 경우에 한하여 보증인의 책임을 합리적인 범위 내로 제한할 수 있다 할 것이다.[332]

3. 保證契約期間과 保證人의 解止權

　　계속적 보증에 있어서 계약기간이 정하여져 있는 것도 있고 정하여지지 않는 경우도 있다. 그 여부는 물론 당사자의 의사해석에 따라 결정하지만 대법원은 계약기간이 정해져 있는 것으로 해석하고 있다.

　　보증계약기간과 관련하여 크게 논의되는 문제는 보증인에게 어느

---

332) 대법원 1988. 4. 27, 87다카2143.

때에 이 보증계약의 해지권이 주어지느냐 하는 것이다. 보증인으로
서는 늘 언제 얼마나 되는 채무를 부담하게 되는지 모르기 때문에
그에게 해지권이 주어진다고 하는 것은 매우 중요한 일이 아닐 수
없다. 이에 관한 대법원의 판결 두 개를 아래에서 살펴보겠다.

<사례 1>

A라는 사람이 병원에 입원할 때에 피고인 갑이 그 입원치료비에
대하여 연대보증을 하였다가 며칠 뒤 해지한 사안이다. 여기의 보증
인은 그의 형이 A에게 가해를 하여 A가 다친 줄로 알고 보증을 하였
다가 며칠 뒤 그렇지 않은 것이 밝혀지자 이를 해지하게 되었다. 대
법원은 이 경우에 '그 보증계약을 그대로 유지 존속시키는 것은 사회
통념상 바람직한 바 못 되므로' 그 계약해지를 할 수 있다고 보는 것
이 상당하다고 하였다.[333]

<사례 2>

A에게 지압 등을 시술하던 피고 갑이 A로부터 그 시술이 잘못되어
병세가 악화되었다는 항의를 받고 A를 어느 병원에 입원시키면서 그
연대보증인이 된 사안이다. 그 뒤 A가 갑을 상대로 의료법 위반 등
혐의로 고소를 하자, 갑은 위 병원에 연대보증계약의 해지를 통고하
였다. 대법원은 피고가 '연대 보증하게 된 동기와 경위, 그 후 A의 형
사고소로 그들 사이에 신뢰관계가 깨어진 점' 등을 이유로 위 보증계
약은 적법하게 해지되었다고 보는 것이 상당하다고 판시하였다.[334] 다

---

333) 대법원 1978. 3. 28, 77다2298. 이에 대한 평석으로 金光年, 「期間의
    定함이 없는 繼續的 保證契約의 解止」, 서울 地方辯護士會 判例研究
    第1輯 p.31참고.
334) 이에 대한 評釋으로 金光年, 상게논문, p.32참고.

만 그 해지의 효력은 채권자가 그의 이익을 보호함에 필요한 다른 조치를 취할 수 있도록 해지통고로부터 15일이 경과한 뒤에 발생한다고 한다.[335]

계속적 보증에 있어서 보증인에게 주어지는 해지권은 두 가지로 나눌 수 있다. 하나는 임의해지권이고 다른 하나는 특별해지권이다. 임의해지권이란 계속적 보증 중에서 그 기간의 정함이 없는 것에 한하여 나오는 것이다. 이때 보증계약의 성립 후 상당한 기간이 경과하면 보증인이 임의로 이를 해지할 수 있다고 말한다. 특별해지권은 그 기간의 정함이 있는가의 여부와는 관계없이 보증계약의 성립 후에 특별한 사정이 발생하였거나 현저한 사정변경이 있는 경우에 보증인에게 주어지는 권리이다.[336] 이 해지권은 보증책임의 한도가 정하여져 있는가의 여부는 물론 보증계약이 성립한 후 상당한 기간이 경과하였는지의 여부와도 무관하다. 이 해지권의 근거는 역시 당사자의 의사해석 또는 신의칙에 있다.

계속적 채권관계에 있어서 주된 당사자들은 될 수 있는 한 이 관계를 오래 유지하려는 성향을 가지고 있다. 신용카드去來는 무엇보다도 이런 성향을 가지고 있다. 반면 從된 당사자라고 할 수 있는 보증인은 될 수 있는 한 그 지위에서 빨리 벗어나려고 한다. 이처럼 대립되는 두 개의 요청을 어떻게 조화시키느냐 하는 것이 보증기간과 보증인의 해지권에 담긴 문제이다.

---

335) 대법원 1986. 9. 9, 86다카792.
336) 대법원 1977. 10. 11, 77다948.

第3節 信用카드 保證契約의 成立要件

I. 序 說

　무릇 모든 계약이 계약의 당사자를 구속하기 위해서는 계약의 성립요건과 효력발생요건을 갖추지 않으면 안 된다. 그리고 그러한 계약의 성립요건으로서 가장 중요한 것은 계약당사자의 진정한 의사의 합치인 것이다. 이것은 특히 신용카드보증과 같은 부합계약인 경우에는 카드회사가 연대보증인의 보증의사를 확인하였는지 여부에 초점이 모인다. 왜냐하면 한국 신용카드업계의 현실은 무리하게 신용카드회원을 확보하려는 카드회사 상호간의 경쟁으로 인하여, 카드보증인의 보증의사를 제대로 확인하지도 않은 채 신용카드를 남발하고 있었기 때문에, 그 보증계약의 성립 여부로 분쟁이 발생하는 경우가 많았기 때문이다.337)

　특히, 신용카드의 보증은 일반보증과는 달리, 보증 당시 보증책임

---

337) 실제로 신용카드에 관한 판례의 대부분이 카드의 부정사용과 보증책임에 관한 분쟁에 관한 것인데, 보증문제에 있어서는 그 책임범위와 보증의사의 유무의 분쟁이 주종을 이루고 있다.

에 대한 명확한 내용조차 파악하지 못한 채, 인정적 측면에 이끌려 보증을 하는 경우가 대부분이었기 때문에, 그 보증계약의 성립과 책임범위에 관해서는 보증인 보호의 필요에 따라 엄격한 해석이 요구되는 것이다.[338]

따라서 본 절에서는 카드보증계약에 있어서 보증의사의 확인과 약관에 의한 계약편입요건에 관하여 한국과 중국에서 어떤 규정을 하고 있는지 살펴보도록 하겠다.

Ⅱ. 韓國의 경우

1. 保證人의 保證意思

신용카드의 보증계약은 보증인의 청약과 카드회사의 승낙에 의하여 성립되는 낙성계약이다. 이때 청약의 의사표시는 보증인 본인 또는 보증인으로부터 보증계약을 체결할 대리권을 수여받은 대리인이

---

338) 한국 여신전문금융업법에서는 개인회원에 대한 보증인제도를 1992년에 폐지하였고, 법인회원에 대해서는 여전히 보증인제도를 두고 있다. 그러나 중국은 개인회원이든 법인회원이든 신용카드를 신청할 때 보증인이 없으면 발급 자체가 불가능하기 때문에 본 서에서는 보증인제도를 비교·연구하고자 한다.

하여야 한다. 문제는 실무상 그렇지 못한 경우가 많다. 즉 보증인 본인 또는 그 대리인의 자격에 관한 확인도 없이 보증계약을 이용하여 계약을 체결하는 사례가 많아, 실제로 보증인에게 그 보증채무의 이행을 요구하였을 때에는, 보증계약의 성립 여부를 둘러싸고 보증인과 카드회사 사이에 많은 분쟁이 일어나는 것이다.

신용카드보증계약에서 보증인의 보증의사를 확인하는 방법은 입회신청서상의 보증인의 기명·날인을 반드시 보증인 스스로 하도록 하는 것이다. 특히 문제가 되는 것은 카드회사들이 보증인의 자필·날인을 확보하지 못한 채, 보증인의 자필·날인이라는 회원의 주장만을 믿고 보증계약을 체결하는 경우가 많다는 점이다. 물론 현실적으로 부득이한 사정으로 보증인의 자필·날인을 받지 못할 경우도 있을 것이다. 그러나 이러한 경우에도 그 보증의사를 확인해 두지 않은 이상, 보증계약은 성립하지 않는다.339)

또한 이러한 보증의사의 확인은 최초의 카드발급 신청 시에만 필요한 것이 아니라, 유효기간이 만료되어 카드를 갱신 발급하는 경우 또는 카드의 유효기간 내 일지라도 예컨대, 일반회원이 우대회원으로 된 경우와 같이, 카드의 종류가 변경되거나 약관변경에 의하여 카

---

339) 예컨대, 단순히 "보증용"이라고 용도 표시된 보증인의 인감증명서와 인감도장을 소지하고 있는 사실만을 믿고, 보증인 아닌 카드회원과 보증계약을 체결하였다면 보증계약이 성립할 수가 없다. 왜냐하면 인감증명서와 인감을 소지하였다고 하여, 표현대리가 성립하는 것은 아니기 때문이다. 따라서 이러한 경우에는 연대보증인이 직접 방문하든가, 또는 우편물을 이용하여 카드회원의 보증행위가 무권대리라 할지라도, 추인으로서의 효력을 확보할 수 있을 것이기 때문이다. 韓相文, 전게서, p.244.

드의 이용한도액이 증액된 경우에도, 보증인의 계속보증의사의 확인이 필요하다고 할 것이다. 이에 관한 사례를 살펴보면 다음과 같다.

<사례 1>

보증인이 카드보증약정서의 해당 보증인란이 아닌 다른 난에 기명날인한 것은, 카드회원이 그 소속 연구소의 연구원으로 재직하고 있다는 사실을 확인하려는 뜻이었을 뿐, 보증의 의사로 한 것이 아니므로, 보증계약이 성립하지 않는다는 주장에 대하여, 위 판례는 이를 받아들이지 아니하고 보증계약이 성립한다고 하였다.340)

<사례 2>

신용카드회원이 자기의 친형을 연대보증인으로 하는 입회신청서를 제출하여 신용카드를 발급받았다. 그런데 카드이용대금이 연체되어, 연대보증인으로 되어 있는 그 형에게 수차에 걸쳐 대위변제를 요구하였음에도 불구하고, 연대보증인은 아무런 이의를 제기하지 아니하고 있다가, 최후에는 자기가 보증한 사실이 없다는 주장을 하기에 이르렀다. 이 사례에서는 두 가지 쟁점이 있다. 즉

첫 번째 쟁점은 신용카드 입회신청 당시에 제출된 입회신청서의 작성이 보증인의 진정한 의사에 의하여 이루어진 것이냐, 즉 보증의사가 있었느냐 하는 점이다. 그런데 본 사례의 경우에, 입회신청서상의 카드회원 본인의 필체와 보증인의 기명의 필체가 흡사하고, 보증인의 날인도 카드회원이 임의로 도장을 만들어 날인한 것에 불과하다는 보증인의 주장에 대하여, 카드회사 측에서 다른 입증방법을 제시하지 못할 뿐만 아니라, 보증의사를 별도로 확인하였다는 증거도 없었다. 따라서 이 경우는 보증계약의 성립요건이 충족되지 못한 것으로 보았다.

---

340) 서울고법 1989. 2. 15, 88나42434.

두 번째 쟁점은 설혹 보증계약이 유효하게 성립하지 않았다 하더라도, 수차에 걸친 보증채무의 이행 독촉에 대하여 아무런 이의제기를 하지 아니한 것은 무권대리의 추인으로 볼 수 있지 않느냐 하는 점이다. 그런데 무권대리행위에 대한 추인이 되기 위해서는, 보증인이 그 행위의 효과를 자기에게 귀속시키려는 의사가 명시적으로 또는 묵시적으로 표시되었다고 볼 만한 사유가 있어야 하는 것인데, 카드회사가 4차에 걸쳐 보증채무의 이행을 독촉하였고, 이에 대하여 보증인이 단순히 침묵하였다는 사실만 가지고서는 카드보증계약을 묵시적으로 인정하였다고 보기 어렵다.341)

<사례 3>

Y는 사촌동생인 갑의 부탁으로 연대보증용 인감증명서와 인감도장을 갑에게 교부하였던바, 갑은 이를 이용하여 카드회사인 은행과 가계종합예금 대월약정을 체결하였을 뿐만 아니라, Y를 연대보증인으로 하여 은행신용카드 입회를 신청하였다. 그 후, 카드회사인 은행이 Y에게 카드이용에 대한 보증채무의 이행을 청구하자, Y는 자기가 사촌동생에게 인감증명서와 인감도장을 준 것은 가계종합예금 대월약정에 보증할 의사로 교부한 것이고, 신용카드거래를 보증할 의사도 없었고, 또한 입회신청서상에 보증인으로서 자필·날인한 바도 없으므로, 카드이용채무에 대해서는 보증책임이 없다고 주장하였다.

이 사례는 결국 Y가 어느 채무를 보증할 의사로 인감증명서와 인감도장을 甲에게 교부하였는가 하는 입증의 문제로 귀결된다. 그러나 약관에 의하여 카드보증계약을 체결하려는 경우에, 카드회사는 당연히 보증인의 보증의사를 확인하여야 하는 것이며, 인감증명서와 인감도장을 소지하고 있다는 이유만으로, 카드회원이 보증계약을 대리할 권한

---

341) 은행감독원 분쟁조정위원회 1990년 제8차 조정 의안번호 제90-20호.

이 있다고 믿는 것은 과실이 있다고 하지 않을 수 없다.[342]

2. 約款의 契約編入要件

신용카드의 보증계약은 규약상에 나타난 정형화된 조항에 의하여 이루어지는 계약이다. 따라서 신용카드의 보증계약이 성립하기 위해서는 보증인의 보증의사 및 이러한 규약이 「약관의규제에관한법률」에서 요구하고 있는 요건을 충실히 지키면서 이루어진 계약이어야만 效力이 인정된다. 약관규제법상의 계약편입요건을 충족시키려면 보증인에게 신용카드보증규약을 명시하고 보증인이 요구 시에는 사본을 교부하여야 하며, 그 규약의 중요내용을 보증인에게 설명해 주어야 한다. 이는 대량적 계약을 위하여 카드회사가 그들의 일방적 이익만을 고려하여 미리 인쇄된 규약에 의하여 계약이 체결되는 경우에 소홀히 될 수 있는 소비자를 보호하기 위하여 카드회사를 규제하고자 하는 것이다.

따라서 대개의 카드회사들은 연대보증인들로부터 규약사본을 교부받았다는 사실과 그 보증계약의 중요내용을 설명받았다는 것을 확인하는 난을 입회신청서 상에 마련하여 놓고 연대보증인으로 하여금 이에 날인하도록 하고 있다.

---

342) 은행감독원 금융분쟁조정위원회 1989년 제11차 결정 의안번호 제89-
    32호.

Ⅲ. 中國의 경우

보증채무는 보증인과 채권자가 체결한 보증계약을 통해, 채무자가 채무를 이행하지 않을 때 보증인이 자기의 재산을 이용하여 채무를 부담하는 의무이다. 이런 보증계약은 보증인이 보증채무를 부담하겠다는 보증의사[343]를 표시함으로써 성립된다.

중국 신용카드 실무에 있어서, 보증계약은 보증인이 신용카드 입회신청서상의 보증인란에 기재함으로써 성립된다. 그러므로 보증인의 서명 및 날인이 진실인지 여부는 매우 중요하고 또한 이는 보증계약의 성립 여부에 직접적으로 영향을 미친다. 만약 신용카드보증계약에서의 서명 및 날인[344]이 보증인 스스로 하는 것이 아니라면,

---

343) 만약 당사자 일방이 단지 채권자에게 채무자가 채무를 이행할 능력이 있다고만 약속하고 채무자를 대신하여 채무를 이행하겠다고 보증하지 않으면, 보증인의 보증의사가 없기 때문에 두 당사자 간에 보증계약이 성립되지 않는다. 예컨대, "나는 채무자가 채무를 상환할 수 있는 충분한 능력이 있다고 보증한다.", "나는 채무자가 유효기간 내에 채무를 이행할 수 있다고 보증한다." 등 문구는 보증인이 보증의사를 표시했다고 볼 수 없으므로 보증계약이 성립되지 않는다. 郭明瑞, 전게서, 第36頁.

344) 어느 제3자가 보증인란에 서명 또는 날인을 하고 다른 특별한 해석을 하지 않으면, 제3자가 보증채무를 지겠다는 의사표시를 했다고 보아야 한다. 이때 제3자가 보증인이 되고 제3자와 발행회사 간에 보증계약이 성립된다. 보증인은 자기가 보증책임을 지기 싫다거나 보증책임을 지겠다는 의사를 표시하지 않았다는 이유로 보증계약의 성립을 부인하면 안 된다. 또한 어떤 보증인들은 자신이 채무자를 위해 부담하여야 할 보증범위를 모르고 있고, 보증계약서에 서명 또는 날인하는 것은

중국 민법통칙 및 경제계약법의 규정에 따라 보증계약은 무효라고 보고, 보증인은 아무 보증책임도 부담하지 않는다. 따라서 발행기관은 반드시 신용카드보증인의 서명 및 날인의 유효성을 확인하여야 한다고 생각된다.

또한 이러한 보증의사의 확인은 최초의 카드발급 신청 시에만 필요한 것이 아니라, 유효기간이 만료되어 카드를 갱신 발급하는 경우 또는 가족(附屬)카드를 신청하는 경우에도 보증인[345)]의 계속보증의

단지 형식적이며 채무를 부담하겠다는 진실한 의사표시는 아니라고 생각한다. 그러나 이런 법적 효과에 대한 무지 또는 오해는 보증계약의 성립에 영향을 미치지 않는다. 또한 중국 담보법해석 제22조에서는 다음과 같은 규정을 두고 있다. 즉 제3자가 일방적으로 서면형식으로 담보계약을 제시하고 채권자는 또한 이의가 없으면 보증계약이 성립된다고 본다. 비록 주계약에 보증조항이 없지만, 보증인이 주계약에서 보증인의 신분으로 서명하거나 날인을 하면 보증계약이 성립된다고 한다. 郭明瑞, 전게서, 第37頁.

345) 중국에서 보증인은 보증을 제공할 수 있는 자연인, 법인 혹은 기타 조직을 말한다. 어느 단위나 개인이 마음대로 신용카드의 연대채무인인 보증인의 역할을 할 수는 없다. 관련 법률에 근거하면, 보증인은 일정한 조건을 갖추어야 한다. 中華人民共和國擔保法(이하 "담보법"으로 약칭함) 제7조는 "주채무자의 채무를 대신 상환할 수 있는 능력을 갖춘 법인, 기타 조직 혹은 공민은 보증인이 될 수 있다."고 규정하고 있다. 보증인은 다음과 같은 두 가지 조건을 갖추어야 한다. 첫째, 단위가 보증인이 된 경우 단위는 반드시 법인 혹은 기타 조직이어야 한다. 법인은 법정절차에 따라 설립되어 있기 때문에 일정한 조직기구와 독립된 재산을 가지고 있다. 그러므로 법인은 법인 명의로 민사권리를 가지고 민사의무를 지는 사회단체라고 말할 수 있다. 또한 담보법 제8조, 제9조, 제10조에 의하면, 국가기관, 사업단위, 사회단체, 기업법인의 파생기구(分支機構), 직능부문(職能部門)은 보증인이 될 수 없다고 하고 있다. 예컨대, 학교, 유치원, 병원 등 공공이익을 목적으로 설립된 사업단위는 보증인이 될 수 없다. 그러나 이런 규정은 실제 신용카

사의 확인이 필요하다고 본다. 왜냐하면 카드를 갱신 발급하거나 가족카드를 새로 발급하는 것은 주계약(즉 신용카드 소비대차관계)을 변경시키는 것이므로 보증계약의 종속성에 의하면 주계약의 변경은 반드시 보증인의 동의를 얻어야 하기 때문이다.346)

드거래와 상반되고 있다. 실제로 중국에서는 국유기업이 보증인이 된 경우가 많을 뿐만 아니라, 국유기업이 개인을 위해 보증하는 경우도 적지 않다. 그러나 소수 학자들은 국유기업이 보증인이 되면 국유자산이 유실될 가능성이 크기 때문에 국유기업이 개인을 위해 보증하는 것은 타당하지 않다고 주장한다. 그러나 기업은 고정적인 법인주소 및 영업장소가 있고 재산도 많기 때문에 발행기관은 기업이 보증인이 되는 것을 선호하고 있다. 물론 국유기업도 이에 포함된다. 최근에 들어와서, 개인 신용제도를 설립하자는 목소리가 커지면서 인터넷의 보급에 따라 멀지 않은 장래에 신용기록 및 조회 시스템이 형성될 것이다. 이런 시스템이 형성되면 개인도 보증인이 될 수 있다. 둘째, 보증인은 반드시 상환능력이 있어야 한다. 어떤 법인 혹은 기타 조직은 법률적인 측면에서 볼 때 보증인의 법적 자격을 가지고 있지만, 경제적인 측면에서 볼 때는 주채무자를 대신하여 채무를 상환할 수 있는 경제능력을 가지고 있지 않다. 그러므로 보증인을 확정할 때 보증인이 될 단위나 개인이 충분한 재산을 가지고 있는지, 또는 충분한 재산에 대해 지배력을 가지고 있는지 등에 대해 사전조사를 하여야 한다. 상환능력이 없는 단위나 개인을 보증인으로 세우면 안 된다. 그러므로 신용카드를 발급할 때 보증담보 형식으로 보증인을 세우면 發行銀行은 보증인의 자격에 대해 반드시 철저한 심사를 하여야 한다. 柯哲立, "現行牡丹卡担保制度的不足和完善", 「牡丹卡优秀論文集」, 中國金融出版社, 1999年, 第34頁.

346) 만약 주계약이 변경될 때 보증인의 동의를 얻지 않으면, 보증인은 주계약의 변경을 이유로 보증책임을 부담하지 않을 수 있다. 黃賀, "淺談信用卡保証的几个法律問題", 海南金融, 1999年1月, 第34頁.

Ⅳ. 小　結

한국 신용카드의 보증계약은 규약상에 나타난 정형화된 조항에 의하여 이루어지는 계약이다. 따라서 신용카드의 보증계약이 성립하기 위해서는 보증인의 보증의사 및 이러한 규약이 「약관의규제에관한법률」에서 요구하고 있는 요건에 부합하여야 한다. 이 두 가지 요건을 갖추면 법인뿐만 아니라 자연인도 충분히 보증인이 될 수 있으며, 절차도 복잡하지 않다.

한편, 중국 신용카드의 보증계약도 규약상에 나타난 정형화된 조항에 의하여 이루어지는 계약이고, 현재 약관의 규제에 관한 법률이 제정되어 있지 상황에서 보증인의 보증의사 요건을 갖추면 보증효력이 인정된다. 중국 담보법에서 비록 주채무자의 채무를 대신 상환할 수 있는 능력을 갖춘 법인, 기타 조직 혹은 국민(공민)은 보증인이 될 수 있다고 규정하고 있지만, 중국의 현 실정에서는 국민이 보증인이 되는 경우는 매우 적고, 대부분의 경우 국유기업이 보증인이 되고 있다. 발행기관이 개인 신용을 인정하지 않고 국유기업의 신용을 인정하는 것은 국유기업과 개인 간에 일정한 존속관계가 존재하기 때문이라고 볼 수 있다. 그러나 중국의 보증인제도 및 절차는 매우 엄격하고 복잡하기 때문에 국유기업도 개인의 보증을 서는 것을 좋아하지 않는다. 만약 중국도 한국처럼 보증인제도의 성립요건을 완화하면 카드소지인 수가 많아지고, 중국의 신용카드업도 비약적인 발전을 가져올 수 있을 것으로 생각된다.

第4節 信用카드 保證人의 責任限度

I. 序 說

　보증인은 주채무자와 동일한 내용의 채무를 이행하여야 할 의무가 있다. 이는 보증채무의 부종성에 의하여 당연한 것이다. 그리고 보증채무는 주채무보다 무거울 수는 없다. 그러나 소위 계속적 보증의 경우에는, 그 보증채무의 범위가 지나치게 넓어 채권자에게는 매우 유리한 담보수단이지만 보증인에게는 매우 가혹하다고 할 수 있다. 그리하여 한국의 통설과 판례는 계속적 보증의 경우에, 구체적인 보증채무의 범위를 정할 때 신의성실의 원칙에 의하여 그 범위를 제한하려는 경향을 보이고 있다.[347]

　보증책임의 범위를 제한할 때에는 아래와 같은 사항을 고려하여야 한다.

　첫째, 예상금액이다. 즉 주채무의 범위가 명시적으로 또는 묵시적

---

347) 대법원 1984. 10. 10, 84다카453; 대법원 1987. 1. 20, 86다카1100; 대법원 1980. 3. 11, 77다796.

으로 정하여져 있는 경우에는 보증책임의 범위도 그 예상금액으로 제한되어야 한다는 것이다. 또한 그 예상금액이 정하여져 있지 않은 경우라도 보증을 하게 된 동기, 보증범위에 관한 업계의 관행, 보증인과 주채무자의 재산규모 등을 종합적으로 판단하여 그 보증책임의 범위를 제한하여야 한다는 것이다.

둘째, 채권자의 통지의무의 이행 여부이다. 즉 계속적 보증관계에서는 주채무자와 채권자 간에 거래가 지속되는 과정에서 주채무자의 재산상태가 현저하게 악화되었다든가, 주채무의 규모가 급격하게 대폭 증가한 경우, 장기간 거래관계가 중단되었다가 다시 재개된 경우에는 채권자가 그러한 사실을 보증인에게 통지할 의무가 있다고 보고, 이를 이행하지 않은 경우에는 그 통지를 받았더라면 보증인이 보증해지권을 행사하였으리라고 인정되는 범위에서 보증책임을 경감 또는 면제하자는 것이다.[348]

셋째, 채권자의 부주의로 보증채무가 증가한 경우이다. 즉 채권자가 일반적 관행이나 주채무자의 경영규모에 비하여 객관적으로 상당한 범위를 벗어나 채무를 확대한 경우, 또는 주채무자가 비정상적인 방법으로 자금조달을 하고 있음에도 불구하고 채권자가 이에 대한 주의를 하지 않는 경우, 채권회수의 지체로 보증채무가 확대된 경우에는 그 부주의로 인하여 늘어난 보증채무에 대하여 보증인의 채무를 경감시키거나 면책하게 하여야 한다는 것이다.[349]

위의 계속적 보증의 채무범위에 관한 제한해석에 따른다면, 당연

---

348) 대법원 1985. 12. 24, 84다카1221.
349) 대법원 1984. 10. 10, 84다카453; 대법원 1980. 3. 11, 77다796.

히 그 보증채무의 범위는 카드이용한도액 범위로 제한되어야 하고, 그 초과사용분에 대해서는 보증책임이 없다고 하는 것이 마땅하다. 그러나 종래에는 책임무제한론과 책임제한론의 대립이 있었다. 이와 관련하여 아래에서 간략하게 살펴보겠다.

Ⅱ. 韓國의 保證人의 責任限度

1. 保證責任制限論

카드회원의 사용한도액은 회사가 회원의 월수입 등 재산상태와 신용도를 알아보아 정한 것이다. 이는 회원으로 하여금 카드의 이용을 적정선에서 억제토록 하여 거래관계를 원활하게 계속하려고 마련한 것이다. 그러나 약관에 정하여져 있는 한도액은 실제의 거래에 있어서 엄격하게 지켜지지 않고 있다. 카드소지인이 한도를 초과하여 사용하더라도 회사가 문제로 삼고 있지 않으며, 회원이 대금을 변제하지 못하면 보증인에게 청구하고 있다.[350] 회사가 연대보증인을 세우

---

350) 金敎昌, "信用카드 保證人의 責任", 信用카드에 관한 法的 諸問題, 韓國商事法學會, 1988, p.44. 물론 지금은 개인회원이 보증인 없이 신용카드를 발급받을 수 있기 때문에 이런 규정은 삭제되었지만, 중국의 보증인제도와 비교하기 위해 본 서에서는 이런 규정을 계속 쓰기

는 이유는 회원이 한도액을 초과 사용하거나 부정 사용할 경우 회사가 그로 인한 손해를 보상받기 위한 것이다. 그러나 보증인의 입장에서 보면 사용한도액을 자기의 책임한도액으로 인식하기 쉽다. 특히 한국에서 카드보증인이 되는 이유를 살펴보면, 대개 직장동료이거나 이웃의 친구관계로서 마지못하여 보증인이 되고 있는 실정이다. 따라서 이와 같은 우의관계를 바탕으로 성립된 보증인에게 무한 책임은 상당한 무리라고 본다.[351] 카드회사는 항상 회원의 신용상태를 정확히 파악하고[352] 이의 이용이 원활하게 이루어지도록 노력하

로 한다.

351) 책임제한론의 근거로는 "……계속적 거래의 보증에 있어서 보증한도액에 관한 별도의 정함이 없이 연대보증을 한 경우에는, 특별한 사정이 없는 한, 그 연대보증책임은 그 계약 당시 외상거래가 가능했던 한도액에 한정된다고 보는 것이 상당하다고 할 것……왜냐하면 카드 월간 사용한도액이 연대보증인의 책임한도를 아울러 정한 것이라는 점을 인정할 만한 직접증거는 없으나, 여러 증거를 종합하여 보면 신용카드거래제도는 은행과 가입자 사이에 가입자가 외상으로 물품을 구입할 수 있도록 계속적으로 신용을 공여하는 제도인 사실, 카드회사에서는 그 주관하에 가입자의 신용상태를 파악하여 월간 사용한도액을 정해 주기로 되어 있기 때문이다."라고 판시한 서울고등법원의 판결(서울고법 1984. 6. 14. 판결 83나4529.)과 "……. 이 사건에 있어서와 같이 크레디트카드거래 약정상 연대보증인의 보증책임은, 이른바 계속적 거래관계에서 장기간 동안 발생하는 장래의 불확정채무에 대한 보증책임으로서 그 책임의 범위가 커질 염려가 있는 경우에는 이를 적절하게 제한할 필요성이 큰 점……"이라고 판시(서울민사지법 1986. 6. 13. 판결 85나3170.)한 것을 등을 들 수 있다.

352) 카드회사가 회원을 모집함에 있어서 회원의 신용조사가 부실하다. 신용카드는 문자 그대로 회원의 신용을 표창하는 문서이므로 회원의 신용으로 카드에 의한 거래가 이루어져야 한다. 그럼에도 불구하고 카드회사가 회사의 수수료수입에만 눈이 어두워 회원의 신용조사의 부실을 보증인에게 떠넘기려는 것이 보증인을 요구하는 저의일진대 보증

여야 한다는 점을 감안하여도 보증인의 책임은 일정한 한도로 제한
하여야 한다.

2. 保證責任無制限論

신용카드보증인의 책임범위는 카드회원의 카드이용채무가 성립한
이상, 보증인도 당연히 카드회원과 동일한 범위의 보증채무를 부담
한다는 주장은 종래의 회원규약에서 규정하였던 태도이다. 이에 관
한 근거로 하급심의 판례[353]를 들고 있는데 동 판결들에서는 "……카
드 이용한도액은 원활한 거래관계 유지와 카드의 합리적 이용 등을
위해 은행과 가입자 사이에 마련된 권유적 성격을 띤 것일 뿐 연대
보증인의 책임이 그 범위로 제한되는 것이 아니다……"라는 이유로
신용카드의 연대보증인의 책임범위가 카드회원의 카드이용한도액 범
위로 제한되는 것은 아니라고 보는 것이 타당하다고 하고 있다.

3. 大法院 判例

인제도를 폐지하는 것이 바람직할 것이다. 그러나 보증인제도가 폐지
되지 않고 있는 현실에서는 최소한 그 책임이 약관에 명시되어 있는
회원의 사용한도액을 제한하여야 한다고 본다. 김문환, "크레디트카드
의 보증인책임", 판례월보(200), 1987.5, p.58.
353) 서울민사지법 1985. 7. 3, 81나3180; 서울민사지법 1984. 2. 17, 83가
7254; 서울민사지법 1985. 4. 12, 84나2514; 서울고법 1985. 7. 5, 85나154.

이상과 같이 하급심 판결의 견해가 엇갈리고 있는 상태에서, 대법원은 책임제한론으로 다음과 같이 그 논의에 종지부를 찍고 있다. 즉 신용카드 이용계약을 체결함에 있어서 가입회원의 월간 카드이용한도액을 정한 경우에, 이는 가입회원의 월수입 등 재산상태를 기준으로 대금지급능력을 감안하여 신용거래액을 정한 것이라고 볼 것이므로, 신용카드 연대보증인은 그 보증책임범위에 관하여 특별히 정한 바 없는 이상, 위와 같은 피보증인의 신용거래한도액 내에서 그 대금채무의 이행을 보증한 것이라고 봄이 타당하여, 위 신용거래한도액을 초과한 카드이용은 카드발행자의 위험부담하에 이를 규제할 일이지, 여기에까지 보증인의 책임범위를 확장할 것은 아니다.[354]

이에 앞서 대법원은 카드의 월간이용한도액에 제한이 없는 경우에 관하여 "……신용카드 이용계약은 특별한 사정이 없는 한, 가입회원의 월수입 등 재산상태와 대금지급능력을 감안하여 월간 신용거래한도액을 정할 것이지, 이를 무제한으로 할 수는 없다고 보는 것이 경험칙에 합당하고, 신용카드연대보증인은 그 정해진 월간 신용거래한도액에서 그 대금채무의 이행을 보증한 것이라고 봄이 타당하며, 위 신용거래한도액을 초과한 카드이용은 카드발행자의 위험부담하에 이를 규제할 것이지, 여기에까지 보증인의 책임범위를 확장할 것이 아니라고 할 것이다……"라고 하면서, 월간 이용한도액의 정함이 없고 일회 사용한도액만 정하여져 있는 경우에, 법원은 "……. 신용카드의

---

354) 대법원 1986. 1. 28, 85다카1626; 대법원 1986. 2. 25, 85다카1587.

월간 이용한도액에 대하여 석명권을 행사하고, 카드보증인에게 그에
대한 입증을 더 촉구한 뒤에, 카드회원의 이 사건 월간 한도액을 확장
한 다음 그에 대한 보증한도를 가렸어야 한다……."고 판시하였다.355)

4. 小　結

신용카드가 가입회원의 월수입 등 재산상태와 대금지급능력을 감
안하여 발급되고 있다는 점에서, 보증인의 책임범위도 카드회사 스
스로 정한 카드이용한도액 범위로 제한된다고 보는 것이 신의칙상
타당하다고 설명하는 신의칙설356)이 더욱 타당하다고 할 수 있다.

신의칙에 입각하여, 신용카드보증에 관한 책임제한론의 구체적인
논거를 살펴보면 다음과 같다.

---

355) 대법원 1986. 7. 8, 85다카1740. 같은 취지의 판결로는 대법원 1986.
　　1. 28, 85다카1626; 1986. 5. 27, 85다카111이 있다.
356) 은행감독원 분쟁조정결정은 신용카드보증책임의 제한근거에 관하여 일괄
　　되게 "신용카드에 대한 연대보증은 보증 당시 주채무의 내용과 범위가
　　확정되어 있지도 않고, 보증과정에 있어서도 보증책임에 대한 명확한 내
　　용파악이 없는 상태에서, 인정적 관계에서 의례적·기계적 보증이 대부
　　분이고, 일단 보증 후에는 카드회원(주채무자)의 신용상태 파악이 어려운
　　바, 대출보증과는 그 성격과 양태가 다르므로 그 보증책임의 범위도 제
　　한적으로 해석, 운용해야 타당할 것임"이라고 설명한다. 그러나 이는 모
　　든 보증의 일반적 속성인 정의성·미필성·무대가성과 계속적 보증의 일
　　반적 속성인 채무불확정성·책임의 광범위성·사정변경성에 대한 기술일
　　뿐, 신용카드보증이 갖는 책임제한의 근거를 설시한 것으로는 매우 어설
　　픈 것이 아닐 수 없다. 오히려 설시한 내용은 대출 근보증의 경우에도 똑
　　같이 적용될 수 있는 설명에 불과하다. 韓相文, 전게서, p.269.

  첫째, 『약관의규제에관한법률』상 개별약정 우선의 원칙이 이 경우에 적용된다고 보아야 한다. 개별약정 우선의 원칙이란 약관에 규정된 내용과 다른 당사자 간의 합의나 규정이 있는 경우에는, 그 개별적 합의나 규정이 약관에 우선하여 적용되는 원칙을 말한다. 그런데 신용카드보증약관이 보증인의 책임범위를 "카드회원이 본 약관에 따라 카드회사에 부담하는 모든 채무"라고 규정하고 있으면서, 같은 약관에서 주채무자인 카드회원의 카드이용한도액을 제한하고 있으므로, 개별약정 우선의 원칙상 보증인의 책임범위도 주채무자의 카드이용한도액 범위로 제한된다고 보아야 한다. 또한 이렇게 해석하는 것이 약관의 해석에 관한 작성자 불이익의 원칙에도 부합하는 것이다.

  둘째, 카드이용한도액은 카드회사가 카드회원에 대한 신용조사를 실시하여 결정하는 것이며, 그 이용한도액을 변경하거나 한도초과사용을 허용할 것인지 여부의 결정권도 카드회사가 가지고 있으며, 그 초과이용자에 대한 사전적 예방이나 사후적 조치도 모두 카드회사가 할 수 있을 뿐, 연대보증인이 이에 개입할 여지가 전혀 없다. 따라서 그 한도초과이용액에 대해서는 이를 가능하게 한 카드회사가 책임을 져야 하는 것이지, 반대로 보증인에게 책임을 지우는 것은 신의칙에 반한다.

  셋째, 소위 CAT기가 설치된 가맹점에서는 매 거래 시마다 단말기를 이용하여 카드회사로부터 거래의 승인을 받도록 되어 있는바, 이러한 승인절차를 밟지 않음으로 인하여 이용한도액을 초과한 카드거래가 가능하였다면, 이를 보증인의 보증채무 범위에 포함시키는 것은 부당하다.

Ⅲ. 中國의 保證人의 責任限度

1. 保證責任制限論

카드회원의 사용한도액은 회사가 회원의 월수입 등 재산상태와 신용도를 기준으로 정한 것이다. 보증인은 주채무자를 위하여 보증의 사표시를 할 때, 바로 이런 사용한도액을 예상하여 보증책임을 서게 된다. 물론, 실제의 거래에 있어서 카드회원이 사용한도액을 초과하여 사용하는 경우가 적지 않다. 그러나 보증인이 초과한도액까지 보증책임을 부담하는 것은 타당하지 않다고 보고 있다. 발행기관이 카드소지인에게 사용한도액의 초과를 허용하는 것은 주계약의 채무 액수가 변경되는 것으로 볼 수 있다. 하지만 보증인은 이를 예상하지도 못하고 또한 통제하지도 못한다. 중국담보법 제24조 및 담보법사법해석 제30조 규정에 의하면, 보증인의 서면 동의 없이, 보증인의 보증책임을 가중시키지 못하고, 또한 보증인은 이런 가중된 보증책임을 지지 않아도 된다고 규정하고 있다. 카드회원의 악의 현금대출 또는 제3자에 의한 부정사용은 발행기관의 낙후한 기술문제거나 가맹점의 부실한 주의의무로 인한 것이지 여기까지 보증인의 책임을 묻는 것은 타당하지 않다고 본다.357) 그리고 만약 발행기관이 약관조항에 근거하여 보증인에게 사용한도액을 초과하는 채무에 대해 부

---

357) 鄧娟閏, "信用卡保証人之保証責任", 法律适用, 2004年, 第39頁.

담하도록 요구하면, 이는 중국계약법 제39조 및 제40조에서 규정하고 있는 보증계약의 종속성과 저촉되기 때문에 타당하지 않다.

2. 保證責任無制限論

신용카드 약관에서 보통신용카드는 1,000 위안, 골드신용카드는 5,000 위안의 선의의 현금대출서비스를 받을 수 있고 기한은 한 달을 넘어서는 안 된다고 규정하고 있다. 그래서 신용카드의 보증책임 범위는 1,000 위안(혹은 5,000 위안) 및 이자라고 생각한다. 즉 신용카드의 보증은 보증책임이 제한되는 것이라고 생각한다. 위의 일정한 현금대출서비스 한도액과 기한은 단지 발행은행이 카드소지인에게 스스로 이런 표준을 준수하라고 요구 또는 희망한 것뿐이다. 그러나 실제 신용카드거래에 있어서 이용한도액을 초과하거나 악의의 현금대출서비스를 받는 현상이 자주 발생한다. 발행은행의 신용카드 이용약관에서는 "카드소지인이 현금대출서비스를 받은 금액 및 이자를 상환하지 못하거나 발행은행과 연락을 취하지 않으면, 보증인은 카드소지인이 상환하지 못한 전체 채무를 부담하여야 한다."고 규정하고 있다. 여기에서 말하고 있는 전체 채무는 원금, 이자 등을 모두 포함된다. 이렇게 보면 보증인의 보증책임은 무제한책임이라고 볼 수 있다.[358]

---

358) 黃賀, 전게논문, 第44頁.

3. 非最高額保證

어떤 학자들은 보증인의 책임을 비최고액보증으로 보고 있다. 최고액보증이라 함은 보증인이 최고채권액의 한도 내에서 일정한 기간에 연속적으로 발생하는 채무에 대해 보증하는 것을 말한다.[359] 최고액보증은 보증인과 채권자 간의 보증계약을 통해 효력이 발생하고 이는 특수한 보증이므로 아래와 같은 몇 가지 특징이 있다. 첫째, 최고액보증이 담보하는 채무는 미래에 발생할 채무를 말한다. 다시 말하면, 보증은 원칙적으로 이미 존재한 채무에 대한 담보이지만 최고액보증은 미래에 발생할 채무에 대한 담보이다. 둘째, 최고액보증이 담보하는 채무는 몇몇 계약에 의거하여 발생한다. 보증은 통상적으로 어느 한 계약의 채무에 대해 담보하지만, 최고액보증은 몇 개의 채무계약에 대해 담보하는 특징이 있다. 셋째, 최고액보증이 담보하는 채무는 일정한 기간 내에 연속적으로 발생한다. 비록 최고액보증은 몇 개의 채무계약에 대해 담보를 하지만, 이런 채무계약은 서

---

[359] 중국담보법 제14조에서는 최고액보증에 대해 아래와 같이 규정하고 있다. 즉 보증인과 채권자는 어느 주계약에 대해 각 보증계약을 체결할 수도 있고, 최고채권한도액 내에서 일정한 기간 동안에 연속으로 발생하는 차용계약 혹은 어느 제품에 대한 거래계약에 대해 보증계약을 체결할 수도 있다. 그러나 신용카드거래에 있어서 악의의 현금대출서비스를 받은 경우가 종종 있고, 악의의 현금대출서비스 금액과 기한도 명확하지 않기 때문에 보증인과 채권자는 보증계약을 체결할 때 채권최고액을 결정하기가 어렵다. 그러므로 신용카드보증은 최고액보증이 아니다. 이는 보통의 보증계약과 다른 특수한 보증계약이라고 볼 수 있다. 黃賀, 전게논문, 第44頁.

로 유사한 종류의 계약에 속해야 한다. 넷째, 최고액보증이 담보하는 채무는 특정 범위 내의 채무이다. 다섯째, 최고액보증의 보증인은 일방적으로 보증계약을 해지하는 권리를 갖는다.360)

4. 小 結

일반보증에 있어서 보증인의 보증책임범위는 명확하다. 그러나 신용카드의 보증에 있어서는 카드소지인의 현금대출서비스 금액이 불명확하고, 제3자에 의한 부정사용이 발생할 수 있기 때문에, 보증인의 보증책임범위를 확정하는 데 많은 논란이 있을 수밖에 없다. 그러나 보증인은 보증계약을 체결할 때 카드회원의 재산상태를 감안하여 보증을 서게 된 것이지, 스스로 통제하지 못한 악의의 현금대출 및 제3자에 의한 부정사용361) 등에까지 보증을 책임지겠다는 뜻은

---

360) 郭明瑞, 전게서, 第67-69頁.
361) 카드소지인이 악의로 현금대출서비스를 받을 경우, 발행은행의 과실 여부를 확인하여야 한다. 「銀行卡業務管理辦法」에 의하면, 발행은행 직원의 과실로 인해 카드소지인이 연속적으로 악의의 현금대출서비스를 받아 보증인의 보증책임범위를 가중시키는 것은 발행은행의 과실이고 발행은행이 이를 부담하여야 한다. 신의성실의 원칙에 의하면, 보증인은 면책항변권을 가질 수 있다. 예컨대, 카드소지인이 이용한도 내에서 연속적으로 현금대출서비스를 받거나 악의로 현금대출서비스를 받았음에도 불구하고, 발행은행이 아무런 조치도 취하지 않으면 보증인은 책임을 부담하지 않는다. 만약 발행은행 내부 직원과 카드소지인이 공모하여 악의의 현금대출서비스를 받으면 보증인은 책임을 부담하지 않는다. 제3자가 악의로 현금대출서비스를 받을 경우, 카드소

아니므로 보증인의 보증책임제한론이 타당하다고 생각된다.

Ⅳ. 結 語

보증책임에 있어서 한국과 중국은 비슷한 입장을 취하고 있다. 신용카드가 가입회원의 월수입 등 재산상태와 대금지급능력을 감안하여 발급되고 있다는 점에서, 보증인의 책임범위도 카드회사 스스로 정한 카드이용한도액 범위로 제한된다고 보는 것이 타당하다고 생각된다.

카드 이용한도액은 카드회사가 카드회원에 대한 신용조사를 실시하여 결정하는 것이며, 그 이용한도액을 변경하거나 한도초과사용을

지인이 카드를 분실한 후 즉시 분실신고를 하였는지 여부, 그리고 발행은행의 과실이 있는지 여부를 확인하여야 한다. 신용카드가 도난·분실된 후 카드소지인이 즉시 신고하지 않고 또한 은행 측의 과실이 없으면 보증인은 이로 인한 손실에 대해 보증책임을 부담하여야 한다. 분실신고 후부터 지불정지 통지 전까지 발생한 손실에 대해서는 발행은행의 과실 여부를 확인하여야 한다. 만약 발행은행에 과실이 있으면 보증인은 보증책임을 부담하지 않는다. 예컨대, 카드소지인은 발행은행에 신용카드 분실신고를 하였지만, 발행은행이 요구에 따라 즉시 지불정지 통지를 내리지 않음으로써 손실이 확대되면, 보증인은 확대된 손실에 대해 책임을 지지 않는다. 肖祖平, "信用卡保証的法律問題分析",「金卡工程」第11期, 上海大學知識産權學院, 2003年, 第17頁.

허용할 것인지 여부의 결정권도 카드회사가 가지고 있으며, 그 초과이용자에 대한 사전적 예방이나 사후적 조치도 모두 카드회사가 취할 수 있는 것이지 연대보증인은 이에 개입할 여지가 전혀 없다. 따라서 그 한도초과이용액에 대해서는 이를 가능하게 한 카드회사가 책임을 져야 하며, 보증인에게 책임을 지우는 것은 신의칙에 반한다.

第5節 保證期間과 保證解止權

Ⅰ. 序 說

약관에 의한 계약에서는 계약자유의 원칙이 제한되는 데 그 특징이 있다. 따라서 신용카드의 보증인의 법적 지위도 보증인이 카드회사와 별도의 개별약정을 체결하지 않는 이상, 보증약관에 의하여 결정된다.

그런데 국내 신용카드의 보증약관은 그 보증기간을 카드의 유효기간과 일치시키고 있으므로, 그 사이에 카드를 재발급하거나 갱신 발급한 경우에도, 종전의 보증계약이 그대로 효력을 미치는가 하는 문제가 생긴다. 즉 카드의 재발급 또는 갱신발급 시에 보증인의 계속 보증의사를 확인하지 않아도 보증은 계속 유효한 것이냐 하는 점이다. 이것이 보증기간의 문제이다.

또한 신용카드의 보증계약은 계속적 보증이다. 따라서 보증인이 보증계약 체결 시에는 예상하지 못한 사정변화(예컨대, 카드회원의 급격한 신용악화 사유발생)가 발생하여, 더 이상 그 보증계약을 존속시키는 것이 신의칙에 비추어 타당하지 않다고 할 때에, 카드보증인으로 하여금 장래에 향하여 그 보증계약을 실효시킬 수 있는 보증해지권을 부여할 필요가 있게 된다. 이것이 카드보증에 있어서 보증해지권의 문제이다.

Ⅱ. 信用카드의 保證期間

1. 韓國의 信用카드의 保證期間

신용카드의 보증기간에 관하여 신용카드회사들은 그 회원약관으로 "최초카드의 발행일로부터 당해 카드의 유효기간까지"로 한다고 규정하고 있다. 회원약관이 설혹 보증책임의 기간을 카드의 유효기간까지로 규정하고 있다고 하더라도, 이는 추상적으로 정하여진 보증기간일 뿐이고, 실질적인 보증책임은 이 기간 중에 카드회원이 구체적인 절차에 따라 발급받은 카드의 유효기간 내의 이용대금에 대하여서만 발생한다고 보는 것이, 약관규제법상의 제한해석의 원칙 내지 신의성실의 원칙에 합당한 것으로 된다. 아래에서는 이에 관하여 보다 구체적으로 살펴보기로 하겠다.

(1) 카드의 상실·재발급과 보증책임

카드회원이 신용카드를 분실·도난당하였다든가 또는 멸실 등으로 그 점유를 상실한 경우에, 카드회사가 카드를 재발급해 준다고 하더라도 종전의 보증인은 여전히 보증채무를 부담하는 것인가? 위에서 설명한 바와 같이 카드보증약관에 의하여 원래 신용카드의 보증인은 그 카드의 유효기간 중에 발생한 카드회원의 채무를 보증하는 것이다. 설혹 그 유효기간 중에 카드의 도난·분실 등 사유로 카드가 재발급된다고 하더라도, 이러한 사실은 보증채무에 아무런 영향을 미치지 못한다.

왜냐하면 단순한 카드의 상실로 인하여, 보증인의 채무를 가중시키거나 보증계약을 해지할 만한 특별한 사정이 발생하였다고 할 수 없기 때문이다. 따라서 재발급된 신용카드가 종전의 카드와는 달리, 그 유효기간을 연장시켜 재발급된 것이거나, 카드회원의 자격을 변경시켜 보증인의 책임을 더욱 무겁게 하는 것이 아닌 이상, 카드보증인은 재발급된 신용카드의 이용대금채무에 대해서도 여전히 보증책임을 지게 된다고 보아야 한다. 이 경우 재발급을 전후하여 카드보증인에게 그 재발급의 사실을 통지해 줄 필요도 없다고 해석된다.

각 신용카드의 회원약관도 카드의 유효기간 내에서 카드가 재발급된 이상, 연대보증인의 보증책임이 계속됨을 규정하고 있다. 이와 관련된 사례를 살펴보면 다음과 같다.

카드회원이 1988. 8. 12. 발급받은 신용카드와 현금대출서비스기입장을 분실하여 카드회사는 1988. 11. 8. 새로운 카드를 재발급하였다. 이때 연대보증인에게는 카드재발급 사실을 통보한 바가 없다. 후일 회원이 카드이용대금을 연체하므로 연대보증인에게 보증채무의 이행을 독촉하자, 카드재발급 시에 그 사실을 통보받은 바 없다는 이유로 보증인은 보증채무의 이행을 거절하기에 이르렀다.[362]

(2) 카드의 갱신발급과 보증책임

신용카드회사는 신용카드의 발급신청이 있는 경우에 한하여, 신용카드를 발급할 수 있는 것이 원칙이다. 다만, 이미 발급한 신용카드를 갱신 발급할 경우에는 그 신청이 없어도 발급할 수가 있다.

원래 신용카드회사가 카드의 유효기간이 만료되어 카드를 갱신 발급하고자 하는 경우에는, 그동안 카드회원의 카드이용실적과 신용도를 평가하여 카드의 발급 여부를 결정하게 된다. 이 경우 카드회사가 갱신발급의 기준에 부합하여 카드를 발급하는 것은, 카드회원의

---

362) 1989년 제12차 결정, 의안번호 제89－35호.
　　 이 사건에 관하여 은행감독원 분쟁조정위원회는 "카드회원이 카드회사로부터 카드분실을 사유로 재발급받은 카드의 유효기간(1989. 12. 31)은 분실된 카드와 동일하고, 연대보증인에게 새로운 부담을 추가시키거나, 새로운 조건에 의한 카드발행(예컨대, 일반회원을 우대회원으로 변경하여 재발행하는 등)이 아니므로, 본건 카드의 재발급은 카드회사와 회원의 새로운 약관에 의한 것이라고 볼 수 없다"는 점과 "은행신용카드와 관련한 보증은 카드 자체에 대한 보증이 아니라 카드회원의 카드이용대금의 지급을 보증하는 것이며, 그 보증기간은 카드유효기간까지라고 하는 것이 신용카드거래관행 및 연대보증 당시의 당사자 간의 진정한 의사라고 할 것"이라는 이유로 보증인의 책임을 인정하고 있다. 韓相文, 전게서, p.296.

명백한 반대의사 표시가 없는 이상, 카드회원의 의사에도 합치한다고 보는 것이 합리적일 것이다. 법인카드의 갱신발급에 관하여 카드회원의 신청이 없어도 유효한 것으로 규정한 것도 이러한 취지인 것으로 보인다. 그리하여 국내 신용카드회원규약은 대부분 카드의 자동갱신규정을 두어, 카드회원의 신용도가 좋은 것으로 평가되면 카드가 자동갱신 발급되는 것으로 하고 있다.

그러나 이러한 자동갱신 발급규정에도 불구하고, 카드보증인의 보증기간까지 자동으로 갱신되는 것은 아니라는 점을 주의하여야 한다. 왜냐하면 카드의 자동갱신발급에도 불구하고 보증인은 기간만료의 사실이나 카드발급 사실을 알기 어려울 뿐만 아니라, 이는 전혀 새로운 카드의 발급에 해당하는 것이므로, 연대보증인에게 '계속보증의 의사'의 유무를 확인하지 않은 채, 연대보증인으로 묶어 책임을 추궁하려는 것은 신의칙에 반하기 때문이다. 또한 신용카드의 갱신발급은 새로운 규약임에도 연대보증인과의 새로운 합의 없이 보증계약이 체결된 것으로 간주하는 것은 보증인에게 부당하게 불이익을 줄 우려가 있다. 이에 관한 사례를 살펴보면 다음과 같다.

<사례 1>

1980년 11월 29일에 발급받은 신용카드를 1981년 12월 23일에 갱신하여 1982년 12월까지 정상적으로 이용·결제해 온 카드회원이 카드사용을 중지한 상태에서, 카드회사가 1984년 1월 27일 카드번호를 변경한 새로운 카드를 발급하여 주었다. 이때 카드회사는 기존 카드 이용거래계약상의 연대보증인들에 대하여 카드의 갱신발급 사실을 알려준 바 없다. 그런데 카드회원이 카드를 갱신 발급받은 이후, 이용한

카드대금을 연체시키므로 보증채무이행 청구소송을 제기하기에 이른
사건이다.363)

<사례 2>

1987. 4. 연대 보증한 VISA카드가 1988. 3. 31.로 유효기간이 만료
되어 카드회사는 1988. 4. 15. 카드회원에게 카드를 갱신 발급하였다.
이때 종전의 카드연대보증인에 대하여 갱신발급에 관한 동의를 받은
바 없다. 이 경우 보증책임의 유무에 관하여 카드회사 측은 "VISA카
드 거래약관에 의하면, 동 카드의 갱신발급분에 대해서도 동 약관을
계속 적용하여 연대보증인에게 책임을 물을 수 있으므로 연대보증인
이 책임을 져야 한다."고 주장하였다. 이에 대하여 은행감독원 분쟁조
정위원회는 위 경제기획원의 약관심사위원회의 결의내용을 인용하면
서, "VISA카드회원규약상 연대보증기간을 5년으로 하고 카드유효기간
을 1년으로 하되, 동 기간의 만료 시 은행이 해당 카드를 갱신 발급할
수 있도록 규정하였더라도, 카드의 갱신발급은 새로운 계약이므로 보

---

363) 대법원에서는 아래와 같은 결론을 내렸다. 카드보증인은 이른바 계속
적 거래관계에서 장기간 동안 발생하는 장래의 불확정채무에 대한 보
증책임을 부담하고 있는 것이므로, 카드회사는 위 소지인에게 카드를
재발급하여 주면서 신용거래를 재개함에 있어서, 신의성실의 원칙상
기본적인 연대보증계약을 해지하고 위 소지인으로 하여금 새로운 연
대보증인을 세우도록 하거나, 그렇지 않다 하더라도 적어도 보증인에
게 다시 새로 신용거래를 시작하게 됨을 통지하여 줌으로써, 기왕의
연대보증인인 보증인이 계속 위 소지인의 신용거래에 대한 연대보증
을 유지할 것인가에 관하여 의사 타진하여 이를 재고, 검토할 기회를
주었어야 하는 것이 타당한데, 카드회사는 이러한 통지를 게을리 하여
연대보증인들의 '보증위험'을 무시한 채 자신의 '거래이익'만을 위하여,
위 소지인에게 새로운 카드를 발급하여 주어 단기간의 다액의 신용거
래를 할 수 있게끔 기회를 제공하였다고 볼 수 있으므로 보증책임의
범위를 감액함이 상당하다 할 것이다. 대법원 1984. 10. 10, 84다카453.

증인의 동의 없이 보증계약이 체결된 것으로 간주하는 것은 보증인에게 부당하게 불이익을 줄 우려가 있으므로, 보증인의 동의 없이 갱신 발급된 카드이용실적에 대해서는 보증책임이 없다."고 결정하였다.[364]

<사례 3>

1987. 7. 31. 유효기간을 1년으로 하는 신용카드 발급에 있어서 Y는 연대보증인으로서 입보한 바 있다. 이때 회원약관상 보증기간은 갱신발급을 포함하여 5년간이었다. 그런데 동 신용카드의 유효기간이 만료하자 카드회사는 1988. 8. 23. 카드를 갱신 발급하였다. 이때 연대보증인 Y에게 갱신발급 사실을 통지한 바 없었다. 이 경우에, 연대보증인에게 통지하지 아니한 갱신발급카드에 의한 카드이용대금채무에 대하여 보증책임의 효력이 미치지 않는다고 결정하고 있다. 또한 카드의 유효기간과 보증기간이 다른 부분에 관해서는 회원규약상으로는 카드의 계속사용을 전제로, 보증기간 범위 내에서는 카드갱신발급 유무에 관계없이 보증하는 근보증의 형태를 취하고 있으나, 회원규약에 규정된 보증기간은 추상적으로 정하여진 기간이며, 실질적인 보증책임은 이 기간 중에 보증인의 구체적인 보증절차에 따라 발급된 카드의 유효기간의 이용대금에 대해서만 발생한다고 보아야 하는바, 카드유효기간 만료 후 보증인의 동의 없이 갱신 발급된 카드에 대해서는 보증인에게 그 책임을 묻는 것이 곤란하다고 한다. 이러한 결정의 결론은 당연하다고 할 것이지만, 그 논리에 있어서는 약관규제법상의 개별약정 우선의 원칙 내지 작성자 불이익해석의 원칙으로 설명하는 것이 보다 명쾌하였으리라고 생각된다.[365]

---

364) 은행감독원 1989년 제1차 결정, 의안번호 제89-1호.
365) 은행감독원 1990년 제2차 조정, 의안번호 제90-4호.

2. 中國의 信用카드의 保證期間

보증기간은 발행은행이 보증인에게 보증책임을 부담하는 기간이고, 또한 보증계약에서 매우 중요한 내용이라고 볼 수 있다. 보증약관에서는 주로 신용카드의 유효기간을 보증인의 보증기간으로 규정하고 있다. 그리고 신용카드보증약관에서 카드가 유효기간이 지나 재발급된 경우, 보증인이 서면으로 보증계약을 해지하지 않으면 보증인은 계속 채무를 보증하는 것이다.[366] 카드소지인과 발행기관 간에는 카드소지인의 신용카드 사용으로 대차관계를 갖는 것이고, 비정기적인 연속계약이라고 볼 수 있다. 카드의 재발급은 이런 법률관계에 아무런 영향을 미치지 않고 있기 때문에 보증인의 채무가 가중되거나 보증계약이 해지될 만한 특별한 이유가 되지도 않는다. 따라서 신용카드의 재발급이 보증인의 책임을 더욱 무겁게 하는 것이 아닌 이상, 카드보증인은 재발급된 신용카드의 이용대금채무에 대해서도 여전히 보증책임을 지게 된다고 보아야 한다. 이 경우 재발급을 전후하여 카드보증인에게 그 재발급의 사실을 통지해 줄 필요도 없다고 본다.

그러나 실제에 있어서 당사자들 간에 보증기간을 약정하지 않은 경우가 많다. 그리고 보증인은 보증기간이 약정되지 않거나 약정이 명확하지 않다는 이유로 보증책임을 회피할 수 있다. 아래에서 보증

---

366) 이런 규정은 중국담보법 제13조 "보증인은 채권자와 서면으로 보증계약을 체결하여야 한다."는 규정과 저촉된다고 재발급 시 보증인의 보증책임을 부정하는 주장도 있다. 鄧娟閨, 전게논문, 第40頁.

기간에 관한 세 가지 경우를 살펴보도록 한다.

(1) 보증기간을 定한 경우

중국담보법은 당사자 간에 보증기간을 스스로 협의하여 약정하는 것을 허용하고 약정된 보증기간은 법정기간보다 우선이다. 그러나 最高人民法院≪關于适用<中華人民共和國担保法>若干問題的解釋≫ (이하에서≪解釋≫으로 약칭함) 제32조의 규정에 의거하여 주의할 점은, 보증계약에서 약정한 보증기간이 주채무기간보다 같거나 적으면 약정하지 않은 것으로 간주하고, 보증기간은 카드소지인의 채무이행만기일로부터 6개월이다.

(2) 보증기간이 명확하지 않은 경우

이런 경우는 보증기간이 약정된 경우와도 다르고 약정되지 않는 경우와도 다르다. 당사자는 보증계약에서 보증기간을 명확하게 약정하지 않았지만 보증계약의 효력기간을 약정한다. 예컨대, 보증계약에서 "보증책임은 카드소지인이 채무를 전부 상환할 때까지이다."와 같은 조항을 두는 경우이다. ≪解釋≫ 제32조 제2항의 규정에 의하면, 보증기간이 명확하지 않으면 보증기간은 카드소지인의 채무이행만기일로부터 2년이다.

(3) 보증기간이 약정되지 않은 경우

중국담보법의 규정에 의하면, 보증기간은 카드소지인의 채무이행 만기일로부터 6개월이다. 그러므로 발행은행은 보증계약에서 두 당사자가 모두 받아들일 수 있는 합리적인 기간을 약정하는 것이 좋다. 그러나 일반적으로 2년을 초과하지 않는다. 왜냐하면 보증기간을 약정하는 목적은 채권자의 권리를 제한하고 보증인의 이익을 보호하려는 취지이기 때문이다. 만약 보증기간이 카드소지인의 채무 소송시효보다 길면 소송시효의 강제력이 변경될 수 있다. 이는 법적으로 보증기간을 설정하는 취지와 맞지 않다.[367]

Ⅲ. 保證人의 解止權

1. 韓國의 保證人의 解止權

신용카드의 연대보증은 계속적 보증이다. 그런데 계속적 보증은 오랜 기간 동안 보증인을 구속시키게 되어 채권자에게는 유리한 담

---

367) 肖祖平, "信用卡保証的法律問題分析", 「中國信用卡」 第11期, 上海大學知識産權學院, 2003年, 第20頁.

보수단인 반면, 보증인에게는 매우 불리한 것이 아닐 수 없다.

일반적으로 보증기간이 명문화되어 있는 경우에는 일방적 보증해지권을 인정하지 않는 것이 원칙이라 할 것이다. 왜냐하면 원래 보증이란 채무자의 신용상태가 악화된 경우에 대비하여 존재하는 것이므로, 보증기간 중에 함부로 보증해지권을 보증인에게 부여하는 것은 보증제도 자체를 유명무실하게 만들 우려가 있기 때문이다.

그러나 신용카드의 경우에는 카드선진국의 예에서 보듯이, 원래 무보증인제도가 원칙임에도 불구하고, 신용카드제도가 정착화되지 못한 상태에 있는 한국에서는 신용카드회사의 채권보전을 위하여 불가피하게 보증인제도를 채택하고 있는 데 불과한 것이다.

따라서 신용카드의 보증기간 내일지라도, 보증계약 당시의 상황, 보증목적 등에 비추어 보증계약 당시에 전혀 예기하지 않았던 사정변화가 발생한 경우에는, 보증해지권을 인정하는 것이 바람직하다. 물론 그러한 보증해지의 사유는 신용카드거래의 관행과 신의칙에 따라 정하여질 것이지만, 예컨대 신용카드회원이 일정한 지위나 직무에 있었기 때문에 보증을 해주었으나, 그 회원이 퇴사 등 사유로 그 직위나 직무를 떠났다든가, 회원의 자산상태가 현저히 악화된 경우 등이 이에 해당할 것이다. 또한 카드의 종류가 변경되어 카드회원의 사용한도액이 증가된 경우와 같은 때에도 그 변경통지를 받은 보증인에게 보증해지권이 발생한다고 보아야 한다.

그러나 이러한 일방적 보증해지권을 인정한다고 할지라도, 그 보증해지의 효력은 카드회사가 카드회원에 대하여 다른 보증인의 교체를 요구하거나, 카드를 회수 또는 카드거래의 중지 등 조치를 취할 수 있는 상당한 기간이 경과한 때에 발생한다고 보지 않으면 안 된다. 이렇게 보는 것이 법적 안정성에도 맞고 카드회사와 보증인 간의 이익 형평성에도 맞을 것이기 때문이다.

2. 中國의 保證人의 解止權

일반적으로 보증기간이 명문화되어 있는 경우에는 일방적 보증해지권을 인정하지 않는 것이 원칙이라 할 것이다. 그러나 신용카드의 보증기간 내일지라도 카드소지인이 보증인의 동의 없이 보증계약을 변경하는 경우에는 보증인은 보증해지권을 행사할 수 있다. 왜냐하면 보증계약이 변경되는 것은 새로운 법률관계가 발생하는 것이기 때문에, 보증인이 보증계약을 체결할 때의 보증의사와는 전혀 다른 상황이므로 보증인의 보증해지권이 인정되는 것이 타당하다고 본다. 그러나 이러한 일방적 보증해지권을 인정한다고 할지라도, 그 해지권 행사의 효력은 새로운 보증인이 교체됨으로써 발생한다. 또한 보증인이 보증기간에 보증계약을 해지하려면 반드시 서면으로 채권자(발행기관)에게 통지하여야 한다고 규정하고 있다.[368]

---

368) 鄧娟閨, 전게논문, 第40頁.

結論

　한국 최초의 신용카드는 1967년 7월 신세계백화점이 자사직원들의 외상거래를 위하여 발급한 것이고, 1980년 국민은행이 '국민카드'를 발행한 것이 은행계 카드의 효시를 이루었다. 한편, 중국의 신용카드는 1985년 중국 은행 珠江지점에서 珠江카드를 발행한 것이 그 최초이다. 이처럼 신용카드제도의 역사만 보면 두 나라에서 신용카드를 사용하기 시작한 시기는 비슷하지만, 발전 속도는 매우 큰 차이를 보이고 있다. 본 서에서는 여러 측면에서 두 나라의 신용카드제도를 비교·연구하고, 한국의 경험을 바탕으로 중국의 신용카드제도에 존재하는 문제점을 검토하고 개선방안을 제시하였다.

　신용카드의 개념부터 보면 한국 여신전문금융업법에서는 "신용카드란 이를 제시함으로써 반복하여 물품의 구입 또는 용역의 제공을 받을 수 있는 증표로서 신용카드업자가 발행한 것"이라고 규정하고 있다. 한편, 중국의 은행카드업무관리방법(銀行卡業務管理辦法)에서 규정하고 있는 신용카드는 Deferred 직불카드에 속하고, 카드소지인이 반드시 발행은행에 일정한 예금을 예치하여야 하고, 카드소지인이 물품을 구입하거나 서비스를 제공받음으로써 예금잔액이 부족해지는 경우에는 발행은행이 정한 신용한도 내에서 현금대출서비스를 받을 수 있는 것이다. 신용카드는 결국 대금결제 수단으로 먼저 지불하는 선불카드나 즉시 지불하는 직불카드와는 상이하며, 후불 방식으로 우선 물품을 구입하거나 용역을 받은 후 대금결제를 하는 카드이다. 그러나 중국의 경우, 신용카드와 직불카드 사이에 해당되는 Deferred 직불카드가 사용되고 있어, 신용카드의 이런 장점을 가지고 있지 못하다. 따라서 많은 중국학자들도 신용카드의 정의에 대해 다양한 의견을 제시하고, 앞으로 공포 예정인 신용카드관리조례(信用卡管理條例)에서도 신용카드의 정의를 개정할 전망이다.

신용카드거래 대금결제의 법적 구조를 살펴보면, 한국의 경우는 체당지급설을 취하면서 특히 그중 중첩적 채무인수설을 주장한다. 중첩적 채무인수는 보증채무와는 달리 부종성이나 보충성이 없으므로, 채권자는 채무인수인에 대하여 반드시 먼저 대금청구를 하여야 하는 것이 아니라, 채무자나 채무인수인 중 어느 일방에게든 임의로 지급을 청구할 수 있게 된다. 그러나 신용카드거래에 있어서는, 카드회사와 가맹점 간의 가맹점규약에 의하여, 카드이용대금 청구를 채무인수인인 카드회사에 대하여 먼저 청구하도록 약정함으로써, 제1차적인 채무자는 카드회사가 되기 때문에, 가맹점은 카드회사에 대하여 대금청구를 하지 아니하고 회원에 대하여 먼저 대금을 청구할 수 없도록 하고 있다. 현재 한국의 다수설은 중첩적 채무인수설을 취하고 있다.

반면에 중국은 위탁대리설을 취하고 있다. 신용카드 대금결제과정에 있어서, 발행기관은 규정에 부합하는 신용카드 매출전표를 받은 후 즉시 가맹점에 대한 대금지급을 승낙한다. 발행기관은 카드소지인과 가맹점에 대금결제를 처리해 주는 것 외에, 가맹점에 대금지급을 담보하고 카드소지인에게 자금을 융통하게 해준다고 볼 수 있다.

다시 말하면, 발행기관과 가맹점 간에 독립적인 담보관계가 있고, 발행기관과 카드소지인 간에 자금대차관계가 있다. 법적으로 보면, 발행기관은 카드소지인 및 가맹점과 모두 위탁대리관계에 있다고 볼 수 있다.

한국의 여신전문금융업법에서는 신용카드업자가 신용카드회원으로부터 신용카드의 도난·분실 등 통지를 받은 때에는 그때부터 해당 신용카드회원에 대하여 신용카드 사용으로 인한 책임을 부담한다고 규정하고 있다. 즉 신용카드의 사고신고 통지 이후에는 카드회사부담주의를 원칙으로 하고 있다.

한편, 중국 현행법제도에서는 신용카드의 사고신고 통지를 받은 후 발생한 손실에 대해 누가 책임을 부담하여야 하는가에 관한 구체적인 규정이 없고, 대부분의 경우, 은행규장 혹은 발행은행 내부에서 정한 회원약관에 의하여 부정사용에 따른 손실부담 귀속문제를 해결한다. 銀行卡業務管理辦法 제52조 제5항에서는 발행은행은 카드소지인이 신용카드를 분실한 후 신고할 수 있도록 상시 분실신고전화를 설치하여야 하고, 전화신고 및 서면신고 두 가지 신고방식이 있는데 서면신고가 정식 신고방식이며, 약관 혹은 관련 협의에서 발행은행과 카드소지인 간의 손실부담 귀책문제를 명확하게 규정하여야 한다고 정하고 있다.

또한 카드회원은 적어도 현금과 같은 정도의 주의를 기울여 카드를 보관하여야 하며, 카드를 도난·분실한 경우에는 이 사실을 신속히 카드회사에 신고하여 손실확대를 방지하여야 한다. 이를 위반하여 손실이 발생하였다면 카드회원은 부정사용에 따른 손실부담을 하여야 한다.

가맹점은 원활하고 유효한 카드거래를 위하여 적어도 카드이용자와 카드회원이 동일한지, 카드상의 서명과 매출전표상의 서명이 일치하는지, 신용카드의 유효성이 인정되는지의 여부를 확인하여야 할 주의의무가 있다. 따라서 그 확인에 과실이 있으면 책임은 가맹점이 부담하여야 하며, 이러한 경우에는 카드회원이 카드의 도난·분실의 신고를 카드회사에 하기 전일지라도 가맹점이 책임을 져야 한다. 그러나 실제 대금결제과정에 있어서 중국은 현재까지 네트워크가 제대로 형성되어 있지 않기 때문에 가맹점이 카드상의 서명과 매출전표상의 서명이 일치하는지를 제대로 확인하지 못하고 있다.

카드회사는 장기간에 걸친 막대한 금액의 카드거래실적을 바탕으로 카드의 부정사용에 따른 손실비용을 정확히 산정할 수 있고, 카드제도 자체의 주도적인 입장에 있으므로 손실을 최소화하는 데 적절한 지위에 있다. 또 카드의 부정사용 시에 대비하여 보험가입을 통해 보험회사에 손실을 부담하는 방법으로 위험을 분산시킬 수도 있다. 그러나 신용카드의 부정사용으로 인한 손실을 일방적으로 카드회사에 부담시키거나 보험에 의하여 분산시키게 되면 카드회원은 카드의 도난·분실 신고를 해태하게 되고, 따라서 사회적 비용이 증가하거나 보험료가 상승하는 문제점이 있다. 이러한 점을 방지하기 위하여 카드회원에게도 일정금액을 한도로 하여 책임을 부담시킨다면 카드회원의 카드소지와 보관에 대한 주의의무를 강화할 수 있고, 보험료의 인상도 방지할 수 있는 효율적인 방법이 된다고 생각된다. 그러나 중국에 있어서 대부분의 은행 회원약관에서 신용카드 분실신고 후 24시간(어떤 은행에서는 36시간을 기준으로 한다) 내에 발생한 모든 손실은 카드회원이 부담하여야 한다고 규정하고 있고, 발행은행에서 분실신고를 절차적으로 확인한 후에서야 모든 손실을 부담하고 있다. 물론 연해 지역, 南方 지역과 같이 분실신고를 받은 후부터 모든 손실을 부담하는 곳도 있다. 그래서 많은 학자들은 이런 약관조항은 계약법에 위반되어 무효라고 주장하고 있다. 이런 측면에서 볼 때, 중국의 대부분 발행은행들이 아직까지 모든 손실을 회피하는 경향이 옛날부터 현금을 좋아하는 중국인들의 전통적 사고와 결합하여 신용카드업 발전의 주요한 저해요인으로 작용하고 있다고 볼 수 있다. 따라서 중국도 한국처럼 표준약관에 의거하여 회원약관을 제정하는 방향으로 나아가는 것이 타당하다고 생각된다.

한국의 신용카드의 보증계약은 규약상에 나타난 정형화된 조항에 의하여 이루어지는 계약이다. 따라서 신용카드의 보증계약이 성립하기 위해서는 보증인의 보증의사 및 이러한 규약이 「약관의규제에관한법률」에서 요구하고 있는 요건을 충족할 때 그 효력이 인정된다. 이 두 가지 요건을 갖추면 법인뿐만 아니라 자연인도 충분히 보증인이 될 수 있고, 그 절차가 또한 복잡하지도 않다.

그러나 중국의 담보법에서는 비록 주채무자의 채무를 대신 상환할 수 있는 능력을 갖춘 법인, 기타 조직 혹은 국민(공민)은 보증인이 될 수 있다고 규정하고 있지만, 중국의 실정에 비추어 볼 때 국민이 보증인이 되는 경우는 매우 적고, 대부분의 경우 국유기업이 보증인이 된다. 발행기관이 개인 신용을 인정하지 않고 국유기업의 신용을 인정하는 것은 국유기업과 개인 간에 일정한 존속관계가 있기 때문이라고 볼 수 있다. 따라서 중국의 보증인제도 및 절차가 매우 엄격하고 복잡하기 때문에 국유기업도 개인에게 보증을 서는 것을 싫어한다. 만약 중국도 한국처럼 보증인제도의 성립요건을 완화하면 카드소지인의 수가 많아지고 중국의 신용카드업도 비약적으로 발전할 수 있을 것이라고 생각된다.

한국은 가입회원의 월수입 등 재산상태와 대금지급능력을 감안하여 신용카드를 발급하고 있다는 점에서, 보증인의 책임범위도 카드회사 스스로 정한 카드이용한도액의 범위로 제한된다고 보는 것이 타당하다고 생각된다.

카드 이용한도액은 카드회사가 카드회원에 대한 신용조사를 실시하여 결정하는 것이며, 그 이용한도액을 변경하거나 한도초과사용을 허용할 것인지 여부의 결정권도 카드회사가 가지고 있기 때문에 그 초과이용자에 대한 사전적 예방이나 사후적 조치도 모두 카드회사가 할 수 있지만, 연대보증인은 이에 개입할 여지가 전혀 없다. 따라서 그 한도초과이용액에 대해서는 이를 가능하게 한 카드회사가 책임을 져야 하는 것이지, 보증인에게 책임을 지우는 것은 신의칙에 반한다.

한편, 중국 발행은행의 신용카드 이용약관에서는 카드소지인이 현금대출서비스를 받은 금액 및 이자를 상환하지 못하거나 발행은행과 연락을 취하지 않으면, 보증인은 카드소지인이 상환하지 못한 전체 채무를 부담하여야 한다고 규정하고 있다. 이는 보증인의 보증책임 무제한론을 취하는 입장이고, 보증인의 책임을 가중시키는 것이다. 따라서 이는 보증채무를 부담하려고 하는 보증인의 태도를 소극적으로 만드는 것일 뿐만 아니라, 신용카드업의 발전에도 불리하다.

그러므로 중국 역시 한국처럼 보증책임제한론 입장을 취하게 되면, 신용카드업이 비약적인 발전을 할 수 있을 것으로 전망되고, 신용카드와 관련된 담보법의 실시에 있어서도 좋은 영향을 줄 것이라고 생각된다.

위에서 살펴본 바와 같이 본 서에서는 신용카드의 부정사용에 따른 손실부담을 중심으로 정리하고, 중국의 경우에는 신용카드 발급 신청단계부터 보증인이 없으면 신용카드 발급 자체가 안 되기 때문에 보증인의 책임범위도 함께 소개하였다. 이하에서는 한국의 신용카드제도의 발전경험을 토대로 중국의 신용카드제도에 존재하고 있는 문제점과 그 개선방향을 제시하는 것으로 결론을 내리고자 한다.

첫째, 신용카드를 규제하는 관련 법률·제도가 요망된다. 현재 중국은 신용카드를 규제하고 있는 법률이 존재하지 않고, 단지 중국중앙은행(중국인민은행이 행정기관으로서 중국 중앙은행 역할을 담당함)에서 제정한 행정법규, 즉 銀行卡業務管理辦法으로 신용카드제도와 관련된 모든 법적 문제를 해결하고 있기 때문에 신용카드거래에 있어 각 당사자의 권리보호와 의무강제를 명확하게 하지 못하고 있다. 신용카드범죄자들은 현재 중국에서 신용카드제도를 규율하는 법률이 없다는 허점을 이용해서 범죄를 일으키기도 한다. 이와 관련하여 信用卡管理條例 초안은 이미 마지막 검토 단계에 들어갔지만, 중국의 실정에 맞지 않는 부분이 있어, 2년 후에나 발표될 전망이다.

둘째, 개인 신용정보시스템(중국에서는 신용평가시스템으로 부른다)을 구축하여야 한다. 개인 신용정보는 신용카드업에서 매우 중요한 요소라고 말할 수 있다. 현재, 중국 深圳, 上海 및 海南 등 지역에서 우선 개인 신용정보시스템을 구축하였고, 개인 신용정보를 수집하여 필요할 경우 개인 신용정보를 조회하고 있다. 그러나 이는 전국적으로 구축된 것이 아니고 개별 지역에만 구축된 것이기 때문에 장소적인 한계를 보이고 있다. 또한 이런 개인 신용정보시스템은 현재 법률의 보호하에 있는 것이 아니기 때문에 개인정보 노출의 위험도 존재한다. 따라서 중국은 관련 기관, 예컨대, 중국 중앙은행에서 관련 법률·제도를 제정하여 전국적인 개인 신용정보시스템(개인 신용데이터베이스)을 구축하는 것이 적절하다고 생각된다. 따라서 개인 신용정보시스템이 정상적으로 운영되면 카드회원이 신용카드를 신청할 때, 복잡한 절차를 거치지 않아도 신용카드를 쉽게 발급받을 수 있을 것이다.

셋째, 신용카드 발행기관을 다양화하여야 한다. 현재 중국의 신용카드 발행기관은 상업은행이다. 2003년 3월, 4개 국유상업은행과 10개의 일반은행, 45개의 도시 상업은행 등 금융기관이 지분을 참여하면서 설립된 은행연합주식회사, 즉 인리엔(銀聯)의 출현은 중국 신용카드 산업에 있어 큰 발전이라고 볼 수 있다. 하지만 한국과 비교할 때 발행기관이 단일화되어 있기 때문에 빠른 속도로 발전하지 못하고 있다.

반면에 한국에서는 은행뿐만 아니라 회사에서도 신용카드를 발급할 수 있기 때문에, 신용카드회사들은 회원확보 경쟁에 치중하여 신용카드를 남발하고 있다. 신용카드 발급은 정부가 직접 나서서 카드회사들이 철저하게 개인 신용정보를 분석하고, 신용등급 정책 및 현금서비스 이용한도 등을 설정하도록 계도하여야 한다고 생각된다.

넷째, 중국은 신용카드제도의 기반시스템, 예컨대, 가맹점 및 ATM 기계의 설치가 시급하게 필요하다. 현재, 중국에서는 호텔이나 백화점, 대형 상점 등 일부 국제결제시스템을 필요로 하는 분야에만 신용카드를 사용할 수 있도록 만들었기 때문에 가맹점이 부족한 실정이고, 또 옛날부터 현금을 좋아하는 중국인들의 전통적 관념으로 인해 신용카드의 사용이 그리 빈번하지 않다. 그리고 국민의식이 따라가지 못하므로 비록 ATM기계를 설치하였지만 대부분 ATM기계는 며칠밖에 사용하지 못하고, 또한 ATM기계 간에, 그리고 ATM기계와 발행은행 간에 네트워크가 형성되지 않으므로 악의의 현금대출서비스를 받는 현상이 많이 나타난다.

다섯째, 보증인제도를 탄력적으로 운용하여야 한다. 중국은 보증인이 없으면 신용카드를 발급받을 수 없다. 그리고 보증인제도에 대해 엄격하게 규제하고 있기 때문에 신용카드 산업이 지금까지 발전하지 못하고 있다고 할 수 있다. 반면에 한국은 개인신용카드를 발급할 때에는 보증인이 없어도 가능하지만, 이는 또한 신용카드 남발문제를 초래하는 원인 중의 하나라고 볼 수 있다. 신용카드를 결제수단으로 사용하는 본래의 취지는 개인의 신용을 기반으로 하는 것이지만, 개인 신용정보시스템을 제대로 구축하지 못한 상황에서는 보증인제도를 탄력적으로 계속해서 실시하는 것이 적당하다고 생각된다.

國內文獻

1. 單行本

郭潤直, 「債權總論」, 博英社, 2003.

金文煥, 「신용카드이야기」, 韓國經濟新聞社, 1989.

金相容, 「債權總論」, 法文社, 2003.

金日秀・徐輔鶴, 「(새로 쓴)刑法各論」, 博英社, 2004.

金日秀, 「韓國刑法Ⅳ(各論中)」, 博英社, 1997.

金日秀, 「刑法各論」, 博英社, 1996.

朴相基, 「刑法各論」, 博英社, 2004.

裵鐘大, 「刑法各論」, 弘文社, 2004.

孫珠瓚, 「商法」, 博英社, 2001.

宋憲哲, 「刑法新講」, 文聲, 2003.

梁承圭・朴吉俊, 「商法要論」, 三英社, 1994.

吳英根, 「刑法各論」, 博英社, 2005.

李基秀, 「어음法・手票法」, 博英社, 1998.

李銀榮, 「約款規制法」, 博英社, 1994.

李廷元, 「刑法各論」, 法志社, 1999.

李在祥, 「刑法各論」, 博英社, 1996.

310

李哲松, 「商法講義」, 博英社, 2005.

李哲松, 「어음·手票法」, 博英社, 2005.

李炅種, 「新有價證券法」, 第一法規, 2004.

鄭東潤, 「어음·手票法」, 法文社, 2001.

鄭英一, 「刑法槪論」, 博英社, 2004.

鄭燦亨, 「商法講義」, 博英社, 2005.

鄭燦亨, 「어음·手票法講義」, 博英社, 2004.

崔基元, 「어음·手票法」, 博英社, 2001.

韓相文, 「信用카드法 入門」, 正法社, 1992.

2. 論 文

姜渭斗, "信用카드去來의 法構造", 法學硏究 第30卷 第1號, 釜山大 法
　　　　學硏究所, 1988.

금융감독원, "중국의 신용카드시장 현황", 해외사무소 홍콩, 2003.12.4.

企業資料, "信用카드와 관련된 約款審查委員會 議決書", 司法行政,
　　　　1987.11.

金光年, "繼續的 保證契約과 保證人의 解止權", 民事判例硏究Ⅳ권, 1984.

金光年, "期間의 定함이 없는 繼續的 保證契約의 解止", 서울 地方辯
　　　　護士會 判例硏究 第1輯, 1989.

김경애, "信用카드 連帶保證制 폐지해야", 한겨레신문, 1990.8.8. 8면.

金教昌, "信用카드 保證人의 責任", 信用카드에 관한 法的 諸問題, 韓
　　　　國商事法學會, 1988.

金大圭, "信用카드去來의 法的性質과 損失負擔에 관한 硏究", 全北大
　　　　學校 博士論文, 1997.2.22.

金文煥, "크레디트카드의 保證責任", 法律新聞 1606號, 1985.9.23. 12면.

金文煥, "크레디트카드의 無斷使用", 法律新聞, 제1610호, 1985.10.28.

金文煥, "크레디트카드의 實態와 問題點", 商法學의 現代的 課題, 三英社, 1986.

金文煥, "크레디트카드의 盜難·保證責任", 大韓辯護士協會誌, 1986.4.

金文煥, "크레디트카드의 保證人責任", 判例月報 200號, 1987.5.

金文煥, "美國의 크레디트카드 制度", 美國法研究(Ⅰ), 國民大出版部, 1988.

金文煥, "크레디트카드의 犯罪에 관한 小考", 法律學의 諸問題, 博英社, 1988.

金文煥, "크레디트카드의 法律問題에 관한 研究", 서울대학교 大學院 博士學位論文, 1989.

金星泰, "크레디트카드 去來", 考試界, 1984.11.

김성천, "신용카드관련 법제개선방안", 법제논단, 법제처, 법제509호, 2000.5.

金鍾培·安文泰, "美國에서의 消費者保護의 實態와 그에 관한 法制", 裁判資料 第15輯, 法院行政處, 1982.

大邱商工會議所調査部, "信用카드 利用實態 및 問題點 調査報告", 1989.

文種源外, "컴퓨터犯罪와 이에 대한 現行 刑法의 對應에 관한 研究", 韓國刑事法學會, 1987.12.

박규상·권혁종·박정환, "소비자지급결제수단의 다양화 진전 및 시사점", 삼성금융연구소, 2005.4.

朴殷秀, "크레디트카드에 관한 法律問題의 判例를 통한 考察", 衡平과 正義 第4輯, 大邱地方辯護士會, 1989.7.

法務部, "컴퓨터犯罪", 法務資料 第56輯, 1984.

徐圭錫·尹洪善, "信用카드去來의 法律問題에 관한 研究", 全北大 論文集 第33輯, 1991.

信用經濟, "好況속에 陣痛겪는 日本카드市場", 1988.7.

신봉대, “크레디트카드에 의한 消費者信用販賣에 관한 硏究”, 크레디트
　　월드(Credit World), 1981.4·5 統合本.

申宗錫, “信用카드去來의 不正使用에 대한 法的 責任”, 단국대학교 법
　　학연구소, 법학논단, 2000.

安澤植, “信用카드의 不正使用에 관한 硏究”, 漢陽法學(2), 漢陽法學硏
　　究所, 1992.2.

安澤植·吳慶植, “信用카드의 不正使用에 대한 民·刑事責任”, 韓國財
　　産法學會 第8卷 第1號, 1991.

여신금융협회, 계간 신용카드, 2005.9.

여신금융협회, 여신금윤, 2004.6.

LG주간경제, “중국 신용카드시장의 잠재력에 주목하라”, 제685호,
　　2002.7.24.

李富勳, “信用카드 法理에 관한 硏究”, 全州大學校 法學科 博士論文,
　　1994.10.

李堯燮, “信用카드 不正使用 防止對策에 관한 考察”, 「신용카드」 第7
　　號, 1995.6.

李信燮, “크레디트카드에 관한 法律問題”, 裁判資料 第32號, 法院行政
　　處, 1986.11.

李信燮, “크레디트카드에 관한 法律的 問題”, 法曹, 1988.3.

李興茂, “信用카드去來上의 法的 問題點과 立法的 對應方案 硏究”,
　　韓國消費者保護院, 1989.

李銀英, “크레디트카드에 관한 法的 考察”, 서울대 法學 第23卷 第1號,
　　1982.

李銀英, “信用카드 去來의 立法意見”, 法律新聞 第1677號, 1987.4.6.

李銀英, “信用카드 保證人의 責任範圍”, 民事裁判硏究 第9卷, 1987.

李在祥, “刑法上 文書의 槪念”, 考試界, 1987.3.

李　哲, "컴퓨터 犯罪에 대한 刑事法的 考察", 法曹, 1989.2.

張容頭, "信用카드 利用犯罪의 類型 및 處理", 法曹, 1992.4.

鄭東潤, "크레디트카드의 無斷使用時 損失의 負擔者", 司法行政 第288號, 1984.

鄭東潤, "信用카드에 관련된 法律問題", 高麗大 法學論集, 第23輯, 1985.12.

鄭東潤, "信用카드에 관련된 法律問題", 大韓辯護士協會誌, 1987.3.

鄭東潤, "信用카드의 盜難과 紛失", 商事研究法(6), 韓國商事法學會, 1988.

鄭震明, "인터넷상 신용카드 使用의 法的 問題", 법무부, 2001.

鄭燦亨, "信用카드去來와 代金債務者의 抗辯", 商事法研究6, 三英社, 1988.

鄭燦亨, "信用카드와 抗辯", 判例月報 제215號, 1988.8.

주간 금융브리프, "중국의 신용카드시장 현황과 진출시 유의점", 제14권 제5호, 2005.1.22.

趙龍鎬, "크레디트카드의 法律問題", 司法論集 第17輯, 法院行政處, 1986.

車鏞頭, "컴퓨터에 관련된 犯罪와 刑法(上)", 考試研究, 1988.5.

최완진, "信用카드制度의 問題點과 定着方案", 외법논집 제13집, 한국외국어대학교 외국학 종합연구센터 법학연구소, 2002.12.

崔埈璿·金大圭, "신용카드의 法的 性質에 관한 研究", 全北大論文集 第38輯, 1994.

해외경제 포커스, "중국, 신용카드시장에 외국계 銀行 최초 진출", 제6호, 2004.2.16.

黃鉦源, "信用카드 去來에 따른 問題點", 慶南大勞福研究論集 第4輯, 1985.

홍수구, "信用카드의 實態와 諸般問題", 立法調査月報 188號, 1990.4.

홍종학, "한미 비교를 통한 신용카드 문제의 분석", 한국응용경제학회,

응용경제 제6권 제1호, 2004.6.

外國文獻

中國文獻

白　力,「信用卡管理知識」, 吉林人民出版社, 1996年12月.

蔡軍輝, "信用卡詐騙罪的构成認定及立法完善", 中國政法大學法律碩士
　　論文, 2005年7月11日.

陳晶晶, "中國信用卡之路", 金融与法制, 2003年 第12期.

陳俐茹, "論信用卡交易制度及其法律關系", 比較法研究, 2004年.

陳偉群, "淺析信用卡若干法律問題", 南方金融, 1996年.

陳　艷·石玉科, "信用卡犯罪研究", 中國信用卡, 2002年2月.

寵志萍, "信用卡法律問題研究", 鄭州大學法律碩士學位論文, 2000年5月.

鄧娟閏, "信用卡保証人之保証責任", 法律适用, 2004年.

丁壽興·丁洪泉, "淺談信用卡犯罪的法律特征", 法學, 1996年.

董建軍, "從一起信用卡糾紛案談信用卡交易中的法律問題", 金融論壇,
　　2002年.

范欽建,「銀行信用卡」, 經濟管理出版社, 1994年5月.

黃　賀, "淺談信用卡保証的几个法律問題", 海南金融, 1999年1月.

高　原, "從一起信用卡交易糾紛看特約商戶的審查義務", 北京大學金融法
　　研究中心, 2003年9月16日.

顧慈陽·張永濤,「信用卡理論与實務」, 气象出版社, 1997年.

龔培華, "信用卡的法律問題", 檢察風云, 1996年9月.

龔培華, "信用卡管理与法律問題研討會綜述", 法學, 1996年11月.

郭京蘭, "談保証責任免除應注意的几个問題", 法律适用, 1998年1月.

郭明瑞, 「担保法」, 法律出版社, 2004年1月.

姜麗勇, "信用卡欺詐的法律調控及防范", 北京大學金融法研究中心, 2002年7月.

揭林文·熊揚發, "談信用卡透支保証問題", 中國司法, 1998年7月.

柯葛壯, "利用信用卡惡意透支的基本特征", 金融信息參考, 1999年2月.

李邦友, 「金融犯罪研究」, 人民法院出版社, 2003年.

李凌燕, 「消費信用法律研究」, 法律出版社, 2000年5月第1版.

李興智·許明朝, "對信用卡風險問題的研究", 濟南金融 第4期, 2003年.

劉國利, "信用卡業務操作中的有關法律問題", 中國信用卡, 1998年.

劉明生·王國林, "關于審理信用卡透支糾紛案的初識", 法律适用, 1994年.

盧松著, 「金融領域犯罪問題研究」, 經濟管理出版社, 2000年, 第194頁.

陸震綸等譯, 「消費者保護法概要」, 中國社會科學院出版社, 1998年.

馬伯娟·錢宏宇, "信用卡交易中的法律問題分析", 甘肅政法成人教育學院學報, 2004年.

馬春峰, "商業銀行信用卡業務運作", 中國財經經濟出版社, 1998年.

馬云波, "信用卡保証責任若干問題", 中國律師, 2002年.

皮　勇, "信用卡詐騙: 手段翻新 法律亦更新", 檢察日報, 2003年2月21日.

秦　曠, "銀行信用卡若干法律問題研究", 安徽大學經濟法, 碩士論文, 2003年6月.

單惟婷, "商業銀行信用卡業務与案例", 西南財經大學出版社, 1997年.

史靜媛, "网上銀行的監管現狀", 國際金融研究, 1997年第二期.

孫國杰, "保証期間与保証責任", 職大學報, 2003年1月.

孫勇志, "由一起信用卡糾紛案引起的法律思考", 青島遠洋船員學院學報, 1995年2月.

吳文戈·蔡莉華, "信用卡持卡人的風險防范及法律責任", 上海保險, 1997年3月.

王惠敏·周國元, "我國信用卡業務的法律關系", 中國信用卡, 2001年7月.

王建平, "如何依法審理信用卡透支糾紛案件", 人民司法, 1995年10月.

王建平, "信用卡惡意透支的界定及其審判原則", 法學, 1997年3月.

王艷紅, "淺談保証期間的法律性質", 前沿出版社, 2004年9月.

王增國, "信用卡風險的成因分析与控制策略", 中國信用卡, 2003年.

吳合振, "保証期間有關問題", 人民司法, 1998年9月.

吳洪濤, 「商業銀行信用卡業務」, 中國金融出版社, 2003年10月.

吳志攀, 「金融法概論」, 北京大學出版社, 2003年7月.

肖祖平, "信用卡保証的法律問題分析", 金卡工程, 2003年.

肖祖平, "信用卡保証的法律問題", 中國信用卡, 2003年.

謝　鴻, "信用卡的惡意透支及其法律責任", 新金融, 1994年.

向　爲, "關于我國信用卡業務發展的思考", 中國信用卡, 2003年.

辛云勇, "銀聯困境", 互聯网周刊, 2005年8月1日.

許新强·魏桂生, "保証合同和保証人的法律責任", 中國港口, 2003年6月.

楊德勇, 「信用卡操作指南」, 電子工業出版社, 1994年3月.

楊景宇, "我國的立法体制、法律体系和立法原則", 十屆全國人大常委會法制講座第一講講稿, 2003年.

楊淑文, "信用卡交易之法律性質及相關法律問題之研究", 金融研究第二期, 1998年.

楊淑文, "信用卡交易之法律性質及相關法律問題之研究", 金融研究第四期, 1998年.

楊震斌, "國外信用卡違法犯罪趨勢与防范措施", 中國信用卡, 1997年1月.

虞月君, 「中國信用卡產業發展模式研究」, 中國金融出版社, 2004年8月.

張宝亞, "對信用卡法律關系及相關問題的探討", 統計与信息論壇, 2001年.

張純金·蔡冰菲, "析信用卡冒用的民事責任承担問題－從一則案例談起",
　　中山大學
學報論叢, 2004年4月.
張德芬, "論信用卡發卡銀行与持卡人之間的法律關系", 金融理論与實踐,
　　1998年1月.
張文胜, "論保証期間和保証合同的訴訟時效", 池州師專學報, 2003年1月.
趙凱東·王國林, "合同保証期間若干問題研究", 黑龍江省政法管理干部
　　學院學報, 2003年4月.
鄭順炎, "信用卡惡意透支風險及對策", 金融法苑第三期, 1999年.
鄭順炎, "信用卡業務中的当事人及其法律關系", 北京大學金融法研究中
　　心, 2002年7月4日.
周漢聰·劉劍飆, "信用卡惡意透支的法律定位思考", 人民司法, 1994年.
周顯志·鄭佳, "論消費信用卡透支風險的法律監管制度建設", 法學論壇,
　　2005年2月.
周　偉, "我國信用卡法律問題研究", 對外經濟貿易大學, 法律碩士學位
　　論文, 2005年4月.
周　亦, "信用卡担保中應注意的几个問題", 河北金融, 1998年.
朱績新, "淺議信用卡的法律保護問題", 新疆金融, 1997年.
朱偉琳, "信用卡詐騙罪及其防止對策", 對外經濟貿易大學法學碩士論文,
　　2005年1月5日.

英美文獻

A. P. Dobson, Sale of Goods and Consumer Credit, Forth edition, Sweet &
　　Maxwell, 1989.
Aubresy L. Diamond, Commercial and Comsumer Credit An Introduction,

318

Butterworths Co., 1982.

Barkley Clark, The Law of Bank Deposits, Collections and Credit Cards, Revised Edition, Gorhanm Lamont Co., 1987.

Barringer & Rovert, The Credit Card Fraud Act of 1984, 24 Am. Bus. L. J., 1986.

Brandel & Leonard, Bank Charge Cards; New Cash or New Credit, 69 Michigan L. Rev., 1971.

Claflin, The Credit Card—A New Investment, 33 Connecticutt Business Journal 1, 1995.

Clark, Barkley, The Law of Bank Deposits, Collections and Credit Cards, Revised Edition, 1980 and 1987 Cumulative Supplement No.1.

Clark & Squllante, The Law of Bank Deposits, Collections and Credit Card, 1970.

Cleveland, Bank Credit Cards: Issuers, Merchants and Users, 90 Banking L. J., 1973.

Comment, Credit Cards; A Survey of the Bank Revolution and Application of the Uniform Commercial Code, 16 De Paul Law. Review 389, 1967.

Comment, Credit Cards; Distributing Fraud Loss, 77 Yale Law Journal., 1968.

Comment, The Applicability of the law of letters credit to Modern Bank Card Systems, 18 Kan. L. Rev., 1970.

Comment, Preserving Consumer Defenses in Credit Card Transactions, 81 Yale Law Journal, 1971.

Comment, Bank Credit Cards and Enterprise, 21 UCLA L. Rev., 197.

Comment, The Triparties Credit Card Transaction: A Legal Infant, 48. L. rev. 468.

Davenport, Bank Credit Card and the Uniform Commercial Code I. Valparaiso Uni. L. Rev., 1967.

Donald H. Maffly & Alex. C. McDonald, The Tripartite Credit Card Transaction, A Legal Infant, 48 California L. Rev., 1960.

Eric E. Bergsten, Credit Cards－A Prelude to the Cashless Society, 8 B. C. Ind. & Com. L. Rev.,1967.

Fred H. Miller, Prime on the United States Commercial and Consumer Law, 1978.

Gordon Borrie, Commercial Law, Butterworths, London, 1988.

Gordon Borrie & Aubrey L. Diamond, The Consumer Society and the Law, 4th ed., Penguin Books Co., 1984, p.239.

Harfield, Bank Credit and Acceptance, 5th ed., Ronald Press Pub., John Wiley & Sons, 1974.

Harold S. Taylor, The Chicago Credit Card Fias Co., The Bank Magazine, Winter, 1968.

J. Cronin, Credit Cards, Provide for Regulation Selected 1987 Georgia Legislation, 3 Georgia State University Law Review 351, 1987.

J. R. Martzell, Credit Cards, Civil and Criminal Liability for Unauthorized of Fraudulent Use, Notre Dame Lawyer, 1960.

Jerry G. South, Credit Cards; A Primer, 23 Business Lawyer, 1968.

John O. Weistart, Consumer Protection in the Credit Card Industry: Federal Legislative Controls, 70 Mich. La. Review, 1972.

John R Fonseca, Handing Consumer Credit Cases, 3rd ed, vol l, Lawyer's Co. o.p. Pub & Bancoft－Whitney Co. 1986, p.398.

320

Law & Woodroffe, Consumer Law and Practice, Sweet & Maxwell, 1985.

Livington, Banking's role in a Credit Card Economy, Banking, Sept, 1966.

Murrey, A Legal－Empirical study of Unauthorized Use of Credit Cards, 21 Miami Law Review, 1967.

Note, Credit Cards－Civil and Criminal Liability for Unauthorized of Fraudulent Use, 35 Notre Dame Law Review 222, 1960.

Note, Price Fixing and Tying Arrangements Between Credit Card Issuers and Retailers, XXVIII Washington and Lee Law Review, 1971.

P. W. Martonf, Credit Cards, Vol.23, Washington and Lee Law Review, 1966.

R. D. Lester, Unauthorized Use of Credit Card and some related Question: What Problems Remain? 62 Kentucky Law Journal, 1974.

R. M. Goode, The Legal Regulation of Lending, In Edited Aubrey L. Diamond. Installment Credit, 1970.

Ross Cranston & Roy Goode, Commercial and Consumer Law, Clarendon Press, Oxford, 1993.

Rubin, Credit Cards and You, Part I, New Haven Register, Sept. 24, 1967.

Rule, Hilary, Credit Card Interest Rates and Their Immunity to Market Fluctuations, 7 Annual Review of Banking Law 463, 1988.

Saks, Howard J., Credit Card Life Insurance of Questionable Value, Estate Planning 121, March－April 1987.

Silverman, Factoring as a Financing Device, 27 Harv. Bus. Rev., 1948.

Stewart Macauley, The Law of Contracts and Credit Card, 19 Vandebilt
    Law Review, 1966.
Thomas J Harron, Business Law, Allyn & Bacon Inc., 1981.
Tony Drury & Charles W. Ferrier, Credit Cards, Butterworths, London,
    1984.

獨逸文獻

Canaris, Bankvertragsrecht, 2.Aufl., 1981.
Hans Christoph Zahrnt, Die Dreditkarte unter Privatrechtlichen Gesichtspunkt,
    Neue Juristische Wochenschrift, 1972.
Heinz−Helmer Pütthoff, die Kredikarte in rechtvergleichender Sicht,
    Deutschland−U.S.A. 1974, s.3.
Peter Beck, Einwendungen bei Eurocheque und Kreditkarte, 38 Bd., 1986.
Bgl. zu diesen Zahlen Steinke, Kriminalistik 1992.
Weitz, Das geltende Abzahlungsrecht und seine Reform, 1956.
Zahrnt, Die Kreditkarte unter Privatrechtlichen Gesichtspunkt, NJW 1972.

日 本

長尾治助, "與信情報管理", 『法學セミナー』, 日本評論社, 1992.10.
長尾治助, "クレジットカード法試論", 立命館大學人文科學研究所紀要
    第61號, 1994.3.
吉原省三・池田道夫外, 「判例信用供與取引法」, 經濟法令研究會, 1984.
加藤良三, 「クレジットカード法研究」, 千倉書房, 1989.

加藤良三,「イギリス消費者信用取引法」, 千倉書房, 1978.3(昭和 53年 3月).

淸水巖, クレジットカード取引の法構造(2), 法律時報 第46卷 第6號, 1974.6.

松本恒雄, "クレジットカードつて契約何?" 法學セミナー, No.454, 1992.10.

石井芳光, "クレジットカードの不正使用と法律問題(2)", 手形研究 第160號.

鴻常夫外座談會, "C.C.G.C.取引法をめぐる法律上の諸問題", 手形研究 第153號, 1969.

吉原省三, "クレジットカード取引の現狀と法律問題", ジュリスト, No.428, 1969.

吉原省三・池田道夫外,「判例信用供与取引法」, 經濟法令研究會, 1984.

田中誠二,「新版銀行取引法(三全訂版)」, 1984.

吉原省三外, 座談會, "クレジットカードシステムの法律問題", 自由と正義 第24卷 第4號.

神山敏雄, "クレジットカード濫用の刑事法上考察",「經濟犯罪の研究」, 成文堂, 1991.

植木哲: ≪消費信用法的基本問題≫, ≪現代合同法大系≫(第5卷), 日本評論社, 1981年版.

· 저자 ·

최금진   **·약 력·**
(崔金珍)

연세대학교 대학원(법학석사)
연세대학교 대학원(법학박사)
한중법학회 회원
한국비교상사법학회 회원
연세대학교 중국법연구센터 전문연구원
중국 천진재경대학교 법학원 교수

·주요논저·

「연구논문」
1. 중·한 신용카드거래의 법률관계 및 손실부담에 관한 비교
   연구, 중국 천진재경대학교 현대재경, 2008.6.
2. 중국 신용카드의 보증인 제도, (한국)중국법연구, 2008.6.
3. 중국 학교 교직원의 직무발명 성과유실 및 지적재산권 보호
   에 관한 소고, 중국천진사범대학교 학술편집부, 2008.6.
4. 한국 신용카드 부정사용에 따른 손실부담에 관한 소고, 중
   국천진사범대학교 학술편집부, 2008.6.
5. 한국 전자 주주총회의 법률적 문제에 관한 소고, 중국 서북
   정법대학 법률과학, 2008.5.
6. 중국 신용카드 부정사용에 관한 법적 고찰, (한국)중국법연구,
   2007.6.
7. 중국 컴퓨터프로그램보호조례에 관한 연구, (한국)중국법연구, 2006.12.
8. 중국 컴퓨터프로그램 소송에 관한 연구(역), 한국 연세대학교 법학
   연구, 2002.9.
9. 중국 컴퓨터프로그램의 저작권법적 보호에 관한 연구, 한국 연세
   대학교 법학연구, 2001.9

『저서』
국내외 컴퓨터프로그램 저작권 등록제도에 관한 분석, 한국 프로그램
심의조정위원회 법령자료, 2003-28호, 2004.1.

외 다수

韓中信用卡法理

- 초판 인쇄 　2008년 6월 25일
- 초판 발행 　2008년 6월 25일

- 지 은 이 　최금진
- 펴 낸 이 　채종준
- 펴. 낸 곳 　한국학술정보㈜
　　　　　경기도 파주시 교하읍 문발리 513-5
　　　　　파주출판문화정보산업단지
　　　　　전화　031) 908-3181(대표)·팩스　031) 908-3189
　　　　　홈페이지　http://www.kstudy.com
　　　　　e-mail(출판사업부)　publish@kstudy.com
- 등 　 록 　제일산-115호(2000. 6. 19)
- 가 　 격 　21,000원
- 글 자 수 　210,869자
ISBN　　978-89-534-9663-7 93360 (Paper Book)
　　　　978-89-534-9664-4 98360 (e-Book)